Marc-Uwe Kling

# DIE KÄNGURU-
# OFFENBARUNG

Der Känguru-Chroniken
dritter Teil

Ullstein

Besuchen Sie uns im Internet:
www.ullstein-taschenbuch.de

Originalausgabe im Ullstein Taschenbuch
1. Auflage März 2014
© Ullstein Buchverlage GmbH, Berlin 2014
Dieses Buch ist ein Anti-Terror-Anschlag des Asozialen Netzwerks.
Keine Tiere kamen beim Schreiben dieses Werkes zu Schaden.
Umschlaggestaltung: Roman Klein, www.romanklein.com
Titelabbildungen: Foto Marc-Uwe Kling: privat; kangaroo close up
with tongue uut: iStock /© arjayphotography; penguin isolated with
path: iStock/© rusm; thinking kangaroo: iStock/© MoMorad
Illustration des Louie-Cartoons: Astrid Henn
Gestaltung des Anhangs: Roman Klein
Satz: KompetenzCenter Mönchengladbach
Druck und Bindearbeiten: GGP Media GmbH, Pößneck
Printed in Germany
ISBN 978-3-548-37513-7

»Albert Einstein hat mal gesagt,
dass Gandhi gerne berichtete,
dass Voltaire ihm mal erzählt habe,
dass er die Idee mit den falsch zugeordneten Zitaten
total witzig fände.«

Oscar Wilde

# WAS BISHER GESCHAH:

Mark Twain hat mal gesagt:
»Tiere sind die besten Freunde.
Sie stellen keine Fragen und kritisieren nicht.«
Welch ein Unfug.

# VORREDE

Müßiger Leser! Ohne Schwur magst du mir glauben, dass ich wünsche, dieses Buch, das Kind meiner Formulierungskunst, wäre das schönste, lustigste und verständigste, das man sich nur vorstellen kann. Ich habe aber unmöglich dem Gesetze der Natur zuwiderhandeln können, dass jedes Wesen sein Ähnliches hervorbringt. Was konnte also mein unfruchtbarer, ungebildeter Geist anderes niederschreiben als die Geschichte eines aufmüpfigen und vorlauten Kängurus, das wunderlich und voll seltsamer Geschäftsideen ist, die vorher noch niemand beigefallen sind.

Ich wollte dir diese Geschichte nackt und bloß überreichen, ohne den Schmuck eines Prologs, ohne die unzählige Schar der herkömmlichen Sonette, Epigramme und Empfehlungsgedichte, die man vor den Anfang der Bücher zu setzen pflegt, doch mein Lektor zwingt mich dazu.

Aber ich muss dir sagen, ob mir das Buch auszuarbeiten wohl einige Mühe kostete, ich doch die für die größte halte, diese Vorrede zu machen, die du jetzt liesest. Indem ich nun nachdenkend bin, das Papier vor mir, die Feder hinter dem Ohre, den Ellenbogen auf dem Tische und die Hand an der Wange, wohl sinnend, was ich sagen solle, tritt ein Känguru, das munter und verständig ist, herein, und wie es mich so schwermütig sieht, fragt es nach der Ursache; ich verhehlte sie ihm nicht, sondern sagte, wie ich auf den Prolog sönne, den ich zur Geschichte seiner Offenbarung machen wolle, und dass mich dies so anstrenge. Als das Känguru dies hörte, schlug es sich vor die Stirn, brach in das lauteste Gelächter aus und sagte:

»Erst jetzt komme ich aus meinem Irrtum, in dem ich so lange gelebt habe, seit ich Euch kenne, indem ich Euch nämlich nach all Euren Handlungen immer für einen vernünftigen und verständigen Menschen gehalten habe. Aber jetzt sehe ich, dass Ihr ebenso weit davon entfernt seid, wie es der Himmel von der Erde ist. Wie ist es möglich, dass so geringfügige Dinge, die so leicht zu machen sind, stark genug sein sollen, einen so reifen Geist, wie der Eurige ist, zu binden und zu verwirren, dem es ein Leichtes ist, durch weit größere Schwierigkeiten zu brechen? Ihr setzt Euch in Eurem Buche nichts weiter vor, als Euch über das Ansehen lustig zu machen, in dem bei der Welt und dem Haufen die Fantasy-Trilogien, die historischen Kriminalromane, die religiösen Schriften und die BWL-Lehrbücher stehen. So nehmt für Euren Prolog doch einfach die Vorrede aus *Leben und Taten des scharfsinnigen Edlen Don Quijote de la Mancha* und tauscht ein paar Schlüsselwörter aus.«

In andächtigem Stillschweigen hörte ich dem Rat des Kängurus zu, und seine Gedanken waren mir so einleuchtend, dass ich sie, ohne mit ihm zu disputieren, billigte, ja mir selbst vornahm, aus ihnen diesen Prolog zu bilden.

Lebe wohl!

# Das 1. Buch
der Offenbarung

AND THIS HOUSE JUST AIN'T NO HOME

»Das mit den Selbstgesprächen«, sage ich, »das wird langsam wirklich bedenklich.«

»Ja«, sage ich. »Absolut.«

Ich schleppe meine Gitarre und meinen Rollkoffer die Treppen des U-Bahnhofes hoch. Es nieselt. Ein paar nasse Blätter wehen mir ins Gesicht. Eine Rolle meines Rollkoffers ist zu Beginn dieser Tour kaputtgegangen. Er humpelt.

»Es ist deprimierend«, sage ich.

»Ja«, sage ich.

An einer Straßenlaterne auf meinem Nachhauseweg hängt Jörg Dwigs, der Spitzenkandidat der rechtspopulistischen Partei für Sicherheit und Verantwortung. Leider hängt er nicht selbst von der Laterne. Es ist nur ein Wahlplakat. Darauf erhebt Dwigs streng den Zeigefinger. Direkt unter dem Plakat wurde eine Werbung für ein Kindertheater befestigt. Darauf steht in großen Lettern: »Der Kasper kommt!«

Ich gehe näher ran. Am unteren Rand der Kasper-Werbung steht: »Dies ist ein Anti-Terror-Anschlag des *Asozialen Netzwerkes*!« Ich nicke und blicke die Straße hinauf. Unter wirklich jedem Dwigs-Plakat steht: »Der Kasper kommt!«

»Schön«, murmle ich.

»Ja«, sage ich. »'ne runde Sache.«

»Du redest schon wieder mit mir«, sage ich.

»Ja. Ist mir auch aufgefallen«, sage ich.

Im Schaufenster der *Buchhandlung Carl Conrad Curcuma* suche ich nach meinem neuen Buch. Vergeblich. Ich hole ein *Känguru-Manifest* aus meinem Rollkoffer, betrete den Laden und lege das Buch heimlich ins Schaufenster. Ich hole ein weiteres Exemplar aus dem Koffer und gehe damit zur Kasse.

»Dieses Buch hier ...«, spreche ich die Buchhändlerin an, »können Sie es empfehlen?«

»Na ja«, sagt die Frau und rückt ihre Brille zurecht. »Viel Schönes dabei.«

»Viel Schönes dabei?«, frage ich. »Was soll das denn heißen?«

»Streckenweise okay.«

»Streckenweise okay?«, frage ich. »Damit könnte man auch die Autobahnen in Mecklenburg-Vorpommern beschreiben.«

Sie zuckt mit den Schultern.

»Sie sind doch Verkäuferin hier«, sage ich. »Sie wollen doch, dass ich dieses Buch kaufe! Müssten Sie da nicht, wie soll ich sagen, enthusiastischer vorgehen?«

»Joa«, sagt sie und rückt ihre Brille zurecht. »Egal.«

»Hm«, sage ich. »Alle lassen sich immer so stressen von ihrer Arbeit, aber Sie nicht. Das finde ich gut.«

»Ehrlich gesagt, hat es mich nie groß interessiert, Bücher zu verkaufen«, sagt die Buchhändlerin. »Ich will lieber Bücher schreiben.«

»Das ist witzig«, sage ich. »Mich hat es nie groß interessiert, Bücher zu schreiben. Ich will lieber welche verkaufen.«

»Wie meinen Sie das?«

»Ich meinte kaufen. Ich will lieber welche kaufen.«

»Sie sind komisch«, sagt die Frau.

»Danke«, sage ich.

Ich kratze mich am Bart.

»Was an dem Buch hat Ihnen denn gefallen?«, frage ich.

»Also, das Känguru fand ich echt witzig«, sagt die Frau, »aber diese andere Figur ...«

»Ja?«

»... dieser Kleingärtner ...«

»Kleinkünstler!«

»Ja. Der hat irgendwie genervt.«

»Hm«, sage ich. »Das habe ich schon öfter gehört.«

»Diese angeblich so sympathischen Verlierertypen stehen mir echt bis hier.«

»Also Sie würden mir eher abraten?«

»Na ja«, sagt sie. »Ja. Das Känguru wird am Ende nämlich abgeschoben. Superdeprimierend.«

»Wem sagen Sie das?«, murmle ich traurig.

»Keine Ahnung«, sagt die Buchhändlerin. »Sollte ich Sie kennen?«

»Nein, nein. Natürlich nicht«, sage ich. »Ich sehe dem Mann auf dem Buch nur zufälligerweise ähnlich.«

Die Buchhändlerin blickt lange auf das Cover.

»Also, ich finde nicht, dass Sie dem Bild ähnlich sehen«, sagt sie. »Da schmeicheln Sie sich.«

»*Die Känguru-Chroniken* fand ich ja sehr gut«, sage ich. »Und trotzdem würden Sie mir *Das Känguru-Manifest* nicht empf...«

»Ehrlich gesagt, habe ich den zweiten Teil gar nicht gelesen«, sagt die Frau. »Meine Kollegin hatte mir das Ende verraten, da ist mir die Lust vergangen.«

»Ich hasse Leute, die einem das Ende verraten«, sage ich.

»Na ja«, sagt die Frau und rückt ihre Brille zurecht.

»Wussten Sie, dass Hitchcocks *Psycho* in Chile total gefloppt ist?«, frage ich. »Der Filmverleih dort hatte sich nämlich einen neuen Titel ausgedacht: *El hombre, que era su madre.*«

»Was bedeutet das?«

»Der Mann, der seine Mutter war«, sage ich. »Die Leute kamen aus dem Kino und sagten: ›Das war ja total vorhersehbar.‹«

»Nein.«

»Was nein?«

»Wusste ich nicht.«

»Hm«, sage ich. »Woher auch?«

»Das ist ja so, als wäre der deutsche Titel von diesem einen Film mit Bruce Willis und dem gruseligen Jungen: *Der tote Kinderpsychologe.*«

»Habe ich noch nicht gesehen«, sage ich. »Danke.«

»War eh nicht so toll.«

»Diese Begeisterungsfähigkeit«, sage ich. »Wo nehmen Sie die nur her?«

»Na ja«, sagt die Frau. »Auch ein dummer Titel wäre: *Wie es dazu kam, dass sich Anna Karenina vor den Zug warf.*«

»Bitte hören Sie auf damit«, sage ich.

»*Tom Riddle, dessen Name nicht genannt werden darf*«, sagt die Buchhändlerin.

»Ich hätte das Thema nicht ansprechen sollen.«

»*Der Polizist, der ein Paket bekommt mit dem Kopf seiner Frau.*«

»Das wäre wirklich ein sehr dummer Titel«, sage ich. »Übrigens hat mir Ronnie Fischer an meinem achten Geburtstag, einen Tag bevor *Das Imperium schlägt zurück* im Fernsehen lief, die Verwandtschaftsverhältnisse in Star Wars verraten. Er steht noch heute auf meiner Todesliste.«

»Wer steht noch auf Ihrer Todesliste?«, fragt die Frau.

»Niemand«, sage ich. »Aber Sie arbeiten sich ran.«

»Na ja«, sagt die Frau und rückt ihre Brille zurecht.

»›Naja‹, zusammengeschrieben, ist der wissenschaftliche Name für eine Kobra«, sage ich. »Haben Sie das gewusst?«

»Nein.«

»Und eine Naja naja ist eine südasiatische Kobra, eine sogenannte Brillenschlange.«

»Wollen Sie mich beleidigen?«

»Nein, nein«, sage ich. »Höchstens unbewusst.«

»Wussten Sie, dass das Känguru wirklich hier um die Ecke gewohnt hat?«, fragt die Frau. »Es war früher öfter bei uns und hat nach alten Ausgaben der Marx-Engels-Werke gestöbert.«

»Ja«, sage ich. »Ich selber war ja auch schon öfter hier ...«

»Ich kann mich beim besten Willen nicht an alle Kunden erinnern.«

»Natürlich nicht«, sage ich verlegen.

»Jeden Tag kommen hier Hunderte von Ihresgleichen, Gesichtslose, wenn ich so sagen darf ... stehen eine Weile vor dem Klassiker-Regal herum und kaufen dann, wenn keiner hinkuckt, heimlich *Shades of Grey*. Und ich kann Ihnen sagen, ich habe einen weitaus besseren SM-Roman verfasst. Aber den wollte ja kein Verlag haben. Obwohl ich immerhin wusste, wovon ich schreibe.«

»Jeder Mensch ist ein Abgrund«, murmle ich. »Es schwindelt einem, wenn man hinabsieht.«

»Wollen Sie das Buch nun kaufen? Oder sind Sie nur einer von diesen einsamen Großstadtspinnern, die niemanden zum Reden haben außer wehrlosen Einzelhandelsangestellten?«

Durch ein Kopfschütteln verneine ich die letzte Frage, kaufe das Buch und habe das Gefühl, ein sehr schlechtes Geschäft gemacht zu haben.

Ich verlasse den Laden und entdecke auf der anderen

Straßenseite ein Graffito[1]. Genauer gesagt entdeckte ich ein korrigiertes Graffito. Mit Schwarz steht an der Wand: »Sei ungehorsam!« Mit Rot steht darunter: »Nein!«

Kurz darauf erreiche ich unser Haus. Müde quäle ich mich durch den Flur und das Treppenhaus. Mein kaputter Rollkoffer humpelt hinter mir die Stufen hoch. Ich fürchte, ich muss ihn bald erschießen.

Seufzend schließe ich die Tür auf.

»Ich bin wieder da«, rufe ich in die leere Wohnung hinein. Nach all der Zeit passiert mir das immer noch. Leise singe ich vor mich hin: »Ain't no sunshine when it's gone ... and this house just ain't no home ... anytime it goes away.«

---

[1] Mein Lektor zwingt mich, Graffito zu schreiben, obwohl das scheiße aussieht und scheiße klingt, da es seiner Meinung nach der korrekte Singular ist. Er ließ sich nicht einmal durch den sehr treffenden Einwand erweichen, dass niemand ernsthaft sagen würde: »Entschuldige mal, aber du hast da ein Spaghetto am Kinn kleben«, selbst wenn das der korrekteste aller Singuli wäre. (Anm. des Chronisten)

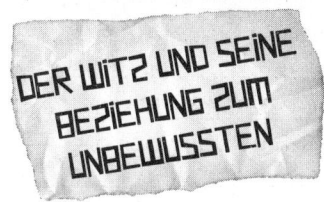

> »Man muss eine Weile nachdenken,
> um zu erkennen, dass man unglücklich ist,
> doch es lohnt sich.«
> **Sigmund Freud**

»Ich fühle mich so einsam«, sage ich.

»Aha«, sagt mein Psychiater. »Ich habe das Gefühl, dass Sie sich gerade sehr einsam fühlen.«

»Wahnsinn ...«

»Viele Patienten sind erstaunt über mein Einfühlungsvermögen, aber dafür habe ich ja auch jahrelang studiert.«

»Nun, jedenfalls bin ich auch wirklich einsam.«

»Aha«, sagt mein Psychiater. »Haben Sie es schon mal mit Alkohol versucht?«

»Wie bitte?«

»Kleiner Scherz.«

»Das ist nicht witzig«, sage ich. »Ich bin so einsam, ich führe schon Selbstgespräche.«

»Wie bitte?«, fragt mein Psychiater.

»Er sagte, er führe Selbstgespräche«, sagt mein Psychiater.

»Aha«, sagt mein Psychiater.

Ich blicke irritiert.

»Wieder nur ein Scherz«, sagt mein Psychiater. »Wenn man lacht, ist alles halb so schlimm. Die Euphorie des spontanen Lachens ist ein momentaner Widerschein unseres vergangenen Kinderglücks.«

»Was auch immer.«

»Nun gut. Sie sind also einsam ...«

»Ja«, sage ich. »Das Känguru ist weg.«

»Aha. Gut. Sehr gut.«

»Wieso gut? Was soll denn daran gut sein?«

»Nun, es freut mich, dass Sie geheilt sind.«

»Ich habe mir das Känguru nicht nur eingebildet! Fangen Sie nicht wieder damit an.«

»Ich nenne Ihnen jetzt spontan drei Wörter«, sagt mein Psychiater. »Bitte merken Sie sich diese Wörter. Ich werde sie am Ende der Sitzung nach diesen drei Wörtern fragen.«

»Was soll das?«

»Keine Sorge. Nur ein Standardtest.«

»Schön und gut«, sage ich. »Aber ein Standardtest für was?«

»Also, hier die drei Wörter: Äh ... Suppe, ... äh ... Salat, ... äh ... äh ... Schnitzel.«

»Haben Sie Hunger?«, frage ich.

»Ich darf nicht mit Patienten ausgehen«, sagt mein Psychiater. »Aber das Angebot schmeichelt.«

»Ich wollte Sie nicht ...«

»Keine Sorge. Ich fühle mich nicht belästigt. Ich verstehe das. Sie sagten ja, dass Sie einsam sind.«

»Aber ich wollte wirklich nicht ...«

»Das ist kein Grund, sich zu schämen. Ich fühle mich auch oft einsam.«

Ich seufze und setze mich auf. Mein Psychiater blickt mir direkt in die Augen.

»Wissen Sie, vielen Patienten fehlt etwas in der ersten Zeit, nachdem sie ihre Wahnvorstellungen überwunden haben«, sagt er.

»Meine Wahnvorstellungen habe ich immer noch«, sage ich. »Immer wenn ich mich irgendwo sehr unbehaglich fühle, glaube ich plötzlich, meine Mutter schleiche sich von hinten an mich ran.«

Ich werfe einen schnellen Blick über meine Schulter.

»Ach. Das ist ja interessant. Ihre Mutter ...«

»Das war nur ein Scherz«, sage ich.

»Aha.«

»Ich habe kein Problem mit meiner Mutter.«

»Erzählen Sie doch mal von ihr.«

»Nein«, sage ich. »Ich bezahle Sie hier, damit ich Ihnen vom Känguru erzählen kann, was irgendwie absurd ist, denn normalerweise bezahlen die Leute mich, damit ich ihnen etwas vom Känguru erzähle.«

»Aha. Und dieses Känguru ...«

»Sie kennen das Känguru!«, sage ich genervt. »Ich hatte es doch mal mitgebracht!«

»Nein, nein«, sagt mein Psychiater merkwürdig lächelnd. »Daran würde ich mich wohl erinnern.«

Kurz zuckt sein linker Mundwinkel, und seine Augenlider flackern.

»Ihre Augen ...«, sage ich.

»Ja, Sie haben auch sehr schöne Augen«, sagt er. »Aber bitte hören Sie auf, mich in Versuchung zu führen. Ich darf nicht.«

Ich seufze kopfschüttelnd.

»Aber was glauben Sie, warum haben Sie das Känguru nicht mehr in Ihrem Kopf?«, fragt mein Psychiater.

»Es wurde abgeschoben«, sage ich traurig. »Es glaubt – aus mir nicht ganz verständlichen Gründen –, unser Nachbar, der Pinguin, stecke irgendwie dahinter. Es glaubt, der Pinguin sei sein Antagonist, sein kosmischer Widersacher, sein Erzfeind ...«

»Aha. Der Pinguin ... Vielleicht war ich etwas voreilig mit dem Wort ›geheilt‹. Sagen wir, es geht Ihnen besser ...«

»Der Messias wollte dem Känguru zwar zur Flucht verhelfen, aber stattdessen ist er spurlos verschwunden ...«

Mein Psychiater streicht wild in seinen Notizen herum.

»Aha. Sagen wir, es geht Ihnen etwas schlechter. Der Messias?«

»Ach so«, sage ich. »Ich war ja schon eine Weile nicht mehr bei Ihnen ... Das Känguru hat in der Zwischenzeit eine Anti-Terror-Organisation gegründet, die Anti-Terror-Anschläge begeht. Gegen den Terror des *Ministeriums für Produktivität*, der *Initiative für mehr Arbeit* und der *Radio NRJ Morning Show* und so. Wir nennen uns *Das Asoziale Netzwerk*. Es gibt keine Hierarchien, und jedes Mitglied darf sich selbst einen – natürlich bedeutungslosen – Rang oder Titel aussuchen. Und der Messias nennt sich halt Messias. Er ist Polizist.«

»Nun gut. Sagen wir, Ihr Zustand hat sich massiv verschlechtert.«

»Jedenfalls habe ich seit der Abschiebung nichts mehr vom Känguru gehört, und jetzt weiß ich nicht, ob ich mir Sorgen machen soll, dass ihm etwas zugestoßen ist, oder ob ich sauer sein soll, weil es nur irgendwo hockt, World-of-Warcraft spielt und sich nicht meldet, weil es einfach nicht an mich denkt.«

»Ich muss gestehen, ich war ja kurz nach Ihren letzten Besuchen selber längere Zeit in Behandlung ...«

»Gut so«, sage ich. »Als Sie das Känguru gesehen haben, sind Sie auf den Möbeln umhergesprungen und haben getschilpt wie ein Vogel.«

Wieder zuckt sein linker Mundwinkel, und seine Augenlider flackern.

»... und wissen Sie, was mir geholfen hat? Nicht daran

denken. Verdrängen. Eine ganz tolle neue Therapiemethode aus den USA.«

»Aber Sie haben mir doch früher immer gesagt, man müsse Probleme aufarbeiten. Einmal haben Sie mir sogar von Ihrer Kindheit erzählt! Eine ganze Sitzung lang haben Sie von Ihren Papageien berichtet, die Sie über alles geliebt haben. Und von dem Tag, an dem Ihre gestörte Mutter die Papageien vergiftete und Sie und Ihren kleinen Bruder gezwungen hat, mit diesen toten Vögeln den Dead-Parrot-Sketch von Monty Python nachzuspielen ...«

»Ich hatte keine Mutter«, sagt er merkwürdig lächelnd.

»Wie bitte?«, frage ich.

Sein linker Mundwinkel zuckt, und seine Augenlider flackern.

»Ich bin ein Waisenkind«, sagt er, immer noch lächelnd.

»Wie?«

»Verstehen Sie nicht?«, fragt er. »In meiner Erinnerung mach ich mir die Welt, widdewiddewie sie mir gefällt. Jeder Mensch macht das, die meisten leider nur unbewusst. Mit professioneller Hilfe aber kann Ihre Kindheit zu einer Astrid-Lindgren-Geschichte werden. Immer wenn bei mir sehr unangenehme Erinnerungen hochkommen, singe ich zum Beispiel ganz laut Titellieder von Kinderserien. Das lenkt mich ab.«

»Titellieder von Kinderserien?«, frage ich verwundert.

Im schönsten Tenor beginnt mein Psychiater zu singen: »Mila kann fliegen wie die Schwalben über Fujiyama. Mila kann siegen. Irgendwann ist sie ein Superstar. Immer, immer am ...«

»Das lenkt ja sogar mich ab«, sage ich irritiert.

»Haben Sie denn Ihre Gedanken unter Kontrolle?«, fragt mein Psychiater. »An was denken Sie jetzt zum Beispiel?«

»Äh…«, sage ich. »Suppe, Salat, Schnitzel.«

»Ha! Genau, was ich gerade gedacht habe«, ruft er. »Haben Sie auch so Hunger?«

»Das ist nett, dass Sie mich einladen«, sage ich.

»Ich denke, wir sollten die Sitzung an dieser Stelle unterbrechen«, sagt er. »Nächstes Mal reden wir dann über Ihre Gefühle für mich.«

An der Ampel vor der Praxis hängt ein Zettel. Darauf steht über einer Telefonnummer: »Hätte gerne ein WG-Zimmer in Kreuzberg!«

Ich stehe eine Weile davor.

»Nein«, sage ich schließlich. »Es kommt bestimmt wieder zurück.«

»Selbstgespräche«, murmelt ein alter Mann, der neben mir an der Ampel wartet. »So fängt es an.«

»So fängt was an?«, frage ich missmutig.

Die Ampel springt auf Grün. Ohne mir zu antworten, überquert der alte Mann die Straße. In seiner Hand hält er eine Leine, an der kein Hund mehr hängt.

»In diesem Fall ziehen Sie eine Maske schnell zu sich heran und platzieren diese fest auf Mund und Nase. Danach helfen Sie Kindern und hilfsbedürftigen Personen.«
**Batman zu Robin**

Ding Dong. Es klingelt. Ich laufe schnell zur Tür, öffne – und stehe einem Pinguin gegenüber.

»Oh!«, sage ich. »Sie... äh... der Pinguin... äh, ich meine... hallo, Herr Nachbar. Was kann ich für Sie tun?«

Der Pinguin deutet mit seiner Flosse auf das Paket, das neben der Tür liegt.

»Wollen Sie Ihr Paket abholen?«, frage ich.

Der Pinguin blickt mir in die Augen und blinzelt.

»Jemand hat mir mal gesagt, ich stelle gerne unnötige Fragen«, sage ich freundlich lächelnd.

Der Pinguin deutet noch einmal mit Nachdruck auf das Paket.

Ich reiche es ihm. Es ist von Teewurstversand24.de.

»Äh... möchten Sie vielleicht mal reinkommen?«, frage ich. »Ich weiß, wir hatten unsere Meinungsverschiedenheiten, aber wir sind doch alle Mensch... oder nun ja, jedenfalls dachte ich, wenn Sie mal jemanden zum Quatschen brauchen...«

Wortlos watschelt der Pinguin an mir vorbei in meine

Wohnung. Als ich das Wohnzimmer betrete, hat er sich schon irgendwie auf meinen Drehsessel gehievt und lässt seinen Blick umherschweifen. Ich setze mich auf die Couch. Der Pinguin blickt mich schweigend an.

»Tja, nun«, sage ich freundlich. »Da simmer.«

Der Pinguin sagt nichts.

»Kann ich Ihnen etwas anbieten?«, frage ich. »Haben Sie Hunger?«

Der Pinguin schüttelt den Kopf.

»Vielleicht ein Eis?«, frage ich.

Er schüttelt den Kopf.

Wir schweigen eine kleine Weile.

»Also, ich meine natürlich ein Speiseeis«, sage ich. »Also, ganz normal«, ich räuspere mich, »also nicht, dass Sie jetzt denken, ich habe Ihnen nur Eis angeboten, weil Sie ein Pinguin sind.«

Der Pinguin blinzelt.

»Also. Ich meine ... meinte ... keine Eisscholle oder so. Speiseeis meinte ich. Ganz normal. Cookies & Cream.«

Der Pinguin schüttelt den Kopf.

»Laktoseintoleranz?«, frage ich.

Er nickt.

»Das ist genetisch bedingt, hab ich mal gelesen«, sage ich. »Am besten vertragen es die Nordeuropäer, und Sie sind ja nun so gar nicht von da ... also nicht, dass ich irgendwie Ihre Herkunft ... hui ... jetzt begebe ich mich auf ganz dünnes Eis ... für Sie wäre das ja kein Problem ... Sie können ja bestimmt gut schwimmen ... aber nicht fliegen ... das ist doch komisch ... Sie sind ein Vogel, können aber nicht ... das muss doch komisch ... ich sollte aufhören, jeden Gedanken auszusprechen ...«

Der Pinguin blinzelt.

Wir schweigen eine lange Weile.

»Fischstäbchen?«, frage ich.

Er schüttelt den Kopf.

»Das habe ich auch nicht vorgeschlagen, weil Sie ... Ich meine, ist ja eh kein Fisch drin. Ist alles Hähnchen.«

Schweigen.

»Mir fällt auf, dass ich auch eh keine Fischstäbchen dagehabt hätte«, sage ich gezwungen lächelnd, »weil, ich ess' ja kein' Fisch ... also nicht, dass ich finde, dass Leute, die Fisch essen, also, dass das schlimm ist, oder so ... ich mein, höchstens wegen der Umwelt, also, die Fischindustrie ist ja fast noch schlimmer als die Fleisch... also ... haben Sie dieses Buch gelesen? *Tiere essen*?«

Der Pinguin schüttelt den Kopf.

Eine streunende weiße Perserkatze hüpft durchs offene Fenster und läuft einmal quer durchs Zimmer. Schweigend blicken wir ihr hinterher.

»Haben Sie schon den Film mit dem niedlichen gemäßigt-sozialdemokratischen Koalabären gesehen?«, frage ich.

Der Pinguin schüttelt den Kopf.

»Irgendwie mag ich Filme mit witzigen Tieren«, sage ich. »Ich mochte auch den Film mit den tanzenden Ping... äh ..., aber das ist vielleicht Geschmackssache.«

Schweigen.

»Fanden Sie den letzten Batman-Film auch so enttäuschend?«, frage ich. »Haben Sie den schon gesehen?«

Der Pinguin schüttelt den Kopf. Er schwingt herum und dreht mir die Rückenlehne des Sessels zu.

»Ich finde, Christopher Nolan, der Regisseur, hat einfach einen ganz entscheidenden dramaturgischen Fehler gemacht«, sage ich. »Man muss sich doch den stärksten Bösewicht für den dritten Teil aufheben!«

Der Pinguin dreht den Sessel zurück. Auf seinem Schoß sitzt die weiße Perserkatze. Er streicht mit seiner rechten Flosse über ihren Rücken.

»Wenn man schon im zweiten Teil den Joker bringt, hat man für den dritten eben nur noch Bane. Irgendbane. Verstehen Sie, was ich meine?«

Der Pinguin schüttelt den Kopf.

»Dabei hätte es im Batman-Kosmos schon noch bessere Antagonisten gegeben«, sage ich. »Zum Beispiel den ... äh ... den ...«

Der Pinguin blinzelt.

»... den Riddler«, sage ich.

Die Katze hüpft vom Schoß des Pinguins.

»Sie mögen bestimmt auch lieber die alten Batman-Filme mit ... äh ... Danny deVito?«

Der Pinguin schweigt.

»Kucken Sie gerne Filme?«, frage ich.

Der Pinguin schüttelt den Kopf.

»Verstehe«, sage ich nickend. »Dann haben wir wohl ein bisschen aneinander vorbeigeredet. Also, ich hab an Ihnen vorbeigeredet ... Sie haben ja nicht so viel ...«

Der Pinguin schweigt.

»Man weiß immer, dass man jemand ganz Besonderen gefunden hat«, sage ich, »wenn man einfach mal für 'nen Augenblick die Schnauze halten und zusammen schweigen kann.«

Der Pinguin blickt irritiert.

»Das ... das war ein Zitat«, sage ich. »Aus *Pulp Fiction* ..., auch ein ... ein Film ...«

»Das war aber ein sehr langes Selbstgespräch«, sage ich, nachdem der Pinguin endlich gegangen ist.

»Ja«, sage ich.

»Die letzte halbe Stunde hat sich echt länger gezogen als die Abschiedsszenen am Ende des dritten Herr-der-Ringe-Films«, sage ich.

»Im Extended Unedited Director's Cut«, sage ich.

Ich lache.

»Unedited ist witzig«, sage ich.

»Na ja«, sage ich.

Dann seufze ich und mache Nirvana an. Ich backe mir Eierkuchen und werfe mich danach mit dem Kopf nach unten auf die Couch. Nach einiger Zeit schalte ich das neue sündhaft teure Heimkinosystem von Déjà-vu-Electronics an, welches ich mir gegen die Einsamkeit gekauft habe. Ich habe einen Digitalsender abonniert, der rund um die Uhr nur Bud-Spencer-und-Terence-Hill-Filme zeigt. Gerade läuft *Nobody ist der Größte*.

»Ach«, sage ich. »Filme, in denen nur Terence Hill mitspielt, sollten verboten werden.«

Ich schalte den Projektor wieder aus, lege mir den Eierkuchen aufs Gesicht und fange an, ihn einzusaugen.

Unsere Telefone klingeln. Freudlos schlucke ich die letzten Reste des Eierkuchens hinunter und schlurfe zum alten Wählscheibentelefon. Ich schlage mit meiner linken Hand auf den Sprechmuschelteil des Telefonhörers, woraufhin dieser von der Gabel in die Luft schnellt, und am höchsten Punkt fische ich mit meiner rechten Hand den Hörer wieder aus der Luft. Völlig verblüfft stehe ich da.

»Es hat geklappt!«, rufe ich. »Es hat geklappt!«

»FÜR FRIEDEN UND SOZIALISMUS: SEI BEREIT!«, sagt eine sehr tiefe, elektronisch verstellte Stimme und legt auf.

»Hm«, brumme ich und kratze mich am Kopf.

Ich nehme das andere Telefon, das schnurlose, und rufe die angezeigte Nummer zurück.

Klick.

»*ÄH ... JA?*«, fragt die elektronisch verstellte Stimme.

»Bist du das?«, frage ich.

Eine lange Pause.

»*NEIN.*«

»Beuteltier?«

»*NEIN.*«

»Was soll das heißen: ›Sei bereit‹?«, frage ich. »Wofür denn?«

»*UNSICHERE LEITUNG.*«

»Soll ich Schnapspralinen kaufen?«

»*ICH LEGE JETZT AUF.*«

»Ist das ein Ja?«

Eine lange Pause.

»*JA.*«

Klick.

# EINE SCHACHTEL SCHNAPSPRALINEN

Ding Dong. Es klingelt. Ich gehe zur Tür, öffne und – da ist niemand... Ich blinzle, kucke hinter mich, schaue die Treppe runter, dann die Treppe rauf. Kucke geradeaus. Niemand zu sehen. Es ist Nacht. Es ist dunkel. Ich drücke auf den Lichtschalter. Nichts passiert. Entweder ist das Licht kaputt oder jemand hat eine Energiesparlampe eingeschraubt. Ich gehe ein Stück den Flur hinunter und spähe ins Treppenhaus. Nichts. Nur ein vier Tage alter Müllbeutel und das mir allzu vertraute unangenehme Bassgewummer aus einer Wohnung über uns. Kurz überlege ich, ob ich mich wegen des Lärmes beschweren soll, dann denke ich, dass das bestimmt bald der Pinguin macht.

»Hm...«, brumme ich und gehe wieder zurück. Als ich das dunkle Wohnzimmer betrete, brüllt jemand mit schriller Stimme: »NICHT ERSCHRECKEN!«

Ich erschrecke mich total. Die Stehlampe neben dem Drehsessel wird angeknipst. Im Sessel sitzt das Känguru.

Das Beuteltier hat es sich mit dem Kopf nach unten bequem gemacht, kichert und wirft sich eine Schnapspraline ein.

»Das ist ja 'ne Überraschung!«, rufe ich.

»Meine Mutti hat immer gesagt: ›Das Leben ist wie eine Schachtel Schnapspralinen!‹«, sagt das Känguru gut gelaunt.

»Alles sieht lecker aus, schmeckt aber furchtbar?«, frage ich. »Oder was wollte sie damit sagen?«

»Ich weiß ehrlich gesagt nicht, was sie damit sagen wollte. Vermutlich hat meine Mutti meistens einfach nur Quatsch erzählt.«

»Die Vermutung hatte ich auch schon.«

»Sie hat mir aber auch wirklich gute Ratschläge gegeben, die ich immer noch beherzige.«

»Zum Beispiel?«

»Zum Beispiel: Kind, was immer du mit deinem Leben anfängst, iss niemals gelben Schnee.«

Über uns drehen die Nachbarn ihre Anlage noch lauter auf. Der Bass lässt die Decke so stark vibrieren, dass die Farbschicht Risse bekommt.

»Ich werde eine neue politische Bewegung gründen, die sich gegen Privatbesitz von Subwoofern richtet«, sage ich. »Ich wünschte, es würde sich endlich mal jemand oben beschweren.«

Das Känguru geht zur Musikanlage, macht Nirvana an, dreht die Lautstärke auf und sagt: »Ich schicke mal den Kurt los, sich zu beschweren.«

Ich setze mich auf den frei gewordenen Sessel.

»Biste gar nicht überrascht, dass ich wieder da bin?«, ruft das Känguru und boxt mich freundschaftlich.

»Doch, doch. Das wollte ich mit dem Satz ›Das ist ja 'ne Überraschung!‹ zu verstehen geben«, sage ich. »Das war natürlich etwas missverständlich ausgedrückt.«

»Freuste dich gar nicht? Warum bist du denn so knatschig?«

»Ich bin nicht knatschig! Ich freue mich!«, sage ich. »Ich bin nur gerade emotional überfordert.«

Ich blase Luft in meine linke Backe und lasse sie wieder rausplatzen.

»Was soll eigentlich die Aufmachung?«, frage ich. Das Känguru trägt ein rotes Hawaiihemd mit lila Papageien und einen falschen Schnauzbart. Auf dem Kopf hat es eine Baseballkappe, auf der »God bless the USA» steht.

»Nun, nun. Meine Meinungsverschiedenheiten mit der Abschiebebehörde sind noch nicht gelöst.«

»Biste inkognito hier?«

»Ja.«

»Illegal?«

»Jo.«

»Cool.«

»Das ist deine Sicht der Dinge.«

»Und deshalb verkleideste dich jetzt immer?«

»Du stellst immer noch gern unnötige Fragen, was?«

»Aber müsstest du dich nicht lieber verstecken statt verkleiden?«

»Ich verstecke mich doch!«

»Zu Hause?«

»Ja.«

»Bist du verrückt?«

»Ja«, sagt das Känguru. »Aber das hat nichts damit zu tun.«

»Das ist doch total bescheuert.«

»Das ist ja das Brillante«, sagt das Känguru. »Sich zu Hause zu verstecken ist so bescheuert, dass die Polizei das von vorneherein ausschließen wird, wenn sie auch nur ein kleines bisschen mitdenkt.«

»Das ist aber ein sehr gewagter nachgestellter Konditionalsatz.«

»Alter, du bist so ein Klugscheißer«, sagt das Känguru. »Du könntest echt ...«

Es pocht an der Tür.

»Hier ist die Polizei«, ruft eine tiefe Stimme. »Aufmachen!«

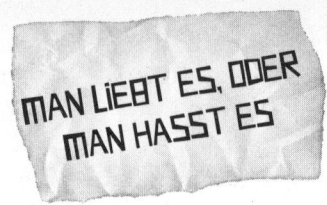

»›Wozu ist das?‹
›Das ist blaues Licht.‹
›Und was macht es?‹
›Es leuchtet blau.‹«
**Deutsche Hochschule der Polizei**

»Hier ist die Polizei!«, ruft die tiefe Stimme noch einmal. »Öffnen Sie die Tür!«

»Versteck dich!«, flüstere ich dem Känguru aufgeregt zu. »Sie dürfen dich nicht finden!«

»Was?«, ruft das Känguru. »Die Musik ist zu laut!«

Ich gestikuliere wild, darauf drängend, dass es verschwindet. Gemächlich schlurft es hinter den Garderobenständer. Ich öffne die Tür und verdecke dadurch den Garderobenständer.

Neben dem vier Tage alten Müllbeutel stehen ein Polizist und eine Polizistin.

»Wir sind die Polizei«, sagt die Polizistin.

»Nun«, sage ich. »So weit, so offensichtlich.«

»Einer Ihrer Nachbarn hat uns alarmiert«, sagt der Polizist.

»Ich bin ganz alleine zu Hause«, sage ich sofort. »Niemand ist hier, außer mir. Bin ganz allein.«

»Vielen Dank für das Angebot«, sagt der Polizist. »Aber wir sind im Dienst.«

»Ich wollte Sie nicht …«

»Einsamkeit ist kein Grund, sich zu schämen«, sagt der Polizist. »Ich fühle mich auch oft einsam.«

Ich kratze mich am Kopf.

»Haben Sie's schon mal mit Alkohol versucht?«, frage ich.

»Natürlich«, erwidert der Polizist. »Aber lassen Sie sich eines sagen: Das ist keine Dauerlösung.«

»Und bitte machen Sie die Musik leiser«, sagt die Polizistin. »Es ist nach Mitternacht. Einer Ihrer Nachbarn fühlt sich belästigt.«

Das Känguru kommt hinter der Garderobe hervor.

»Nein, nein. Hier liegt eine Verwechslung vor«, sagt es. »Wir sind hier die Opfer.«

Es zieht eine Fernbedienung aus seinem Beutel und schaltet die Anlage aus.

»Ich habe nur so laut Nirvana angemacht, um das hier nicht ertragen zu müssen.«

Nun ist das Wummern über uns wieder deutlich zu hören.

»Es ist weniger die Lautstärke als vielmehr die Art der Musik, die mich stört«, sagt das Känguru.

»Nickelback«, sagt der Polizist.

»Tja ja«, sage ich achselzuckend. »Man liebt es, oder man hasst es.«

»Ich find's mittelmäßig«, sagt die Polizistin.

Ich blinzle.

»Oder man findet's mittelmäßig«, sage ich nickend. »So sagt man ja: Man liebt es, oder man hasst es, oder man findet's mittelmäßig.«

»Es gibt auch Leute, die finden's gut, also definitiv besser als mittelmäßig, aber lieben es nicht«, sagt der Polizist.

»Hm«, sage ich.

»Vorstellbar ist auch, dass es Leute gibt, denen es nicht

gefällt, die es darum aber nicht gleich hassen«, fährt der Polizist fort.

»Gut möglich«, sage ich.

»Wahrscheinlich könnte man noch beliebig viele weitere Einstufungen vorschlagen und fände immer irgendwo jemanden, der zu Nickelback genau diese Meinung hat«, sagt der Polizist.

»Ja, wahrscheinlich.«

»Es gibt zum Beispiel bestimmt auch Leute, die sagen: ›Ich schalte im Radio nicht weg, aber ich würde mir nie ein Album kaufen.‹«

»Das könnte tatsächlich ...«

»Oder auch ›Ich schalte im Radio weg, finde es in der Diskothek aber okay.‹«

»Ja, jetzt, wo ich darüber nachdenke ...«

»Man sollte also nicht sagen: Man liebt es, oder man hasst es.«

»Nein«, sage ich einsichtig. »Das wäre falsch.«

»Ich hasse Nickelback«, sagt das Känguru.

»Ich auch«, sage ich.

»Ich auch«, sagt der Polizist.

»Ich eigentlich auch«, sagt die Polizistin. »Ich hatte es nur verwechselt.«

»Mit was denn verwechselt?«, fragt ihr Partner.

»Mit Radiohead.«

»Ernsthaft?«, frage ich. »Wie kann man denn Nickelback mit Radiohead verwechseln?«

»Entschuldigung«, sagt die Polizistin. »Aber es gibt auch Leute, die müssen arbeiten und können sich nicht den ganzen Tag mit Unsinn beschäftigen.«

»Was soll denn das nun wieder heißen?«, frage ich. »Sie kennen mich doch gar nicht.«

»Doch, doch.« Sie deutet auf mein Klingelschild. »Ich habe das Buch gelesen.«

»Haa hää hö häh uhg...«, gebe ich ein dümmlich glucksendes Lachen von mir. »Wie bitte?«

»*Die Känguru-Chroniken.*«

»Haa hää hö häh ... äh«, sage ich.

»Viel Schönes dabei«, sagt sie. »Aber über ein paar Sachen konnte ich gar nicht lachen.«

»Ja, hm. Was soll ich sagen?«

»Ich habe aber nur das erste Buch gelesen«, sagt die Polizistin. »Meine Buchhändlerin hat mir vom zweiten abgeraten.«

»Ich habe auch nur das erste gelesen«, sagt das Känguru. »Das Ende vom zweiten soll echt kacke sein.«

»Ist das Känguru auch zu Hause?«, fragt die Polizistin.

Ich blicke auf das Känguru, welches mit Hawaiihemd, falschem Schnauzbart, Baseball-Mütze und Sonnenbrille direkt vor ihr steht. Ich zögere kurz, ein wenig ungläubig.

»Nein«, sage ich dann. »Das Känguru habe ich schon lange nicht mehr gesehen.«

»Jetzt halten Sie hier kein Kaffeekränzchen«, sagt das Känguru. »Gehen Sie an die Arbeit. Wenn ich noch weiter hören muss, wie diese Mainstream-Post-Grunge-Wichser Kurt Cobains Leichnam schänden, kann ich für nichts garantieren.«

»Ist ja gut«, sagt die Polizistin.

Die beiden wenden sich zum Gehen.

»Wo Sie eh gleich wieder runtergehen«, sage ich. »Könnten Sie netterweise den Müll mit zur Tonne nehmen?«

Die Polizistin nimmt geistesabwesend den Müllsack. Dann zögert sie kurz, dreht sich noch mal um und fragt: »Wie kommen Sie eigentlich auf Ihre Ideen? Ich meine, die Leute in Ihren Geschichten sagen immer so absurde Sachen. Wie kommt man auf so was?«

Das Känguru deutet auf den Block in meiner Hand, auf dem ich mir seit geraumer Zeit Notizen mache. Dann schließt es die Tür.

JEMAND DENKT AN DICH

Das Känguru reißt sich den falschen Schnauzbart ab.

»Ich kann nicht fassen, dass diese Verkleidung funktioniert ...«, sage ich.

Es nimmt die Baseball-Mütze vom Kopf und verstaut sie in seinem Beutel.

»Apropos Polizei«, sage ich. »Was ist eigentlich aus dem Messias geworden? Ich dachte, er würde uns retten und so. Also dich aus der Abschiebehaft und mich aus der Langeweile.«

»Keine Ahnung. Er ist verschwunden. Irgendwann hatte ich keine Lust mehr, auf den Heiland zu warten, und habe mich selbst gerettet«, sagt das Känguru.

»Gute Entscheidung«, sage ich. »Es soll Leute geben, die haben schon mehrere Tausend Jahre ergebnislos auf den Messias gewartet.«

Das Känguru zieht das Hawaiihemd aus.

»Und wo haste die ganze Zeit gesteckt, nachdem du dich selbst gerettet hattest?«, frage ich.

»Ach«, sagt es. »Tunesien, Libyen, Ägypten ...«

»Urlaub, ja?«

»Urlaub ... wenn du es so nennen willst ... Sagen wir lieber, ich habe ein paar Steine ins Rollen gebracht. Oder wie nennt man das, wenn Steine durch die Luft rollen?«

»Fliegen?«

»Ja! Steine zum Fliegen gebracht.«

»Und seit wann bist du wieder in Berlin?«

»Ein Weilchen.«

»Warum biste nicht früher wiedergekommen?«

»Du weißt doch, dass mich mein Antagonist, mein kosmischer Widersacher, mein Erzfeind, der Pinguin, seit er nebenan wohnt, im Auftrag des Ministeriums für Produktivität überwacht hat. Und in meiner Abwesenheit hat er dich überwacht. Und du hast ihn doch für mich zurücküberwacht.«

»Ja, ja. Genau ...«, murmle ich.

»Und jetzt, wo der Pinguin verschwunden ist, konnte ich wieder eintrudeln.«

»Der Pinguin ist weg?«, frage ich. »Woher weißt du das?«

»Ich habe gerade bei ihm eingebrochen«, sagt das Känguru. »Dafür, dass er mich als unproduktiv angezeigt hat, wollte ich mich rächen. Fabelhafte-Amelie-mäßig. Wollte seine Schwimmflossen eine Nummer kleiner kaufen und so, aber der Vogel ist ausgeflogen.«

»Voll die krasse Rache«, sage ich.

»Das wäre nur der Anfang gewesen.«

»Ah so.«

»Später wäre mir bestimmt noch mehr eingefallen.«

»Bestimmt.«

»Noch Krasseres.«

»Ohne Zweifel.«

»Ich hätte sein WLAN-Passwort geändert.«

»Heftig.«

»Und dann hätte ich auch noch andere Sachen gemacht.«

Ich blase Luft in meine rechte Backe und lasse sie wieder rausplatzen. Danach blase ich Luft in meine linke Backe und lasse sie wieder rausplatzen.

»Biste eingeschnappt?«, fragt das Känguru.

»Wieso?«, frage ich eingeschnappt. »Wieso sollte ich eingeschnappt sein?«

»Weiß nicht«, sagt das Känguru. »Aber du wirkst wie eine kleine beleidigte Teewurst.«

»Leberwurst.«

»Nein, nein. Teewurst. Man sagt Teewurst.«

»Tut man nicht.«

»Doch«, sagt das Känguru.

Ich verdrehe die Augen.

»Na, von mir aus«, sage ich.

»Dem Klügeren wird nachgegeben«, sagt das Känguru.

»So geht das Sprichwort nicht.«

»Doch.«

»Nein!«

»Doch!«

»Wie du meinst.«

»Siehst du?«

»Boah!«, rufe ich. »Und überhaupt! Wieso sollte ich eingeschnappt sein? Nur weil du dich nicht gemeldet hast?«

»Was heißt hier: nicht gemeldet? Ich hab dir doch durch das Asoziale Netzwerk ständig Nachrichten geschickt«, sagt das Känguru. »Zum Beispiel letztens, als du Pizza bestellt hast: Ist dir da nicht aufgefallen, dass die Peperoni ein ›LG‹ ergaben? Liebe Grüße?!?«

»Ja, das ist mir schon aufgefallen, aber ich dachte, dass sei Zufall«, sage ich. »Oder Werbung für den Elektronikhersteller.«

»Zufall?! Und ich hab doch überall in Kreuzberg diese Zettel aufgehängt, wo draufstand: ›Hätte gerne ein WG-Zimmer in Kreuzberg!‹ Hast du die nicht gesehen?«

»Na ja, doch. Aber ich muss zugeben, da bin ich nicht gleich draufgekommen, dass die alle von dir sind.«

»Aber die abgedruckte Telefonnummer war doch deine Kontonummer, gefolgt von deiner PIN!«

»Wie bitte?!«

»Wer außer mir kennt die denn?«

»Na, ich jedenfalls nicht«, sage ich.

»Du kennst deine PIN nicht?«

»Du hattest die irgendwann mal ändern lassen.«

»Ja, stimmt ... Du hast mir zu viel von deinem Geld verschleudert ...«

»Aber jetzt kennt sie ja halb Kreuzberg«, sage ich. »Wenn ich meine PIN brauche, frage ich einfach irgendjemanden auf der Straße.«

Ich schüttle ärgerlich den Kopf.

»Warum hast du nicht einfach angerufen?«, frage ich. »Oder 'nen Brief geschrieben?«

»Ich bin illegal. Im Untergrund! Ich konnte keine offiziellen Kommunikationswege benutzen. Das hätte dich in Gefahr gebracht«, sagt das Känguru. »Haste all meine Nachrichten nicht kapiert?«

»Nun ja ...«

»Aber du hast mir doch auch Nachrichten zurückgeschickt!«

»So?«

»Zum Beispiel dieser eine Blogeintrag auf deiner Internetseite, in dem du erklärst, wie du auf deine Ideen kommst. Den habe ich sogar ausgedruckt.« Es kramt in seinem Beutel. »Kuck. Und wenn man hier die Anfangsbuchstaben der Zeilen von oben nach unten liest, ergibt das: M, D, U, D, H, K, G, E, H, I, E, M, B, D, W, B, B, U, D, D, V, P, V, S, G, G, E, G, S, W, I, R, D, W, K, B, Y.!«

»Ja ... Tja.«

»Und wenn man die Buchstaben neu sortiert, ergibt das:

H, K, I, H, D, G, E, G, M, G, E, D, U, E, D, P, V, S, R, D, W, K, B, S, W, I, D, W, B, D, V, Y, G, B, B, M, U.!«

»Genau ...«

»Jetzt muss man nur noch zu diesen Anfangsbuchstaben die richtigen Wörter finden und erhält: H, K: ›Hallo, Känguru!‹ I, H, D, G, E, G: ›Ich hoffe, dir geht es gut.‹ M, G, E, D, U, E: ›Mir geht es den Umständen entsprechend.‹ D, P, V, S, R: ›Der Pinguin verhält sich ruhig.‹ D, W, K, B, S, W, I, D, W, B, D: ›Das Wetter könnte besser sein. Wie ist das Wetter bei dir?‹ V, Y, G: ›Viele yuppieverachtende Grüße.‹ B, B, M, U: ›Bis bald. Marc-Uwe.‹ Ich hab 'ne Weile gebraucht, das rauszufinden, aber es hat mir an dem Tag wirklich die Laune gerettet.«

»Ach so«, sage ich. »*Die* Nachricht hast du gemeint.«

»War das richtig?«, fragt das Känguru. »Yuppieverachtende Grüße? Dieses Ypsilon hat mir echt Kopfschmerzen bereitet.«

»Ja, war richtig«, sage ich. »Yuppieverachtende Grüße. Das ist doch eine gängige Floskel.«

»Nun. Hm. Ich hab auch noch lange gerätselt, wieso du so viel übers Wetter schreibst. Dann ist mir aber klargeworden, dass das nur eine Metapher für deinen emotionalen Zustand sein sollte. Und dann hab ich doch das Mädchen vorbeigeschickt, das dir, als du vor dem Falafelladen gesessen hast, die Biobrause über den Kopf gießen und dazu *Why does it always rain on me* singen sollte.«

»Jetzt wird mir so einiges klar«, sage ich. »Der Busfahrer, der mir statt Wechselgeld diesen Zettel gegeben hat, auf dem stand: ›Jemand denkt an dich!‹?«

»Ja!«, ruft das Känguru.

»Der große, fiese Rocker, der plötzlich vor mir gebremst hat und sagte: ›Jemand kommt dich bald besuchen!‹«

»Ja!«

»Der Junkie mit der offenen Wunde im Gesicht, der mir hinterherbrüllte: ›Jemand weiß, wo du wohnst!‹«

»Ja!«

»Die alte, stinkende Frau, die mich auf der Straße umarmt, an meinem Ohr geleckt und ›Bist du auch so einsam?‹ gehaucht hat?«

»Nee«, sagt das Känguru. »Damit hatte ich nix zu tun.«

»Hm. Schade.«

**»Dream a little dream of me.«**
Freddy Krueger

»Was wurde aus Ihren Papageien?«, fragt das Känguru.

»Sie tötete sie«, sagt mein Psychiater. Er liegt auf der Couch.

»Sie wachen immer noch manchmal auf, nicht wahr?«, fragt das Känguru. »Wachen auf im Dunkeln und hören die Papageien schreien.«

»Ja«, sagt mein Psychiater.

»Und Sie glauben, wenn Sie den armen Marc-Uwe retten, dann würde all das aufhören? Sie glauben, wenn Marc-Uwe mich loswird, würden Sie nie wieder im Dunkeln aufwachen, durch dieses grauenhafte Geschrei der Papageien.«

»Tschilp! Tschilp!«, ruft mein Psychiater.

Ich fahre aus dem Schlaf hoch. Leicht verstört schlurfe ich in die Küche, mache einen Kaffee für mich und einen Malzkakao fürs Känguru. Als ich damit ins Wohnzimmer komme, liegt das Beuteltier in seiner Hängematte und liest. Ich setze mich in den Sessel.

»Sag mal, warum hast du dich in deinen Nachrichten eigentlich immer nur als ›Jemand‹ bezeichnet?«

»Man kann nicht vorsichtig genug sein«, sagt das Känguru, ohne von seinem Buch aufzublicken.

»›Jemand‹ hat mir Angst gemacht«, sage ich.

»Wer?«, fragt das Känguru.

Ich gähne, winke ab und nehme einen großen Schluck Kaffee.

»Was liest du denn da?«

»Ach, Fantasy«, sagt das Känguru.

»Das kommunistische Manifest?«, frage ich.

»Nein, nein. Es geht um eine junge Prostituierte, die herausfindet, dass sie zaubern kann. Deswegen kommt sie dann auf so eine spezielle Schule.«

»Wie heißt das Buch?«

»*Die Wunderhure.*«

Ich kucke geringschätzig.

»Kuck nicht so geringschätzig«, sagt das Känguru. »Ich muss für meine Arbeit immer schon so anstrengende Sachen lesen, darum schmökere ich in meiner Freizeit gerne in leichterer Kost.«

»Soso.«

»Außerdem hast du wahrscheinlich total romantisierte Vorstellungen vom Untertauchen, aber die Hauptbeschäftigung im Untergrund ist, irgendwie die verdammte Zeit totzuschlagen.«

»Du bist zu Hause, aber immer noch im Untergrund?«

»Der Untergrund ist, wo ich bin.«

»Aha.«

»Na gut! Ich steh halt einfach auf so Fantasy-Scheiß«, ruft das Känguru trotzig. »Im Übrigen solltest du mal schön still sein mit deinem Star-Wars-Fimmel.«

»Also bitte!«, sage ich. »Star Wars ist doch kein Fantasy-Scheiß. Star Wars ist Science-Fiction-Scheiß! Die Überlegenheit offenbart sich schon in der Genrebezeichnung! *Science*-Fiction …«

»... -Scheiß.«

»Ich kann dir auch sagen, was mich an dem Fantasy-Kram nervt. Es ist immer das Gleiche«, sage ich. »Immer diese total unmotivierten, unlogischen Rettungen in letzter Minute. Da stecken die Helden von Feinden umzingelt in einer aussichtslosen Klemme, aber dann kommt zum Glück urplötzlich von irgendwoher die Kavallerie oder irgendwelche Riesenadler oder Dumbledore oder schon wieder irgendwelche Riesenadler... Da könnte genauso gut aus heiterem Himmel ein Blitz herunterzucken und den Bösen erschlagen.«[2]

Unbeeindruckt und ohne zu antworten liest das Känguru einfach weiter.

»Und wie gefällt dir *Die Wunderhure*?«, frage ich nach einer Weile.

»Der erste Teil war so lala, die ganze Liebesgeschichte mit dem Riesenzwerg Ülf war nicht so meins...«

»Ein Riesenzwerg?«

»Ja«, sagt das Känguru. »Ein Meter zweiundachtzig ist der groß.«

»Irre.«

»... aber im zweiten Teil wurde es dann richtig spannend.«

---

[2] Schon Fantasy-Autoren der ersten Welle wie Homer, Aischylos und Euripides benutzten übrigens diesen Trick. In Euripides' Theaterstücken zum Beispiel schwebte dann im entscheidenden Moment urplötzlich eine Gottheit an einer Bühnenmaschinerie heraus und rettete die Situation, was Kritiker der ersten Welle wie Horaz oder Aristoteles dazu brachte, hämisch vom Deus ex Machina, dem Gott aus der Maschine, zu sprechen, und ein Comedian der ersten Welle, Aristophanes, ging sogar so weit, in einem seiner Stücke Euripides durch eine Maschine auftauchen zu lassen, und jetzt behaupte noch mal, ein nach elf Semestern abgebrochenes Philosophie- und Theaterwissenschaftstudium sei zu überhaupt nichts nütze, Mama. (Anm. des Chronisten)

»Es gibt einen zweiten Teil?«

»Natürlich. *Die Wunderhure wundert sich*. Es gibt doch immer einen zweiten Teil. Eigentlich gibt es immer mindestens drei Teile.«

»Man kann ja von einem Autor auch nicht verlangen, dass er sich für jedes Buch neue Figuren ausdenkt«, sage ich.

Das Känguru nickt.

»Das Einzige, was mich echt nervt«, sagt es, »ist Folgendes: Der Verfasser der Wunderhuren-Chroniken Wenzel R. R. Skowronek hatte die Saga ursprünglich als Trilogie geplant. Nun hat er aber vor einiger Zeit angekündigt, dass es sieben Teile werden sollen.«

»Klar«, sage ich. »Drei oder sieben ...«

»Jetzt lese ich also gerade Teil drei, *Die Wunden der Wunderhure* – superspannend –, muss aber am Ende des Buches noch Monate auf Teil vier, *Die Wunderhure in Wuppertal,* warten. Und wann Teil fünf, *Der Lude der Wunderhure*, Teil sechs, *Die Hochzeit der Wunderhure* und das Finale, *Die sieben Weltwunderhuren,* erscheinen, ist völlig unklar. Wenn ich Pech habe, stirbt der Typ, bevor er den siebten Teil vollendet hat, dann stünden wir Fans dumm da. Zu allem Überfluss lenkt sich Wenzel R. R. Skowronek zurzeit auch noch damit ab, zusammen mit Elke Zimmerer eine Fortsetzung von deren Bestseller *Die Schwester der Nichte der Gattin des Gerbergesellen* zu schreiben.«

»Es gibt schon für alle sieben Teile Titel?«

»Na klar«, sagt das Känguru. »Die Filmrechte sind ja auch schon längst für alle sieben Teile verkauft.«

»So langsam glaube ich, ich habe mein Schaffen die ganze Zeit dem falschen Genre gewidmet.«

»Das fällt dir erst jetzt auf?«, fragt das Känguru. »Du solltest lieber Bücher schreiben über die epische Schlacht zwischen Licht und Schatten, Freiheit und Unterdrückung, Liebe und Hass – ja zwischen Gut und Böse!«

»Und ich Dummerchen dachte immer, das hätte ich getan ...«[3]

---

[3] Seit Urzeiten ist Fantasy das beliebteste aller Genres. Fantasy-Autoren der zweiten großen Welle wie Johannes, Lukas, Markus und Mel Gibson haben zum Beispiel selbst heute noch fanatische Fans, die ganze Passagen auswendig kennen und sich regelmäßig in mittelalterlichen Gebäuden zu Conventions treffen, bei denen sie sich gegenseitig ihre Lieblingsstellen vorlesen und absurde Rituale aus den Büchern nachspielen. Totale Nerds. (Anm. des Kängurus)

# DIE PROPHEZEIUNGEN

> »Ich mache nie Voraussagen
> und werde das auch niemals tun.«
> **Nostradamus**

Ich sitze am Küchentisch und trinke Kaffee. Im Radio wird der sogenannte Wahlsieger Jörg Dwigs interviewt, dessen Partei es geschafft hat, aus dem Stand über die 5-Prozent-Hürde zu springen. »*Die moderne Technik bietet faszinierende Möglichkeiten*«, sagt Dwigs. »*Wir können heute schon errechnen, dass Personen, die das und das mit ihrer Kreditkarte bezahlen, die den und den im Adressbuch ihres tragbaren Telefons haben, die diese E-Bücher laden, die jene Musik strömen, die so und so oft dieses und jenes Wort in ihren E-Briefen benutzen oder im Zwischennetz suchen, und so weiter, und so weiter, mit einer statistischen Wahrscheinlichkeit von x Prozent straffällig werden. Die von uns vorgeschlagenen Wahrscheinlichkeitsgesetze würden erlauben, diese Menschen vorbeugend in Haft zu nehmen, und dadurch die Kriminalitätsrate spürbar senken. Wir fordern einen Zugriff ab einer 75-prozentigen Straffälligkeitswahrscheinlichkeit.*«

»*Würde das nicht dazu führen*«, fragt der Moderator, »*dass sich die Menschen nicht mehr trauen, unkonventionelle Musik zu hören, kritische Schriften zu lesen, Außenseiter zu ihren Bekannten zu zählen?*«

»*Sicherlich. Das könnte passieren*«, sagt Dwigs. »*Ein weiterer positiver Effekt.*«

Das Känguru kommt in mein Zimmer und schaltet das Radio aus. Es zieht neun zusammengerollte Blätter aus seinem Beutel.

»Ich habe hier neun Prophezeiungen über deine Zukunft«, sagt es.

»Wer hat da prophezeit?«

»Ich natürlich.«

»Ich glaube, du liest zu viel Fantasy.«

»Willst du die Prophezeiungen hören oder nicht?«

»Klar. Schieß los.«

»Sie sind aber nicht umsonst.«

»Was sollen deine mystischen Prophezeiungen denn kosten? Einen Blutstropfen? Eine Haarsträhne? Eine Augenwimper?«

»Zwanzig Euro.«

»Waaas?!?«, rufe ich. »Zwanzig Euro? Das sind ja fast vierzig Mark! Achtzig Ostmark! Vierhundert Ostmark auf dem Schwarzmarkt ...«

»Ja, ja«, unterbricht mich das Känguru. »Komm zum Punkt.«

»Die Prophezeiung muss erst noch geschrieben werden, für die ich zwanzig Euro zahlen würde.«

»Falsch«, sagt das Känguru. Es holt ein Feuerzeug aus seinem Beutel und zündet drei der neun Prophezeiungen an.

»Was machst du denn da?«, rufe ich überrascht.

Das Känguru beobachtet, wie die drei Schriftrollen zu Asche zerfallen.

»Ich habe hier sechs Prophezeiungen über deine Zukunft«, sagt es. »Gar nicht neugierig?«

»Was in deiner Kindheit hat dich nur zu solch einem Monster werden lassen?«

Das Känguru macht das Feuerzeug an.

»Halt!«, rufe ich. »Was sollen die sechs denn kosten?«

»Die sechs kosten so viel wie die neun.«

Nach einigem Nachdenken sage ich: »Ich biete dir fünf Euro.«

»Du Krämerseele!«, ruft das Känguru. »Man feilscht nicht mit dem Schicksal!« Und es verbrennt drei weitere Prophezeiungen.

»Dir ist arg langweilig im Untergrund, was?«

»Ich habe hier drei Prophezeiungen über deine Zukunft«, sagt das Känguru.

»Wir können ja mal ein paar Freunde in den Untergrund einladen, wenn du willst«, sage ich.

»Die Prophezeiungen werden eintreffen«, sagt das Känguru. »Das Prophezeite ist von großem Interesse für dich. Darauf gebe ich dir eine Geld-zurück-Garantie.«

»Was sollen die drei Prophezeiungen denn kosten?«

»Die drei kosten so viel wie die neun.«

Ich schüttle den Kopf. Das Känguru macht das Feuerzeug an. Ich seufze und hole einen Zwanzigeuroschein aus meinem Geldbeutel. Das Känguru nimmt ihn und reicht mir die drei Schriftrollen.

Ich öffne die erste Prophezeiung.

Da steht: »Ich prophezeie, du wirst für drei Prophezeiungen einen Preis zahlen, den du für neun nicht zahlen wolltest.«

Ich öffne die zweite Schriftrolle.

Da steht: »Ich prophezeie, du wirst dein Geld zurückhaben wollen, es aber nicht zurückbekommen.«

Ich öffne die dritte Schriftrolle.

Da steht: »Raum für Notizen.«

»Razupaltuff«, murmle ich. »Was du dir nicht alles einfallen lässt, um an ein bisschen Geld zu kommen.«

»Oh, es ging nicht ums Geld«, sagt das Känguru und zündet den Zwanzigeuroschein an. »Es geht mir nie ums Geld.«

Es lächelt. »Man sieht sich.«

Das Känguru zieht Pulver aus seinem Beutel, wirft es auf den Boden, Rauch steigt auf, und einfach so – ist es weg.

# ALTE REGELN

Wir sitzen in unserer Küche und spielen Karten.

»Krapotke«, sagt das Känguru.

»Ja?«, fragt Krapotke.

»Du bist dran«, sagt Friedrich-Wilhelm müde.

»Und das heißt, ich muss …?«

»EINE KARTE ABLEGEN!«, ruft das Känguru.

Krapotke legt eine Karte ab.

»Nicht irgendeine Karte«, sagt das Känguru. »Eine passende Karte …«

»Die Regeln sind aber auch wirklich nicht einfach«, sagt Krapotke.

»Doch«, sagt das Känguru, »die Regeln sind unfassbar einfach. Wir spielen hier Mau-Mau. Wegen dir.«

»Deinetwegen«, sage ich.

»Meinetwegen?«, fragt das Känguru.

»Nein, ich meinte, es heißt nicht ›wegen dir‹, sondern ›deinetwegen‹.«

»Meinetwegen«, sagt das Känguru. »Aber jetzt halt die Klappe!«

Krapotke legt eine andere Karte ab. Ich lege ab. Das Känguru legt ab. Friedrich-Wilhelm zieht eine Karte. Dann passiert nichts.

»Krapotke«, sagt das Känguru.

Krapotke scheint in Überlegungen versunken.

»Krapotke!«, ruft das Känguru.

»Ja?«, fragt Krapotke.

»DU MUSST EINE VERFICKTE KARTE ABLEGEN!«, brüllt das Känguru.

Krapotke legt eine Karte ...

»EINE PASSENDE KARTE!«, schreit das Känguru. »WENN DU KEINE PASSENDE KARTE HAST, MUSST DU EINE BEKACKTE KARTE VOM NACHZIEH-STAPEL ZIEHEN, UND NEIN, DU DARFST DIE KARTE NICHT SOFORT DANACH ABLEGEN!«

»Kompliziertes Spiel«, sagt Krapotke.

»Absolut nicht«, sagt das Känguru, sich mühsam beruhigend. »Jeder Idiot begreift die Regeln!«

»Du bist doch bei der Bundeswehr«, sagt Friedrich-Wilhelm. »Du müsstest doch mit Regeln für Idioten vertraut sein.«

»Beim Bund beklagen sie sich auch immer über mich«, sagt Krapotke.

»Das ehrt ihn«, sage ich.

»Es ist aber wirklich das einfachste Spiel der Welt«, sagt das Känguru.

»Ich kenne einfachere Spiele«, sagt Krapotke.

»So?«, frage ich.

»Wir haben zu Hause immer Würfeln gespielt«, sagt Krapotke. »Jeder würfelt, und wer die höchste Zahl würfelt, gewinnt. Oder auch Würfel raten. Man würfelt, und jeder muss raten, welche Zahl kommt. Mein Bruder war total gut darin.«

»Musstest du immer vor dem Wurf raten, und dein Bruder durfte nach dem Wurf raten?«, fragt Friedrich-Wilhelm.

»Weiter jetzt!«, kommandiert das Känguru.

Ich werfe einen Blick in Krapotkes Blatt und lege für ihn eine passende Karte ab. Dann lege ich eine meiner Karten ab.

Das Känguru legt eine seiner Karte ab. Friedrich-Wilhelm legt eine Sieben. Krapotke will ablegen.

»Du musst zwei Karten ziehen«, sagt Friedrich-Wilhelm.

»Warum?«, fragt Krapotke.

»Weil ich eine Sieben gelegt habe«, sagt Friedrich-Wilhelm.

»Müsst ihr auch zwei Karten ziehen?«, fragt Krapotke.

»Nein«, sage ich.

»Das scheint mir nicht fair«, sagt Krapotke. »Das ist nicht fair.«

»So sind halt die Regeln«, sagt das Känguru.

»Die hat sich doch nur jemand ausgedacht«, sagt Krapotke. »Und ich habe mir eben neue Regeln ausge…«

»Z i e h   j e t z t   z w e i   K a r t e n!«, sagt das Känguru. Seine Augen funkeln böse.

»Woher? Aus meinem Ärmel«, scherzt Krapotke.

»Manche Leute machen noch Witze, wenn ihr Leben in Gefahr ist«, sagt das Känguru.

»Vom Nachzieh-Stapel«, sage ich.

»Vom Nazi-Stapel?«, fragt Krapotke.

»Wenn ich auf eine Gruppe Nazis treffe und die ordnungsgemäß fein säuberlich zusammenfalte und aufeinanderlege, dann ist das ein Nazi-Stapel«, sagt das Känguru. »Das hier auf dem Tisch ist ein Nachzieh-Stapel! Jetzt zieh zwei Karten!«

Krapotke zieht zwei Karten. Ich lege eine Karte ab und sage: »Mau.« Das Känguru legt eine Karte ab und sagt auch: »Mau.« Friedrich-Wilhelm zieht eine Karte und gähnt. Ich muss auch gähnen. Friedrich-Wilhelm reibt sich die Augen.

»KRAPOTKE!«, schreit das Känguru. »Leg jetzt sofort eine p a s s e n d e  Karte ab!«

»Was genau heißt noch mal passend?«, fragt Krapotke.

»Dieselbe Zahl oder dieselbe Farbe«, sage ich.

Krapotke legt eine Karo-Neun auf die Herz-Sieben.

»O sancta simplicitas!«, ruft das Känguru.

»Ich finde es immer superüberheblich, wenn es Leute auf Latein beleidigt«, sagt Friedrich-Wilhelm zu mir.

»Ich halte das Verstecken nicht mehr aus«, sagt das Känguru. »Mit euch halte ich das Verstecken nicht mehr aus! Ich muss mal wieder andere Leute sehen. Ich krieg hier 'nen Koller!«

»Hab ich nicht richtig abgelegt?«, fragt mich Krapotke. »Beide Karten sind doch rot.«

»Ja, na ja. Man sollte das mit den Regeln wirklich nicht so eng sehen«, sage ich und lege ein Kreuz-Ass auf die Karo-Neun. »Mau-Mau.«

# AUFKLÄRUNG

> »I want you to want me.
> I need you to need me.«
> Angebot zur Nachfrage

»Wir müssen hier erst mal über Begrifflichkeiten reden«, sagt das Känguru und pafft kurz an seiner Montecristo. Um unerkannt zu bleiben, hat es sich wieder verkleidet. Es trägt einen angeklebten Elftagebart, ein olivgrünes Hemd, eine schwarze Baskenmütze mit goldenem Stern und darunter sein Kopffell in wirrer Unordnung. »Zum Beispiel ist der sogenannte ›freie Markt‹ natürlich kein *freier* Markt«, sagt es. »All die Liberalen und Neoliberalen, Lobbyisten und Wirtschaftsfuzzis, Bankpräsidenten und sonstigen Nutznießer, die sich jegliche staatliche Regulierung und Eingriffe in den sogenannten ›freien‹ Markt verbitten – allzu oft unter Postulierung seiner angeblichen Gott- beziehungsweise Naturgegebenheit –, übersehen dabei geflissentlich all die staatlichen Regulierungen und Eingriffe, ohne welche dieser sogenannte ›freie‹ Markt überhaupt nicht existieren könnte. Ganz grundlegendes Beispiel: Dass du etwas anbieten kannst, ohne dass ich es dir einfach wegnehmen darf, obwohl ich stärker bin als du, das ist eine von Menschen erdachte Regulierung, die zudem nur durch die Androhung eines staatlichen Eingriffes ihre Wirksamkeit entfaltet. Siehst du das ein?«

»Ja«, sagt der Mann hinter dem Obst- und Gemüsestand.

Ich nehme mir heimlich eine Blaubeere und schiebe sie in den Mund.

»Gut«, sagt das Känguru. »Das ist ein ganz wichtiger Schritt. Du hast erkannt, dass das Wirtschaftssystem keine Naturgewalt ist, sondern durch Menschen geschaffen wurde, also auch von Menschen wieder verändert werden kann.«

»Klar«, sagt der Mann.

Ich nehme mir unbemerkt eine Erdbeere.

»Der freie Markt ist also keineswegs frei«, sagt das Känguru. »Wenn die Mächtigen vom freien Markt reden, dann meinen sie damit: frei von jeglicher Verantwortung.«

»Sehr treffend«, sagt der Mann.

»Danke«, sagt das Känguru geschmeichelt. »Da habe ich mich auch selber sehr gefreut, als mir diese Formulierung eingefallen ist.«

Ich stibitze eine Pflaume.

»Werden wir noch grundlegender«, fährt das Känguru fort. »Was ist der Sinn des Wirtschaftens? Wie würde man ein gutes Wirtschaftssystem definieren? Folgender Vorschlag: Ein gutes Wirtschaftssystem hat dafür Sorge zu tragen, dass mindestens im nötigen Umfang nützliche, angenehme, ja auch schlicht schöne oder leckere Güter produziert und gerecht verteilt werden. Bist du damit einverstanden?«

»Klingt vernünftig«, sagt der Mann.

Ich spucke den Pflaumenstein aus, nehme eine Birne und beiße hinein.

»Wenn man aber erst mal diese Definition akzeptiert hat, muss man doch zugeben, dass der Kapitalismus vor diesen Anforderungen völlig versagt«, sagt das Känguru. »Nicht nur, dass alles extrem ungerecht verteilt wird, es werden auch noch hauptsächlich nutzlose, unangenehme, hässliche und ekelhafte Güter produziert. Bist du meiner Meinung?«

»Ja«, sagt der Mann. »Zum Beispiel hat mein Sohn letztens so kleine Schuhe für unsere Katze mitgebracht, die haben unten jeweils einen kleinen Wischmopp dran. Aber der Reinigungseffekt ist wirklich minimal. Oder meine Frau, die hat so eine Art Zelt angeschleppt, dessen einziger Zweck es ist, beim An- und Abtransport des Christbaumes über diesen gestülpt zu werden, damit die Wohnung nicht vollgenadelt wird. Und wir sind Moslems. Wir feiern nicht mal Weihnachten. Und meine Tochter hat sich vor einiger Zeit im Drogeriemarkt eine Profikuscheldecke gekauft, eine Decke mit Ärmeln! So ein Schwachsinn. Leute, die so etwas kaufen, gehören eigentlich verprügelt und ...«

»Gut, gut, gut«, sagt das Känguru.

Ich nehme mir eine Wassermelone.

»Fünf Euro«, sagt der Mann.

Ich lege die Melone zurück.

»Du siehst also ein«, sagt das Känguru, »dass die Regeln gemacht und nicht gegeben sind, du siehst auch, dass die aktuellen Regeln schlecht und unfair sind.«

»Ja«, sagt der Mann.

»Also frage ich dich: Sollte man diese Regeln ändern?«

»Das sollte man«, sagt der Mann.

»Wollen wir beide, hier und heute, damit anfangen?«

»Unbedingt!«

»Gibst du mir demnach jetzt diesen Pfirsich?«, fragt das Känguru.

»Für umsonst?«, fragt der Mann.

»Ja«, sagt das Känguru.

»Nein«, sagt der Mann.

»Also gut«, sagt das Känguru. »Noch mal von vorne.«

Der Mann vom Obst- und Gemüsestand seufzt und reicht dem Känguru wortlos einen Pfirsich.

»Siehst du«, sagt das Känguru zu mir, »man muss nur mit den Leuten reden.«

# FAQ

Wir hängen im Wohnzimmer rum. Das Radio läuft.

»*Nachdem sich die wirtschaftliche Lage gestern ein wenig entspannt hatte, ist sie heute früh wieder sehr verspannt*«, sagt der Nachrichtenmann. »*Zugeschaltet ist jetzt ein Experte. Hallo.*«

»*Hallo.*«

»*Sie sind Experte. Was ist Ihre Meinung dazu?*«

»*Ich, als Experte, denke, wir sollten alle noch viel mehr Angst um unsere Arbeitsplätze haben. Ferner sollten wir ...*«

Ich schalte das Radio aus.

»Den Comedians fällt auch nichts Neues mehr ein«, sagt das Känguru.

Ich blicke auf die Uhr und seufze.

»Was seufzt Er denn schon wieder?«, fragt das Känguru.

»Ach«, sage ich. »Ich werde gleich angerufen. Muss ein Telefoninterview geben.«

»Und?«

»Man kriegt immer die gleichen Fragen gestellt.«

»Lass mich rangehen«, sagt das Känguru.

»Hm«, sage ich. »Das klingt im Nachhinein bestimmt nicht mehr wie eine gute Idee.«

Das Telefon klingelt.

Das Känguru befördert den Hörer mit der linken Pfote in die Luft und fängt ihn mit rechten wieder auf.

»Am Apparat!«, sagt es. »Ja ... ja ... aha ... kann losgehen.«

Ich stelle mich dicht neben das Känguru, um mitzuhören.

»*Ist das jetzt eigentlich Kabarett oder Comedy, was Sie machen?*«, höre ich die erste Frage aus dem Telefonhörer.

»Es ist Zirkus«, sagt das Känguru. »Es kommen Tiere drin vor. Nächste Frage.«

»*Äh. Wie kommen Sie auf Ihre Ideen?*«

»Ich habe ein kleines Totenkopfäffchen, das scheißt die«, sagt das Känguru.

»*Und wo nehmen Sie in echt Ihre Ideen her?*«

»Linke Gehirnhälfte, unter dem Frontallappen, in der Nähe vom auditorischen Cortex in den assoziativen Feldern, Sektor 5B. Nächste Frage.«

»*Aha. Äh. Und wie sind Sie auf die Idee mit dem Känguru gekommen?*«

»Ich bin nicht auf das Känguru gekommen«, sagt das Känguru. »Das Känguru ist auf mich gekommen. Mich gibt es gar nicht. Marc-Uwe ist nur eine Kunstfigur. Nächste Frage.«

»*Äh. Von Ihrem Verlag haben wir erfahren, dass Sie gerade an einem dritten Känguru-Buch arbeiten. Als Antagonisten haben Sie ja den Pinguin eingeführt. Wir Leser fragen uns nun natürlich: Was hat der Pinguin vor?*«

»Hm«, sagt das Känguru nachdenklich. »Gute Frage. Wissen Sie, woran man eine gute Frage erkennt? Daran, dass man keine Antwort darauf weiß.«

»*Äh. Ist denn auch ein viertes Känguru-Buch in Planung?*«

»Nur wenn mir nichts Besseres einfällt und ich dringend Geld brauche«, sagt das Känguru.

»*Aha. Äh. Was war die krasseste Reaktion, die Sie jemals auf eine Geschichte bekommen haben?*«

»Papst Ratzinger hatte mich angerufen, kurz vor seinem Rücktritt, und hat gesagt: ›Ich habe dein Buch gelesen und erkannt, dass alles Schwachsinn war, was ich bisher gemacht habe.‹ Nächste Frage.«

»*Aha. Äh. Und noch eine abschließende Frage. Kann man davon leben?*«

»Ich habe eine Penthouse-Wohnung mit nicht mal zweihundert Quadratmetern, einen Ferrari zwar, allerdings nicht das neueste Modell, und die Jacht ist nicht fürs offene Meer zugelassen. Kann man das Leben nennen? Schwerlich. Nicht mal Existieren. Das ist Vegetieren auf primitivstem Niveau.«

»*Äh. Aha. Vielen Dank, dass Sie sich Zeit genommen haben für…*«

»Gerne. Tschüssi.«

Das Känguru knallt den Hörer auf die Gabel.

Es blickt mich nachdenklich an. »Was hat der verdammte Pinguin vor?«

Ich zucke mit den Schultern.

»Weiß nicht. Ich finde aber, du hättest nicht so gemein sein sollen zu dem Jungen von der Schülerzeitung.«

Das Känguru hat auf Facebook öffentlich zu einer Wohnungsparty eingeladen. Zum Glück in die Wohnung vom Pinguin. Der Pinguin ist immer noch ausgeflogen. Wer genau das schwere Eisengitter mit einem Trennschleifer aufgeflext und das Türschloss aufgebrochen hat, lässt sich nicht mehr exakt bestimmen.

Ich warte in der Kloschlange und starre auf die Flurtapete des Pinguins. Sie ist gelb mit rosafarbenen Fischen. Das Känguru steht vor mir. Es trägt ein doppelreihiges Sakko, Weste, Einstecktücher, Manschettenknöpfe, Siegelring, Spazierstock und Hut.

»Entweder geht diese scheußliche Tapete – oder ich«, lallt es und dreht sich dann zu mir.

»Du bist übrigens gansschön bedrunken, mein Freund«, sagt es.

»Wie kommssu drauf?«, lalle ich.

»Du pfeifst ABBA-Songs vor dich hin.«

»Ein starkes Indiz«, gebe ich zu. »Aber bedrunken iss relativ. Ich bin nich wirklich bedrunken. Er hier is wirklich bedrunken.«

Ich deute auf Friedrich-Wilhelm, der bewegungslos in einer Ecke liegt.

»Woraus schließt du, dass er bedrunken iss?«, fragt das Känguru.

»Daraus, dass eins, zwei, drei, vier, äh ... fünf Leute, darunter der gute alte Krapotke, ihn panisch anbrüllen, ihm Ohrfeigen geben, ihm den Finger in den Hals stecken und er nich total ausrastet.«

»Interessante Theorie«, sagt das Känguru.

»Hey! Aufwachen!«, ruft Krapotke und knallt Friedrich-Wilhelm noch mal eine.

»Krapotke«, sagt das Känguru scharf. »Du musst dir folgende Frage stellen: Schlägst du auf Friedrich-Wilhelm ein, weil er bewusstlos ist, oder ist Friedrich-Wilhelm bewusstlos, weil du auf ihn einschlägst?«

»Das ist nicht witzig«, sagt Krapotke.

»WAS WITZIG UND WAS NICHT WITZIG IST, BESTIMME IMMER NOCH ICH!«, brüllt das Känguru.

»Ich glaube, es geht ihm nicht gut«, sagt Krapotke.

»Mir scheint, eine innere Unruhe hat von unserem guten Krapotke Besitz ergriffen«, sage ich.

»Interessanterweise ist ja Krapotkes innere Unruhe gerade das Gegenteil von Friedrich-Wilhelms äußerer Ruhe«, sagt das Känguru.

»Eine sehr schöne Beobachtung«, sage ich.

»Danke.«

Ein Partygirl stellt sich hinter uns in die Schlange.

»Hey!«, sagt sie. »Und was studiert ihr so?«

»Ich studiere nicht«, lallt das Känguru. »Ich arbeite.«

»Und was arbeitest du so?«

Das Känguru starrt einen Moment ins Nichts.

»Ich denke mir Titel für Arthouse-Filme aus«, sagt es schließlich. »Diese werden dann von der Marktforschungsabteilung unserer Firma einem repräsentativen Querschnitt an Kinogängern vorgelegt, und zu den beliebtesten Titeln suchen wir uns Autoren, die dazu Drehbücher schreiben.«

»Das stelle ich mir gar nicht so einfach vor«, sagt das Mädchen. »Arthouse-Filme sind doch eher anspruchsvoll.«

»Ein weitverbreiteter Irrtum«, sagt das Känguru. »Arthouse-Filme und ihre Titel müssen nicht anspruchsvoll sein. Sie müssen nur anspruchsvoll wirken. Was zum Beispiel so gut wie immer funktioniert, ist, wenn man sich irgendetwas Banales nimmt, etwas, das jeder kennt, und das mit einer mehr oder weniger exotischen Weltregion verbindet.«

»Zum Beispiel?«

»Zum Beispiel: *Wäsche aufhängen in Eritrea*. Oder: *In Kamtschatka auf den Klempner warten*. Oder: *Kinderkriegen in Holland*.«

»Den letzten würde ich mir vielleicht sogar ankucken«, sagt das Mädchen.

»Gut funktioniert auch, irgendwas Banales mit einem Geschlecht zu verbinden«, sagt das Känguru. »Ich erinnere nur an den großen Erfolg von *Männer, die ABBA-Songs pfeifen*.«

»Den habe ich gesehen«, sagt das Mädchen.

»Tatsächlich?«, fragt das Känguru. »Das würde mich wundern.«

»Wieso?«, fragt sie. »Glaubst du, ich bin zu dumm für Arthouse-Filme?«

»Nein, nein«, sagt das Känguru. »Wenn du sagst, du hast den Film gesehen...«

»War der nicht angepriesen als ›Der Feel-Good-Film des Jahres‹?«, fragt das Mädchen.

»So bewerben wir alle unsere Filme«, sagt das Känguru. »Und außerdem drucken wir immer noch auf die Poster: ›Eine Million Zuschauer in Frankreich.‹«

»Ich jedenfalls habe den Film gesehen«, lalle ich, »und ich fand ihn ganz zauberhaft. Gansauberhaft. Außerdem finde ich, dass auch *Millionen Zuschauer in Frankreich* ein hervorragender Titel für einen Arthouse-Film wäre. Zum Beispiel über den Algerienkrieg ...«

Ein junger Hipster verlässt die Toilette. Er stolpert und verliert, ohne es zu merken, seinen Stoffbeutel. Das Känguru hebt den Beutel auf und steckt ihn in seinen Beutel.

»Lasst ihr mich vor?«, fragt uns das Mädchen. »Ich muss ganz dringend.«

»Bitte«, sagt das Känguru.

Das Mädchen verschwindet ins Bad, und ich bemerke, dass wir plötzlich mit Friedrich-Wilhelm und Krapotke allein im Flur sind.

»Du tust auch nur so, also ob du betrunken wärst«, sage ich. »Oder?«

»Natürlich«, sagt das Känguru sofort absolut nüchtern. »Die ganze Party hier interessiert mich höchstens aus einer soziologischen Perspektive.«

»Wenn ich was trinke, kann ich mir die ganzen witzigen Sachen nicht merken«, sage ich. »Außerdem bin ich immer noch ein Mensch mit Migränehintergrund.«

»Und was ist mit ihm hier?«, fragt das Känguru.

Ich stupse Friedrich-Wilhelm mit einem Bein an. Er beginnt zu pfeifen.

»Was pfeift er da?«, fragt Krapotke unruhig.

»SOS«, sage ich.

»Den Notruf?«, fragt Krapotke.

»Den Abba-Song, du Schwachkopf«, sagt Friedrich-Wilhelm.

»Bist du etwa auch nicht betrunken?«, fragt Krapotke empört. »Bin ich denn der Einzige hier, der betrunken ist? Warum warst du dann so weggetreten?«

»Ich hab geschlafen, Mann!«, sagt Friedrich-Wilhelm. »Seit meine Freundin dieses Kind bekommen hat, muss ich jede Gelegenheit zum Schlafen nutzen, die ich kriegen kann.«

»Ruhe!«, sagt das Känguru. »Konzentration! Hiermit eröffne ich diese außerordentliche Sitzung des Zentralkomitees des Asozialen Netzwerkes. Anwesend: der Hauptmann...«

»Jup«, sage ich. »Anwesend.«

»... der Generalfeldmarschall...«

»Jawoll!«, sagt Krapotke.

»... der Generalsekretär.«

»Seit wann hat das Asoziale Netzwerk denn ein Zentralkomitee?«, fragt Friedrich-Wilhelm. »Ich dachte, es gibt hier keine Hierarchien.«

»Gibt es auch nicht«, sagt das Känguru. »Jede beliebige Ansammlung von Mitgliedern des Asozialen Netzwerkes darf sich darum zu jedem beliebigen Zeitpunkt einen beliebigen Namen geben. Dieser Name ist natürlich bedeutungslos, und überhaupt ist das Ganze nur ein Spiel, um auf die Willkürlichkeit der Zusammensetzung und Macht solcher Gremien bla bla bla...«

»Heißt das, wir könnten uns auch ›Fünf Freunde‹ nennen?«, fragt Krapotke.

»Wir sind zwar nur zu viert«, sagt das Känguru, »und nur drei Freunde. Aber ja. Natürlich. Wir könnten uns auch die »Fünf Freunde des Asozialen Netzwerkes« nennen.«

»Also«, sagt Friedrich-Wilhelm, »da wir uns immer gegenseitig blockieren und nie zu vernünftigen Entscheidungen kommen, schlage ich vor, dass wir uns ›Der Weltsicherheitsrat des Asozialen Netzwerkes‹ nennen.«

»Ich finde, wir sollten uns ›Der Hohe Rat der Jedi des Asozialen Netzwerkes‹ nennen«, sage ich.

»Bitte!«, ruft das Känguru. »Von mir aus auch das A-Team

des Asozialen Netzwerkes! Können wir mal zum Thema kommen!«

»Ich finde nicht, dass man so tun sollte, als sei das A-Team auch nur im Entferntesten cool«, sage ich. »Vor allem nach dieser unsäglichen Film-Adaption, deren bester Moment war, als unter einem Luftbild, auf dem man eindeutig den Kölner Dom erkennen konnte, der Schriftzug ›Frankfurt‹ eingeblendet wurde.«

»Zur Sache«, ruft das Känguru genervt.

»Männer, die aus einem Panzer schießen, der an einem Fallschirm hängt«, sagt Friedrich-Wilhelm.

»Ha! Ein Arthouse-Titel für den A-Team-Film«, sage ich lachend. Wir boxen unsere rechten Fäuste gegeneinander und schlagen uns dann mit der flachen Hand auf die eigene Stirn.

»Euer Abklatschritual sieht total dämlich aus«, sagt das Känguru.

»Wir sollten das Ritual zum geheimen Handschlag des Asozialen Netzwerkes machen«, sagt Friedrich-Wilhelm. »Wer ist dafür?«

Ich zähle durch.

»Zwei dafür, eine Gegenstimme, eine Enthaltung«, sage ich. »Angenommen!«

»Was habt ihr rausgefunden?«, ruft das Känguru genervt.

»Wir sollten etwas rausfinden?«, fragt Krapotke. »Auf der Party?«

»Die Party soll nur unsere Spuren verwischen«, sagt das Känguru. »Wir sind hier, um etwas über den Pinguin und seine Pläne herauszufinden.«

»Ich finde, wir sollten uns ›Ausschuss des Asozialen Netzwerkes zur Untersuchung von Sachverhalten‹ nennen«, sage ich.

»Kurz: AANUS«, sagt Friedrich-Wilhelm.

Wir machen den geheimen Handschlag des Asozialen Netzwerks. Das Känguru verdreht die Augen.

»Aber diese Party hinterlässt doch viel mehr Spuren, als wenn wir einfach heimlich eingebrochen wären«, sagt Krapotke.

»Bitte!«, ruft das Känguru. »Muss ich alles tausendmal erklären, Herr Generalfeldmarschall? Niemand kann sich unsichtbar machen, aber wenn der Nebel dicht genug ist, sieht dich trotzdem keiner mehr. Mit anderen Worten: Da es unmöglich ist, keine Spuren zu hinterlassen, hinterlassen wir sehr viele, sehr verwirrende.«

»Außerdem wird durch die Party die Wohnung vom Pinguin verwüstet«, sage ich.

»Ein hübscher Nebeneffekt«, sagt das Känguru. »Aber habt ihr wirklich gar keine Entdeckungen gemacht?«

»Der Pinguin besitzt erstaunlich viele Regenschirme«, sage ich.

»Ich habe das hier gefunden«, sagt Friedrich-Wilhelm und reicht dem Känguru ein schwarz-weißes Passfoto des Pinguins und einen digitalen Bilderrahmen mit Urlaubsfotos des Pinguins.

»Hm«, sagt das Känguru und steckt beides in seinen Beutel.

»Aber wo ist der verdammte Pinguin jetzt?«, fragt es. »Und nach welchem Übel trachtet er? Bestimmt hat er irgendeinen bösartig-bourgeoisen Weltverschlechterungsplan ...«

»Seit es aus dem arabischen Frühling zurück ist, erscheint es mir noch paranoider als früher«, sage ich.

»Arabischer Frühling?«, fragt Friedrich-Wilhelm. »Mir hat es erzählt, es habe die ganze Zeit World-of-Warcraft gespielt.«

»Und mir«, sagt Krapotke, »hat es erzählt, es habe in der Kanalisation gelebt und vier mutierte Schildkröten ausgebildet.«

»Splinter, die alte Ratte, hat uns alle angelogen«, sagt Friedrich-Wilhelm.

»Ich habe euch nicht angelogen«, sagt das Känguru. »Ich schütze euch durch Unwissenheit.«

Ein Partyboy kommt um die Ecke und stellt sich hinter uns in die Kloschlange. Ich beginne *Gimme! Gimme! Gimme! A Man After Midnight* zu pfeifen.

»Hey!«, sagt der Junge. »Und was studiert ihr so?«

»Ich studiere nicht«, lallt das Känguru. »Ich arbeite.«

»Das ist ja total irre«, sagt der Typ. »So jemanden hab ich in Berlin noch nie getroffen!«

9 1/2 MINUTEN

»Wer kämpft, kann verlieren.
Wer nicht kämpft, hat schon verloren.«
**Optimus Prime**

Das Känguru liegt mit dem Kopf nach unten im Sessel und betrachtet nachdenklich die Dia-Show auf dem digitalen Bilderrahmen des Pinguins. Der Pinguin unter Wasser vor einem Korallenriff im Neoprenanzug mit Maske und Sauerstoffflasche. Der Pinguin mit Sektglas und Shorts auf einer Jacht. Der Pinguin schüttelt die Hand eines anderen Anzugträgers. Der Pinguin auf Skiern im Schneeanzug mit Schal und Pudelmütze. Der Pinguin im ehemaligen Rügenwalde vor der größten Teewurst der Welt.

»Was hast du jetzt vor?«, frage ich.

»Ich muss nur Leute finden, die mit ihm zusammenarbeiten, und dann werde ich ihnen schon die Wahrheit über den bösartig-totalitären Weltbeherrschungsplan des Pinguins entlocken. Nicht umsonst habe ich lange Zeit ein Detektivbüro geleitet. Meine Verhörmethoden sind äußerst zuverlässig.«

»So? Wie willst du vorgehen?«, frage ich.

»Ich habe vor, die Leute einfach auf die brutalstmögliche Weise abzulenken, und werde ihnen dann, wenn sie völlig unvorbereitet sind, ihre Deckung unten ist, ein Bild des

Pinguins unter die Nase halten und gebieterisch brüllen: ›KENNEN SIE DIESEN PINGUIN?!?‹«

»Aha«, sage ich. »Und was machen wir, bis du jemanden zum Befragen gefunden hast?«

»Wir könnten *Transformers* kucken«, sagt das Känguru und zieht eine selbstgebrannte DVD aus seinem Beutel.

»*Transformers*?«, frage ich skeptisch. »Ist der Film nicht totale Scheiße?«

»Davon gehe ich aus.«

»Warum willst du ihn dann kucken?«

»War ein Riesenhit. Der Film interessiert mich aus einer soziologischen Perspektive.«

»Hm«, sage ich. »Ehrlich gesagt würde ich fast noch lieber *Die Wunderhure* lesen.«

»Wir könnten den Film in doppelter Geschwindigkeit kucken«, schlägt das Känguru vor.

»Das klingt vernünftig«, sage ich.

»In meinem letzten Versteck habe ich *Cowboys vs. Aliens* in anderthalbfacher Geschwindigkeit angekuckt«, sagt das Känguru. »Das hat dem Film wirklich sehr gut getan. Erst dadurch hat sich Daniel Craig in annähernd normaler Geschwindigkeit bewegt.«

Ich schalte den Beamer an und lege die DVD in den Player. Wir machen es uns bequem, und ich starte *Transformers* in doppelter Geschwindigkeit.

Es explodiert sehr vieles sehr schnell.

»Stopp!«, ruft das Känguru nach kurzer Zeit.

Ich stoppe.

»Also, es gibt gute Roboter, und es gibt böse«, sagt es.

»Ja.«

»Aber die bösen greifen einen US-Militärstützpunkt an? Das verstehe ich nicht ganz.«

»Vielleicht ergibt alles mehr Sinn, wenn wir die Geschwindigkeit nochmals verdoppeln«, sage ich.

»Das klingt vernünftig.«

Ich drücke auf die Fernbedienung.

Viele unsympathische Menschen plappern sehr, sehr schnell sehr, sehr viel.

»Langweilig!«, ruft das Känguru. »Schneller!«

Ich drücke auf die Fernbedienung. Da verwandeln sich viele Roboter sehr, sehr, sehr schnell in Autos und wieder in Roboter.

»Schneller!«, ruft das Känguru.

Ich erhöhe die Geschwindigkeit. Abartiger Lärm ist die Folge. Lichtblitze, Photonenstöße und EMP-Blasts schießen durch das Wohnzimmer. ▨▨▨▨▨▨▨▨▨▨▨▨▨ Versehentlich habe ich wohl ein Transwarp-Portal nach Cybertron geöffnet. Ich bekomme Zuckungen. ▨▨▨▨▨▨ ▨▨▨▨▨▨ Die Fernbedienung rutscht mir aus der Hand. Ich krümme mich vor Schmerzen, bin aber unfähig, meine Augen zu schließen. ▨▨▨▨▨▨▨▨▨▨▨▨▨▨ »So was benutzt die CIA bestimmt als audiovisuelle Folter«, ▨▨▨▨▨▨▨▨▨▨▨ ruft das Känguru verzweifelt ▨▨▨▨▨▨▨▨▨ und versucht vergeblich, seinen Kopf in ▨▨▨▨▨▨▨▨▨▨▨▨▨▨ seinen Beutel zu stecken. Wenn ich mir meine Augen zuhalte, habe ich keine Hände mehr für meine Ohren. Wenn ich mir die Ohren zuhalte … ▨▨▨▨▨▨▨▨▨▨▨ »Man bräuchte vier Pfoten«, ruft das Känguru. Ich bekomme sehr, sehr, sehr, sehr schnell sehr, sehr, sehr, sehr starke Kopfschmerzen. ▨▨▨▨▨▨▨▨▨▨▨▨▨▨▨▨▨▨▨▨▨ ▨▨▨▨▨▨▨▨▨▨▨▨ Das Känguru purzelt vom Sessel. ▨▨▨▨▨▨▨▨▨▨▨▨▨▨▨▨▨▨ ▨▨▨▨▨▨▨▨▨▨▨▨▨▨▨▨▨▨▨▨

Ich schlage meinen Kopf ▧▧▧▧▧▧▧▧▧▧▧▧▧ immer wieder gegen ▧▧▧▧▧▧▧▧▧▧▧ die Raufasertapete. ▧▧▧▧▧▧▧▧▧▧▧▧▧ ▧▧▧▧ Das Känguru beißt sich in den eigenen Schwanz. ▧▧▧▧▧▧▧▧▧ Seine Augäpfel sind hervorgetreten ▧▧▧▧▧▧▧▧▧▧▧▧▧ und blutunterlaufen. Ich liege in Embryonalstellung ▧▧▧▧▧▧▧▧▧▧▧ auf der Couch und wimmere. ▧▧▧▧▧▧▧▧▧▧▧ ▧▧▧▧▧▧▧▧ Das Känguru zuckt nur noch epileptisch ▧▧▧▧▧▧▧▧▧▧ auf dem ▧▧▧▧▧▧▧▧ Boden. ▧▧▧▧▧▧▧▧▧▧▧▧▧▧▧▧▧▧▧▧▧▧

Nach neuneinhalb Minuten ist der Film zu Ende. Ich halte mich krampfhaft am Sofakissen fest und weine Tränen der Erleichterung. Das Känguru versucht, sich jammernd an seinem Boxsack hochzuziehen.

»Ein Glück, dass wir vorher keine Drogen genommen haben«, sage ich nach einer Weile.

»Sprich nur für dich selbst...«, murmelt das Känguru und schleppt sich ins Bad. »Ich geh mal kotzen.«

Eine halbe Stunde später sind wir einigermaßen wiederhergestellt.

»Und was machen wir jetzt?«, fragt das Känguru.

»Teil 2?«, frage ich.

Das Känguru beginnt eine Tüte zu drehen.

»Klingt vernünftig.«

Ich liege auf der Couch.

»Wir werden beherrscht von unseren Ängsten«, sagt mein Psychiater. »Wovor haben Sie Angst? Einsamkeit? Arbeitslosigkeit? Terrorismus? Geldentwertung? Mein großer Lehrmeister sagte letztens auf einer Wanderung im Himalaya zu mir: ›Um die Ängste anderer manipulieren zu können, musst du zuerst lernen, deine eigenen zu beherrschen, Bruce!‹«

Mein Psychiater steht auf. »Darum werde ich jede Nacht zum ...«

Er schnallt sich umständlich einen Plastikschnabel über die Nase und breitet dann in einer dramatischen Geste seine Arme aus.

»... Psycho-Power-Papagei!«

»Wahnsinn ...«, sage ich nickend.

»Viele Patienten sind erstaunt darüber, dass ich ein Superheld bin«, sagt mein Psychiater.

»Is it a bird? Is it a plane?«, ruft das Känguru lachend. »No! It's Psycho-Power-Papagei!«

»Wie finden Sie den Namen?«, fragt mein Psychiater.

»Etwas sperrig«, sage ich.

»Ja, das habe ich befürchtet. Wie finden Sie Austrian Psycho?«

»Das klingt irgendwie nach Hitler«, sagt das Känguru.

»Was ist denn Ihre Spezialfähigkeit als Psycho-Power-Papagei?«, frage ich.

»Aha. Ich habe das Gefühl, Sie fragen sich, was meine Spezialfähigkeit ist«, sagt mein Psychiater.

»Och nöö ...«, sage ich.

»Aha. Ich empfinde von Ihrer Seite eine negative Einstellung. Eine Art ›Och nöö ...‹«

Ich wache auf. Das Känguru sitzt an meinem Bett und pikst mich mit einem Stock.

»Was ... Was tust du da?«, stammle ich verärgert.

»Ich hatte gerade eine Geschäftsidee«, sagt das Känguru, »und wollte mal deine Meinung dazu hören.«

Ich blicke auf den Wecker.

»Es ist nachts, halb vier!«, sage ich. »Um diese Uhrzeit finde ich alles scheiße.«

»Ja, ja«, sagt das Känguru. »Hier kommt meine Idee: Ein Wecker, der in den Schlummermodus wechselt, wenn man ihn lautstark beleidigt. Jetzt muss ich nur noch passende Beleidigungen finden.«

»Lass mich weiterschlafen, du Schwachkopf«, sage ich und ziehe mir die Bettdecke über den Kopf.

»Ja«, sagt das Känguru. »Ganz okay.«

»Schnauze jetzt, du hassenswerte Radauquelle!«, sage ich.

»Schon origineller«, sagt das Känguru und macht sich Notizen.

»Wenn du mich nicht sofort in Ruhe lässt, schlag ich dich kaputt, du Schlafstörnazi.«

»Schlafstörnazi. Super«, sagt das Känguru. »So was brauche ich.«

Ich massiere meine Schläfen.

»Gute Geschätsidee, oder?«, fragt das Känguru. »Ich

bräuchte jetzt nur noch einen Fabrikanten mit marxistischem Background, Typ Friedrich Engels, der das Ganze in Serie produziert.«

»Erstens gibt es so einen bekackten Wecker garantiert schon, und zweitens: HAU AB!«

»Wenn du weiter so mies drauf bist, wecke ich dich nicht mehr, wenn ich tolle Ideen habe!«

»Ich wäre sehr zu Dank verpflichtet.«

»Ich verstehe nicht, wo der ganze Hass herkommt«, sagt das Känguru. »Hast du schlecht geträumt?«

»Ja. Das auch.«

»Wovon hast du denn geträumt?«

»Von meinem Psychiater«, sage ich und setze mich auf. »Ich träume in letzter Zeit immer von meinem Psychiater.«

»Vielleicht solltest du mal mit ihm darüber reden.«

»Ich weiß nicht. Ich habe Angst davor, meinem Psychiater zu erzählen, dass ich von ihm träume.«

»Warum?«

»Was, wenn sich diese Sitzung auch als Traum entpuppt? Muss ich meinem Psychiater dann erzählen, dass ich ihm in meinen Träumen erzähle, dass ich von ihm träume? Und wenn diese Sitzung dann nur ein Traum war? Muss ich meinem Psychiater dann erzählen, dass ich ihm in meinen Träumen erzähle, dass ich ihm in meinen Träumen erzähle, dass ...«

»Schluss jetzt«, gebietet das Känguru.

»Du verstehst, worauf ich hinauswill.«

»Nicht zu einhundert Prozent.«

»Ich fürchte schlicht, ich könnte eine psychoanalytische Endlosschleife auslösen, die das Traum-Zeit-Kontinuum zur Implosion bringt.«

»Ja, das klingt sehr wahrscheinlich«, sagt das Känguru.

Ich gähne und lege mich wieder hin.

»Stehst du nicht auf?«, fragt das Känguru.

»Nein.«

»Sicher?«

»So sicher wie der grüne Daumen und Fort Knox. Da kannste einen drauf lassen. Da kannste Gift drauf nehmen. Da kannste drauf wetten.«

»Wetten?«, fragt das Känguru. »Gerne. Der übliche Betrag? 9,95?«

»Verschwinde.«

»Aber mir ist langweilig«, sagt das Känguru.

»Es ist mir ein absolutes Rätsel, dass ich deine Anwesenheit vermisst habe«, murmle ich und mache die Augen zu. Kurze Zeit später streichelt jemand meinen Kopf. Ich öffne langsam die Augen. Mein Psychiater sitzt an meinem Bett und singt: »Sandmann, lieber Sandmann, es ist noch nicht so weit...« Ich drehe mich um. Meine Mutter sitzt draußen auf dem Fenstersims und beobachtet mich. Neben ihr fliegt der Pinguin. Er öffnet seinen Schnabel und spricht: »Schon bald nennst auch du mich Meister.«

Mein Wecker klingelt. Ich fahre hoch.

Es ist 11 Uhr 30. Ich wühle mich aus der Decke und schlurfe aus dem Schlafzimmer.

»Ehrlich, Alter!«, sagt das Känguru. »Ohne Wecker würdest du es immer wieder verpassen, mir rechtzeitig Mittag zu kochen.«

»Ich hatte voll die merkwürdigen Schachtelträume«, sage ich gähnend. »Erst von meinem Psychiater, und dann habe ich geträumt, dass ich dir von dem Traum erzähle, den ich im Traum hatte. Total irre, muss ich dir gleich mal erzählen...«

Das Känguru faltet seine Pfoten zum Gebet.

»Herr, wenn es möglich ist, gehe dieser Kelch an mir vorüber«, murmelt es. »Aber nicht, wie ich will, sondern wie du willst.«

Ich schlurfe unter die Dusche. Als ich im Bademantel in die Küche komme, hat das Känguru schon Kaffee gemacht. Ich schütte eine Tasse in mich hinein.

»Oh!«, sagt es beiläufig. »Du schuldest mir übrigens 9,95!«

»Was? Wieso?«

Das Känguru zeigt auf das Fenster. Es ist noch dunkel draußen.

»Du hast den Wecker vorgestellt«, sage ich.

Das Känguru nickt.

»Razupaltuff.«

Ich laufe die Straße hinunter, um unseren Freund Otto-Von in der bekannten Imbissbude *Snacks and the City 2* zu besuchen. Ich habe mein Ziel schon fast erreicht, da surrt das Känguru von hinten an mich heran. Es steht auf einem Segway Personal Transporter.[4]

»Wo haste das Ding denn her?«, frage ich, ohne anzuhalten.

»Geborgt«, sagt es und fährt neben mir her.

»Aha.«

Das Känguru trägt ein halboffenes dreckiges Hemd, eine braune Lederjacke, einen Hut mit breiter Krempe und in der Pfote eine Peitsche.

»Was lachst du?«, fragt es.

»Ich habe mir nur gerade einen Transformer vorgestellt, der sich unter viel Getöse in einen Segway Personal Transporter verwandelt.«

»Die anderen Transformer würden sich bestimmt über ihn lustig machen«, sagt das Känguru. »Intolerantes Pack.«

»Und *Der Herr der Ringe* wäre ein viel witzigerer Film gewesen, wenn die Gefährten auf Segway Personal Transportern durch Neuseeland gerollt wären.«

---

4 Segway Personal Transporter, der: eine motorisierte Sackkarre für faule Touristen. (Anm. des Chronisten)

»An den Bauzäunen dahinten hängen übrigens Poster für eine neue Show im Friedrichstadtpalast«, sagt das Känguru. »Da spielen Kleinkünstler *Der kleine Hobbit* nach. Wollen wir da hingehen?«

»Ich bin wirklich froh, dass ich nicht Kuchenbäcker geworden bin«, sage ich, »wo ich doch so gerne Kuchen esse. Verstehste? Kuchenbäcker essen bestimmt nicht mehr gerne Kuchen.«

»War das ein kryptisches Nein?«

»Was war daran kryptisch?«

»Also du willst da nicht hingehen?«

»Doch!«, sage ich. »Unbedingt.«

»Das hast du jetzt erotisch gemeint, nicht wahr?«

»Wie bitte? Erotisch? Du wolltest sagen: ironisch.«

»Nein. Ich wollte sagen: erotisch. Ich meinte natürlich: ironisch. Aber ich wollte sagen: erotisch.«

Ich seufze.

»Ich habe nämlich beschlossen, bei einigen Wortpaaren die Bedeutungen auszutauschen«, sagt das Känguru. »So sage ich zum Beispiel statt ironisch jetzt immer erotisch. Oder statt aggressiv attraktiv. Oder statt Problem Ekzem. Und jeweils umgekehrt.«

»Und warum machst du das?«

»Na, warum wohl?«, antwortet das Känguru. »Es ist witziger!«

»Gib mir ein Beispiel.«

»Gerne«, sagt das Känguru und überlegt kurz. »Das erotische Abfeiern von Germany's next Topmodel macht mich furchtbar attraktiv.«

»Mich auch. Wenn ich was erotisch abfeiern will, kucke ich mir lieber 70er-Jahre-Ironiefilme an.«

»Und?«, fragt das Känguru.

»Was?«

»Ist witziger, oder?«

»Ja«, sage ich. »Aber ich befürchte, deine Gesprächspartner werden oft lange über deinen Sätzen rätseln.«

»Das ist doch nicht mein Ekzem!«, sagt das Känguru, beschleunigt seinen Personal Transporter und biegt um eine Ecke. Gleich darauf fährt es in genau entgegengesetzter Richtung wieder hinter der Ecke hervor, verfolgt von einer ganzen Gruppe attraktiver Touristen auf Segway Personal Transportern. Einer aus der Gruppe läuft. Er ist der Schnellste.

Fasziniert kucke ich allen hinterher.

»Alter«, ruft mir Otto-Von, der vor seiner Bude steht, lachend zu, »*The Fast And The Furious 7*, oder was?«

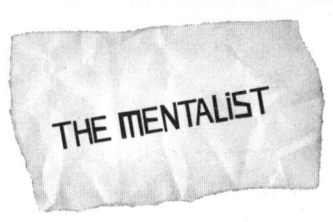

**»Köpfchen in das Wasser,
Schwänzchen in die Höh.«
CIA-Verhörmethode**

Wir stehen im Dunkeln draußen vor einem 5-Sterne-Tagungshotel.

Das Känguru trägt einen schwarzen Frack mit weißer Weste und roter Fliege, einen weißen Schnauzbart und einen Spazierstock mit einem silbernen Knauf. Es holt einen schwarzen Zylinder aus seinem Beutel und setzt ihn sich auf den Kopf.

»Wie sehe ich aus?«, fragt es.

»Total unauffällig«, sage ich.

»Fast unsichtbar.«

»Fast unsichtbar«, sage ich.

Wie zufällig rempelt es einen Mann an, der gerade sein silberfarbenes Oldtimer-Cabriolet geparkt hat. Das Känguru entschuldigt sich überschwänglich, und kurz darauf sehe ich einen Autoschlüssel in seiner Pfote.

Vor dem Eingang des Hotels steht ein etwas dickerer Gast und beschimpft den Portier. Selten habe ich einen so überheblichen Menschen gesehen wie diesen da in seinem etwas zu kleinen Anzug. Der Portier eilt davon.

Das Känguru hüpft auf den Gast zu und reicht ihm den Autoschlüssel.

»Page«, sagt es in überheblichem Tonfall mit alter, kratziger Stimme. »Fahren Sie bitte meinen 1932er Ford Roadster dort auf einen sicheren Stellplatz. Aber schön vorsichtig. Wenn Sie da einen Kratzer reinmachen, dann haben Sie ein ganzes Jahr umsonst gearbeitet.«

»Äh… verzeihen Sie«, sagt der Mann perplex und will den Schlüssel zurückgeben, »hier liegt eine Verwe…«

»Ich will kein Wort hören!«, schneidet ihm das Känguru das Wort ab. »Ich denke, meine Anweisungen waren klar genug. Sie werden hier nicht bezahlt, um Widerworte zu geben. Schlimm genug, wie Sie aussehen. Ich bezahle hier 890 Euro die Nacht und muss mich dann mit einem aus der Form gelaufenen Muffin streiten, den jemand mit Hang zum Fremdschämen in einen viel zu kleinen Anzug gezwängt hat. Ruhe! Kein Wort mehr! Ich will knackige junge Männer in Uniform.«

»Was fällt Ihnen ein, ich bin…«

»Was fällt Ihnen ein!«, ruft das Känguru. »Ich weiß, wer Sie sind! Ein kleiner Wurm! Ein Zwerg, der den Aufstand probt, aber ich habe schon Streiks in Taiwan niederprügeln lassen, da hat Ihr Vater hier noch nicht mal Teller gewaschen!«

»Ich… ich bin fassungslos«, ruft der Mann. »Jetzt nehmen Sie den Schlüssel…«

Das Känguru steckt sich die Pfoten in die Ohren, ruft »Lalala, lalala« und verschwindet in die Hotellobby.

Selten habe ich einen so ratlosen Menschen gesehen wie diesen da, mit dem Schlüssel in der Hand. Ich gehe freundlich auf ihn zu, reiche ihm einen kleinen Zettel mit Zahlen und sage: »Mein Gepäck bitte.«

Wie verabredet, treffe ich das Känguru gleich darauf im Tagungssaal »Jürgen W. Möllemann«. Dort steigt gerade die Aktionärsversammlung des Tiefkühlkostkonzernes *cofrost*\*. Am Buffet gibt es sehr leckere, frisch zubereitete Speisen. Ich frage mich, ob das außer mir noch jemand witzig findet.

»Los, ausschwärmen«, sagt das Känguru. »Das Spiel heißt: Finde den Pinguin.«

Nachdem ich eine halbe Stunde erfolglos den falschen Vogel gesucht habe, treffe ich zumindest das Känguru wieder. Es steht immer noch am Buffet. Ein kleiner dicker Mann mit Fistelstimme redet auf es ein.

»Unsere Interessenvertreter in Brüssel sind sich mit der Europäischen Behörde für Lebensmittelsicherheit weitestgehend einig, dass die Lieferung und Zubereitung von frischem Gemüse an Flughäfen aus Hygienegründen bald untersagt werden könnte. Das wäre ein großer Tag für die Tiefkühlkostindustrie.«

Das Känguru zieht ein Bündel Monopolygeld aus seinem Beutel und wedelt sich damit Luft zu.

»Der Schein bestimmt das Bewusstsein«, sagt es.

»Wie meinen Sie das?«

»Nun, offensichtlich ist es mal wieder gelungen, die Behörde zu bestechen«, sagt das Känguru.

»Was heißt hier bestechen?«, sagt der Mann. »Wir müssen diese Leute nicht bestechen. Die bekommen ein ganz reguläres Gehalt von uns.«

Er schiebt seine Gabel zweimal vom Teller in den Mund und schluckt hastig.

»Sie müssen verstehen, Flughäfen sind die Versuchslaboratorien unserer Gesellschaft«, fährt er fort. »Dort wird ausgetestet, was sich die Menschen alles bieten lassen. Ein Schluck Wasser für fünf Euro. Schuhe ausziehen und sich von Fremden betatschen lassen. Hundert Euro extra, weil der Koffer einen Zentimeter zu groß ist. Die Leute akzeptieren wirklich viel.« Er wischt sich mit dem Handrücken über den Mund. »Wenn das Verbot von frischem Gemüse dort auf keinen Widerstand stößt, könnten wir es bald deutschlandweit, ja EU-weit, weltweit einführen!«

Der Mann streckt dem Känguru seine Hand hin.

»Ich heiße übrigens ...«

»Sagen Sie nichts«, unterbricht es ihn. »Einst war ich nämlich einer der berühmtesten Gedankenleser der Welt.«

Es hält sich seine Pfote an die Stirn.

»Gregor«, sagt es schließlich.

»Beeindruckend!«, ruft der Mann.

Ich blicke auf das Namensschild an seinem Jackett und gähne.

»Wie machen Sie das?«, fragt Gregor.

»Ach ...«, sagt das Känguru. »Je schlichter das Gemüt ... Zu meiner großen Zeit war ich recht gut im Geschäft. Ich nannte mich ›The Mentalist‹.«

Es macht eine wirre Geste mit seinen Pfoten.

»Sie fragen sich, warum Sie noch nie von mir gehört haben«, sagt es.

»Richtig!«

»Ich war lange weg.«

»Warum?«

»Ich wusste, dass Sie das fragen würden!«

»Erstaunlich.«

»Vor Jahren habe ich für einen großen Auftritt meinerseits am 12. September 2001 mit einem Poster geworben, auf dem stand: ›Fun! The Mentalist!‹ Nun gebe ich rückblickend zu, dass die Wortzusammenstellung ›Fun! The Mentalist!‹ etwas ungeschickt war. Auch der komplette Titel ›Fun! The Mentalist! He will blow your mind.‹ war nicht glücklich gewählt.

Jedenfalls entführte mich noch vor dem Auftritt die CIA, und ich habe die zehn darauffolgenden Jahre im Keller eines Reihenhauses in Friedberg, Hessen, zugebracht.«

Wieder macht es eine wirre Geste.

»Sie fragen sich, warum so lange«, sagt es.

»Ja!«

»Nach ein paar Runden Waterboarding haben die Agenten zwar eingesehen, dass ich kein Fundamentalist bin, dachten sich aber, dass sie einen Gedankenleser für ihre Sache gut gebrauchen könnten, und führten mir reihenweise Terrorverdächtige vor. Nun kann ich zwar Gedanken lesen, aber leider kein Arabisch. Völlig eingeschüchtert habe ich darum einfach irgendwelche Geständnisse erfunden, denn zum Glück wusste ich ja, was die Agenten dachten, wusste, was sie hören wollten. Also habe ich Geschichten erdichtet über Massenvernichtungswaffen im Irak. Erst viel später fand ich heraus, was ich damit angerichtet habe.«

»Was denn?«, fragt Gregor.

Das Känguru verdreht die Augen.

»Das führt anscheinend zu weit«, sagt es.

Plötzlich hält das Känguru Gregor ein Passfoto unter die Nase und brüllt: »KENNEN SIE DIESEN PINGUIN?!?«

»Wie?«, ruft Gregor überrascht. »Oh! Ja, natürlich. Das ist doch unser neuer Controller.«

»Ist er hier?«, fragt das Känguru aufgeregt.

»Nein, ich glaube, er ist gleich nach seiner Ansprache wieder gegangen. Er wirkte etwas gestresst.«

»Verdammt«, sagt das Känguru. »Aber er war hier...« Es dreht sich zu mir und öffnet seine Pfote.

Ich gebe dem Känguru zehn Euro. Es gibt mir fünf Cent zurück.

»Der Pinguin ist der Controller eines Tiefkühlkostkonzernes«, sage ich kopfschüttelnd. »Ich musste darauf wetten, dass das Quatsch ist.«

»Kann man davon eigentlich leben?«, fragt Gregor.

»Wovon?«, fragt das Känguru unkonzentriert. »Vom Wetten?«

»Nein, vom ... na, Sie wissen schon ...«

»Woher soll ich das denn wissen?«, fragt das Känguru verärgert. »Kann ich etwa Gedanken lesen?«

»Genau«, sagt Gregor. »Kann man davon leben?«

»Ach so«, sagt das Känguru. »Ja, natürlich. Ich schleiche mich einfach auf Veranstaltungen mit vielen reichen Menschen ein und bringe diese dazu, an ihre Geheimzahl zu denken. Ein befreundeter Taschendieb«, das Känguru deutet auf mich, »besorgt dann später die EC-Karten.«

Gregor fasst sich reflexhaft an die rechte Jacketttasche

»Das Lustige ist, man muss nur in einem Gespräch beiläufig das Wort Geheimzahl sagen«, sagt das Känguru, »und schon denken die Leute an ihre Geheimzahl. Ob sie wollen oder nicht.«

»Ah häha äh ...«, sagt Gregor.

»Geheimzahl ...«, sagt das Känguru.

»Ähm ... Ich muss mal kurz für kleine dicke Männer«, sagt der kleine dicke Mann und torkelt rückwärts davon.

»Zu spät«, ruft ihm das Känguru grausig lachend hinterher. »Zu spät.«

»Warum tust du das?«, frage ich.

»Weil ich es kann«, sagt das Känguru. »Aber du ... Was stehst du hier noch dumm rum? Los, los, kleiner Oliver Twist, hinterher. Rechte Jacketttasche.«

»Du kannst nicht wirklich Gedanken lesen«, sage ich.

»Ah ja, richtig«, sagt das Känguru nachdenklich. Es dreht am silbernen Knauf seines Spazierstocks. Eine Messerspitze schnellt unten heraus. Damit ersticht es eine Gänsekeule auf dem Buffet und zieht sie zu sich heran.

»Manchmal verliere ich mich in meinen Geschichten.«

Ein Mann in einem etwas zu kleinen Anzug stapft energischen Schrittes auf uns zu. »Hab ich Sie endlich gefunden!« Er reicht dem Känguru einen Schlüssel.

»Parkdeck A«, sagt er. »Stellplatz 38. Kein Kratzer!«

DIE BESCHWERDE

>»Ich schaue mir meine Filme nie an.
Sie sind mir zu brutal.«
Jennifer Aniston

Ich warte mit Friedrich-Wilhelm und Krapotke vor einem großen, mäßig sympathischen Kino am Potsdamer Platz. Eigentlich wollte das Känguru die Verfilmung des ersten Teils der Wunderhure ankucken, aber die Tickets waren schon Tage vorher ausverkauft, deshalb wollen wir jetzt *In der Sonne liegen in Island* ankucken.

»Der Film fängt gleich an«, sage ich, »und das Känguru ist noch nicht da. Das stresst mich.«

»Du weißt erst, was Stress ist«, sagt Friedrich-Wilhelm, »wenn dir dein kleines Kind mit einer Intensität und auf einer Frequenz, die du nicht für möglich gehalten hättest, ›Gackgack‹ ins Ohr brüllt und du in der ganzen bekackten Packung Zookekse keine einzige verfickte Ente mehr findest.«

»Irgendwie klingt das mit dem Kinderkriegen bei dir immer recht negativ«, sage ich.

»Nein, nein«, sagt Friedrich-Wilhelm. »So ein Kind macht auch vieles einfacher. Zum Beispiel die Wünsche.«

»Echt?«, fragt Krapotke.

»Ja, ja«, sagt Friedrich-Wilhelm. »Habe ich letztens mit meiner Freundin drüber geredet. Früher wollten wir auch mal mit anderen schlafen. Heute wollen wir auch mal schlafen.«

Das Känguru hüpft herbei und winkt schon von weitem mit den Onlinetickets. Es trägt ein weißes T-Shirt, Plastiksandalen, Sonnenbrille und über allem einen hellbraunen Bademantel. In seiner Pfote hält es einen Tetrapak Milch.

»Es ist eine unfassbare Frechheit«, ruft es, ohne groß hallo zu sagen. »Habt ihr gewusst, dass man für Onlinetickets eine bekackte ›Servicegebühr‹ in Höhe von bekackten zehn Prozent des Ticketpreises bezahlen muss? Man muss also dafür, dass man diesem bekackten Kinokonzern Arbeit erspart, mehr von seinem hart verdienten Geld abdrücken.«

Es wendet sich zu mir. »Ich meine, ich habe natürlich mit deiner Kreditkarte bezahlt, aber du hast ja auch hart für dein Geld... Oder sagen wir, es gibt bestimmt Leute, die hart für ihr Geld arbeiten mussten, und auch die werden da abgezockt.«

»Du bist spät dran«, sage ich.

»Ja, aber Schuld hat nur das bekackte Onlineticketsystem. Es will einen nämlich zwingen, pro Ticket eine komplette DIN-A4-Seite auszudrucken. Und diese Seite ist, bis auf den kleinen Bereich mit dem Ticket, voller Werbung! Farbige Werbung! Wahrscheinlich produziert der Kinokonzern auch Druckerpatronen, sonst ist mir völlig unklar, wie man auf so eine bekackte Idee kommen kann.«

»Und das Ausdrucken der Tickets hat dich so lange aufgehalten?«, fragt Friedrich-Wilhelm.

»Nein«, sagt das Känguru. »Beziehungsweise ja. Erst hab ich nämlich eine Stunde lang versucht, nur einen Teil der angezeigten Seite, also nur das Ticket, auszudrucken. Aber das ging nicht. Dann hab ich eine halbe Stunde ohne Erfolg versucht, auf der bekackten Website dieses Kinokonzernes eine Beschwerdestelle zu finden, bei der ich mich beschweren kann, und dann musste ich erst mal zwei Stunden World of Warcraft spielen, um mich abzureagieren. Dann musste ich meine Verkleidung zusammenstellen, und dann habe ich die Tickets ausgedruckt, aber beim vierten Ticket ist die Tinte alle gewesen, weil ich ja vorher schon drei Seiten Werbung – dreimal dieselbe übrigens, um den Wahnsinn perfekt zu machen – ausdrucken musste. Dann ist mir der alte Nadeldrucker von deiner Mutter eingefallen, aber der hatte natürlich keinen USB, also habe ich versucht, aus dem Scartkabel vom DVD-Spieler einen Parallel-Port zu biegen, um damit einen Adapter... Nun, jedenfalls dachte ich irgendwann: Scheiß drauf. Drei Tickets habe ich. Dann kann Krapotke halt nicht mit rein. Und hier bin ich.«

Das Känguru kratzt sich an der Nase.

»Der DVD-Spieler geht übrigens nicht mehr«, sagt es zu mir.

Ich nicke.

»Warum darf ausgerechnet ich nicht mit rein?«, fragt Krapotke.

»Drei Freunde...«, sagt das Känguru.

»Aber...«, sagt Krapotke.

»Wenn man keine passende Karte hat, muss man aussetzen«, sagt Friedrich-Wilhelm.

Ohne Krapotke betreten wir das Kino.

»Ich habe sogar ernsthaft darüber nachgedacht, mich beim Kartenkontrolleur zu beschweren«, sagt das Känguru.

»Das wird was bringen«, sage ich.

»Ich bin mir der Sinnlosigkeit des Unterfangens sehr wohl bewusst«, sagt das Känguru. »Danke schön.«

»Der kann ja auch nix dafür«, sagt Friedrich-Wilhelm.

»Ja, ja«, sagt das Känguru. »Nie kann irgendwo irgendwer

irgendwas dafür. Da stellt sich einem allerdings die Frage, warum dann ohne Veranlassung immer und überall so viel Scheiße passiert!«

»Ich bitte dich, den Kartenkontrolleur nicht vollzuquatschen«, sage ich. »Das wäre mir sehr peinlich.«

»Ist gut.«

Wir erreichen das Ende der Rolltreppe.

»Tickets bitte«, sagt der Kartenkontrolleur.

»Hat sich eigentlich schon mal jemand darüber beschwert, dass man für jedes Onlineticket eine ganze Seite Werbung ausdrucken muss?«, fragt das Känguru.

»Nein«, sagt der Kontrolleur, »darüber hat sich noch absolut gar nie jemand beschwert.«

»Das ist doch total doof«, sagt das Känguru.

»Ja, da haben Sie recht«, sagt der Mann. »Jetzt, wo ich mal darüber nachdenke: Das sollte dringend geändert werden.«

»Ich musste sogar viermal dieselbe Seite ausdrucken«, sagt das Känguru.

»Das macht ja den Wahnsinn perfekt«, sagt der junge Mann. »Gut, dass Sie mir das sagen, weil, wissen Sie, ich bin tatsächlich der richtige Ansprechpartner, denn ich persönlich habe das Onlineticketsystem programmiert.«

»Wie?«, fragt das Känguru.

»Ich arbeite eigentlich in der Konzernzentrale, bin Chef der Online-Abteilung und bin nur zufälligerweise heute als Kartenabreißer eingesprungen, weil jemand anders krank geworden ist.«

»Aha ...«, sagt das Känguru.

»Eigentlich wäre heute nämlich Schneider, der Programmchef, mit Kartenabreißen dran gewesen, aber seine Kinder haben Streptokokken.«

»Ah so«, sagt das Känguru.

»Aber jetzt muss man sagen: zum Glück! Denn nun konnten Sie mir diese gute Information geben, und gleich morgen gehe ich in die Online-Abteilung in der Konzernzentrale und ändere das.«

Das Känguru mustert den Kontrolleur nachdenklich.

»Gut«, sagt es schließlich. »Ändern Sie das.«

»Ich ändere das«, sagt der Mann. »Gleich morgen.«

Das Känguru nickt.

»Das freut mich zu hören.«

Wir gehen zum Kinosaal.

»Unser Kleiner hatte letztens auch Streptokokken«, sagt Friedrich-Wilhelm. »Das scheint rumzugehen.«

»Halt die Klappe!«, sagt das Känguru.

DIE KRYPTIK DER REINEN VERNUNFT

Wir rasen in einem Ferrari, den sich das Känguru geborgt hat, nach Gütersloh. Zur Bertelsmann-Zentrale. Deren Verlagsgruppe Random House soll mit einem britisch-amerikanischen Verlag fusioniert werden. Deshalb gibt Bertelsmann eine Party. Der britisch-amerikanische Verlag heißt Penguin Books. Deshalb will das Känguru unbedingt auf die Party. Mein Agent hat uns Einladungen besorgt.

»Neue Wörter, die ich gedenke, ab sofort im vertauschten Sinn zu benutzen«, sagt das Känguru beim Fahren. »Ministerium und Mysterium, kryptisch und kritisch, amüsant und relevant, Bundestag und Schützenverein.«

»Aha«, sage ich.

»Alle Macht geht vom Finanzmysterium aus«, sagt das Känguru.

»Hm.«

»Ist doch relevant!«

»Joa«, sage ich. »Ich finde aber viel relevanter, dass Theodor W. Adorno der amüsanteste Denker der kryptischen Theorie war.«

»Herausforderung angenommen!«, sagt das Känguru. »Gib acht: Auf der alljährlichen Hauptversammlung des Bundestages gab es wieder mal einige latent rassistische Reden, danach wurde gesoffen und auf den Tischen getanzt, bis die Zuschauer kotzen mussten. Darum, und auch eingedenk des

Faktes, dass in den letzten Jahrzehnten fast alle Amokläufer Mitglied eines Bundestages waren, ist es ein Skandal, dass der deutsche Schützenverein diese Art der attraktiven Zusammenrottung nicht schon längst verboten hat. Aus dem Innenmysterium hieß es dazu nur, dass Ekzem sei sicherlich amüsant, die Lage aber nicht kryptisch.«

»Ich kann nicht fassen, dass ich das verstanden habe«, sage ich. »Leider habe ich auch das Gefühl, gerade viel zu viel Gehirnenergie für etwas verschwendet zu haben, was zwar relevant, aber überhaupt nicht amüsant ist.«

»Nun ja«, sagt das Känguru. »Wie ich zu sagen pflege ... HEY, PASS DOCH AUF, DU ARSCHLOCH!«

Empört wende ich mich zum Känguru um, aber es hat nur durchs offene Autofenster mit einem anderen Fahrer kommuniziert, der nicht bremsen wollte, als ihm das Känguru die Vorfahrt genommen hat.

»Ganz ruhig«, sage ich. »Und ein bisschen vorsichtiger bitte, ja?«

»Willst du etwa sagen, es ist meine Schuld, dass wir gerade fast draufgegangen sind?«, ruft das Känguru aufgebracht.

»Nein«, sage ich. »Es ist meine Schuld. Ich weiß wirklich nicht, warum ich mich immer wieder zu dir in ein Auto setze.«

»Autofahren macht mich total attraktiv.«

»Das liegt an der Idiotendichte.«

»Ja. Es gibt relativ viele Idioten im Straßenverkehr.«

»Nein«, sage ich. »Die relative Idiotendichte im Straßenverkehr ist eins.«

»Wie?«, fragt das Känguru. »Meinst du etwa mich?«

»Nein«, sage ich. »Ich sprach von relativer Dichte. Dichte ist ja eigentlich Masse durch Volumen, also zum Beispiel Kilogramm durch Kubikmeter. Dies ist aber für die Idiotieforschung nur begrenzt brauchbar, weil zum Beispiel zwei kleine Idioten zu je sechzig Kilogramm durchaus mehr nerven können als ein einzelner Einhundertzwanzig-Kilo-Idiot. Deswegen ist man dazu übergegangen, zur Bestimmung der Idiotendichte den Bruch aus *Anzahl* durch Volumen zu nehmen. Die relative Dichte nun beschreibt das Verhältnis zweier Dichten, also zum Beispiel das Verhältnis der Idiotendichte im Straßenverkehr zur durchschnittlichen Idiotendichte in Deutschland. Da im Straßenverkehr keine signifikanten Idiotenfilter aktiv sind, schätze ich, dass Zähler und Nenner identisch sind und dass somit eben diese relative Idiotendichte eins ist.«[5]

»Was ist denn ein Idiotenfilter?«, fragt das Känguru.

»Nun, alles, wodurch man versucht, seinen eigenen Lebensbereich zur idiotenfreien Zone zu machen.«

»Zum Beispiel?«

»Zum Beispiel eine Haustür«, sage ich. »Es gibt aber natürlich auch Idiotenmagneten.«

»Webseiten, auf denen man Kommentare hinterlassen kann«, sagt das Känguru.

»Ja«, sage ich. »Oder die Hauptversammlung vom Schützenverein.«

»Bundestag.«

»Klar, der auch.«

»Und mit all diesen vielen Worten wolltest du sagen, dass Autofahren zu einfach ist?«, fragt das Känguru.

---

[5] Auf keinen Fall sollte man übrigens die relative Idiotendichte mit der Relativitätsidiotie verwechseln. Diese Theorie, die die Idiotieforschung zu Beginn des letzten Jahrhunderts in ihren Grundfesten erschütterte, gab zu bedenken, dass man von jemandem, den man für einen Idioten hält, selbst für einen Idioten gehalten werden kann. (Anm. des Chronisten)

»Ich glaube, darauf wollte ich hinaus.«

»Man müsste also Autos entwickeln, die alle fünfzig Kilometer einen Intelligenztest machen«, sagt das Känguru. »Oder einen Wissenstest. Und wenn man den nicht schafft, bleibt das Auto einfach stehen.«

Ich ahme eine Navi-Stimme nach: »*Nennen Sie in fünfzig Metern die Primzahlen von zwei bis siebenundvierzig und biegen Sie dann rechts ab.*«

»Und für alle zehn Stundenkilometer, um die man die Geschwindigkeit erhöhen möchte, müsste man auch einen Test machen«, sagt das Känguru.

»*Um Tempo sechzig zu erreichen, nennen Sie bitte die Namen aller US-Präsidenten seit Eisenhower*«, sage ich. »Blöd wäre nur, dass dann überall liegengebliebene Autos die Straßen verstopfen würden.«

»Kein Problem«, sagt das Känguru. »Man muss nämlich den ersten Test schon machen, bevor man das Auto anlassen darf.«

»*Um den Motor zu starten, nennen Sie bitte die drei Hauptwerke von Thomas Mann.*«

»Na, jetzt wird's aber doch schwierig«, sagt das Känguru. »Wieso darf das Auto entscheiden, was die drei Hauptwerke von Thomas Mann sind? Das ist doch diskussionswürdig.«

»Quatsch. Das ist doch sonnenklar«, sage ich. »*Die Buddenbrooks*, Tod in Venedig und Der Zauberberg.«

»Und das sind die drei Hauptwerke, weil das die drei Werke sind, die der große Kryptiker hier neben mir zufälligerweise gelesen hat?«

»Ich habe nicht zufälligerweise diese drei gelesen«, sage ich. »Ich habe diese drei gelesen, *weil* sie die drei Hauptwerke sind.«

»Und was ist mit *Joseph und seine Brüder*? Was ist mit dem

*Faustus*? Tss ... *Tod in Venedig* ... Das sind doch nicht mal 150 Seiten.«

»Aber die kommen einem sehr lang vor.«

»Ich behaupte hiermit, dass man eine Novelle, quasi ein Nebenwerk, überhaupt nicht zu den Hauptwerken zählen darf!«

»Absurd!«, rufe ich. »Einige der amüsantesten Werke der deutschen Literatur sind Novellen! *Die Schachnovelle*! *Die Traumnovelle*! *Der Schimmelreiter*! *Michael Koh...*«

Unser Auto fängt an zu stottern und bleibt stehen.

»Hast du getankt?«, frage ich.

»Man muss diese Dinger immer noch betanken?!?«

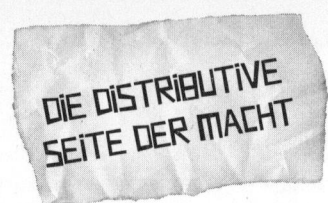

## DIE DISTRIBUTIVE SEITE DER MACHT

Als wir bei Bertelsmann ankommen, ist die Party schon fast vorbei. Mein Agent hat uns in Empfang genommen, einem wichtigen Menschen vorgestellt, dessen Namen und Job er so vernuschelt hat, dass ihn keiner verstehen konnte, und ist dann unangenehmerweise irgendwohin verschwunden.

»Äh... tja äh...«, sage ich, »und was äh... ist Ihr Lieblingsbuch?«

»Ich... also ich... nun... äh«, sagt der Mann. »Ich muss gestehen, ich habe mich aus beruflichen Gründen bisher hauptsächlich mit historischen Romanen und Fantasy-Trilogien beschäftigt.« Er lacht. »Und da interessiert mich mehr die distributive Seite.«

»Sag mir, Meister... ist die distributive Seite stärker?«, murmle ich.

»Nein. Nein. Nein«, sage ich. »Schneller, leichter, verführerischer.«

»Wie bitte?«, fragt der Mann.

»Nichts, nichts«, sage ich.

»Unter uns«, sagt er lachend, »ich traue mich kaum, jemanden in mein neues Haus einzuladen. Ich habe mir Bücherregale anfertigen lassen... Die sind nicht annähernd gefüllt...«

»Da kann ich Ihnen helfen«, sagt das Känguru und zieht

an seiner Pfeife. Zur Pfeife trägt es eine karierte Jagdmütze mit Schirm, einen ebenso karierten ärmellosen Mantel mit Pelerine, eine Lupe und Spuren von weißem Pulver um die Nase.

»Ich leite nämlich eine Buchhandlung, nur für ganz erlesene Kunden mit wenig Zeit, aber viel Geld«, sagt es.

»So?«, fragt der Mann.

»Wir verkaufen Bücher nach Metern.«

»Ach, das ist ja mal eine tolle Idee«, sagt der Mann. »Wie heißt Ihr Laden denn?«

»*Der Modeaffe*«, sagt das Känguru.

»Wie?«

»Nach einem Theaterstück Friedrichs des Großen.«

»Ach so. Ich dachte schon, Sie machen sich über mich lustig.«

»Wie käme ich denn dazu?«, sagt das Känguru. »Um wie viele Meter geht es denn bei Ihnen?«

»Nun, so ...«, er rechnet, »... zwanzig vielleicht.«

»Zwanzig«, sagt das Känguru. »Gerne. Darf's ein bisschen mehr sein?«

»Na, sagen wir fünfundzwanzig. Aber bitte keinen Schund. Sonst könnte ich ja gleich auf das aktuelle Verlagsprogramm hier zurückgreifen. Ich will Hochkultur: Homer, Dante, Shakespeare, Rembrandt.«

»Oh!«, sage ich. »Sie sind auch Erich-Maria-Rembrandt-Fan? Sein *Im Western nichts Neues* ist bis heute das witzigste Buch über die Vertreibung der Ureinwohner Nordamerikas. Finden Sie nicht auch?«

»Sicher, sicher.«

»Unsere Kunden können natürlich selbst bestimmen, in welchen Bereichen sie gebildet und belesen erscheinen möchten«, sagt das Känguru. »Viel nachgefragte Zusammenstellungen sind zum Beispiel *Die dicksten Klassiker, Die Künstler aus aller Welt* oder *Die Philosophen aus Sophies Welt.*«

»Was nehmen denn die anderen Kunden so?«

»Ganz unterschiedlich. Jörn Dwigs ...«

»Der Politiker?«

»Ja, der Rechtspopulist«, sagt das Känguru. »Dem haben wir einfach dreiunddreißig Meter breit sein eigenes Buch geliefert. Er ist sehr zufrieden damit.«

»Nun. Ich nehme *Die dicksten Klassiker*. Kann man auch mixen? Noch ein paar von *Sophies Philosophen*?«

»Ja, natürlich«, sagt das Känguru. »Der Klassiker-Philo-Mix, oder wie wir intern scherzen: *Die dickste Sophie*. Immer gerne genommen.«

»Die dickste Sophie!«, sagt er und lacht.

»Ich hasse Pointenwiederholer«, sage ich.

»Er hasst Pointenwiederholer«, sagt er und lacht.

»Auf Wunsch liefern wir übrigens auch schlaue Sätze mit, die Sie in einer Konversation benutzen können, sollte ein Gast das Gespräch auf eines der Bücher lenken«, sagt das Känguru. »Natürlich können Sie auch hier vorgeben, wie Sie auf andere wirken möchten. Soll Ihre Meinung im Mainstream verankert sein, möchten Sie provozieren oder humorvoll rüberkommen?«

»Gerne humorvoll«, sagt der Mann. »Etwas Humor habe ich mir schon immer gewünscht.«

»Ich weiß«, sagt das Känguru.

»Woher wissen Sie das?«

»Ich kann Gedanken lesen.«

»Wie bitte?«

»Hm. Jetzt bin ich durcheinandergekommen«, sagt das Känguru, zieht ein Blitzgerät aus seinem Beutel und löst es vor den Augen des Mannes aus. »Vergessen Sie das.«

»Äh«, sagt der Mann. »Also ... äh.«

»Selbstverständlich liefern wir die Bücher im gewünschten Zustand der Zerlesenheit«, sagt das Känguru. »Und für *Die Philosophen aus Sophies Welt* bieten wir sogar unterstrichene Stellen und Randnotizen an. Dafür müssten Sie nur eine Handschriftenprobe abgeben, und unsere versierten Kopisten arbeiten die Bücher im gewünschten Grade durch. Gerne können Sie auch da eine politische Schlagrichtung vorgeben.«

»Ähm ...«, sagt der Mann. »Wie heißt das noch mal?«

»Vielleicht gepfeffert-neoliberal?«, fragt das Känguru. »Wenn die Kollegen von der Bertelsmann-Stiftung vorbeischauen? Dann öffnen die Ihr Exemplar vom *Kapital*, und da stehen am Rand Sachen wie: ›Lachhaft!‹ ›Na und?‹ ›Solange die Rendite stimmt!‹ Das macht Eindruck!«

»Ich sehe diese Leute nicht als Kollegen, nur weil sie ihr Geld vom selben Konzern bekommen«, sagt er. »Nein. Ich meine, wie nennt man die politische Position, wenn man keine richtige Meinung zu Sachen hat, auch keine Ahnung und kein Interesse?«

»Ah!«, sage ich. »Sie meinen die extreme Mitte!«

»Ja, genau!«, sagt der Mann und nickt.

»Na gut. Fassen wir kurz zusammen«, sagt das Känguru und zieht einen Vertrag aus seinem Beutel. »*Die dickste Sophie* in humorvoll-extrem-mittig, circa fünfundzwanzig Meter. Richtig, ja?«

Es trägt alles ein.

»Aber was wird das Ganze denn kosten?«, fragt der Mann.

»Normalerweise tausend Euro der Meter, aber wir haben gerade unsere Angebotswochen«, sagt das Känguru. »Zwanzig Prozent auf alles, außer auf Bücher über Tiernahrung.«

»Das ist doch ein Wort.«

Plötzlich ruft das Känguru: »KENNEN SIE DIESEN PINGUIN?!?«, und hält seinem Kunden ein Passfoto unter die Nase.

»Wie?«, ruft der Mann überrascht. »Oh! Ja, natürlich. Das ist doch der neue Controller hier. Der hat doch vorhin die Ansprache gehalten.«

»Ist er hier?«, ruft das Känguru.

»Nein, ich glaube, er ist gleich nach der Rede wieder gegangen ... Er wirkte etwas gestresst.«

»Verdammt«, sagt das Känguru. »Aber er war hier ...« Es wendet sich zu mir. Ich verdrehe die Augen und gebe ihm 9,95 Euro.

»Absurd«, sage ich.

»Wenn man das Unmögliche ausgeschlossen hat«, sagt das Känguru und zieht an seiner Pfeife, »muss das, was übrig bleibt, die Wahrheit sein, so absurd sie auch klingen mag.«

Mein Agent gesellt sich wieder zu uns.

»Ah, wie ich sehe, habt ihr euch mit Wenzel angefreundet«, sagt er.

»Wenzel?«, frage ich.

»Wenzel Skowronek«, sagt der Mann.

»Sie sind Wenzel R. R. Skowronek?«, fragt das Känguru. »Der Verfasser der *Wunderhure*?«

»Nur Wenzel Skowronek«, sagt der Mann. »Wenzel R. R. Skowronek ist mein Pseudonym.«

»Wenzel war früher mal einer meiner Klienten«, sagt mein Agent.

»Ich bin totaler Fan!«, ruft das Känguru, lässt Lupe und Pfeife fallen und zieht drei dicke Wälzer aus seinem Beutel. »Würden Sie mir die signieren? Wie kommen Sie eigentlich auf Ihre Ideen? Kann man davon leben? Wussten Sie, dass es auch bei Terry Pratchett einen Riesenzwerg gibt?«

Routiniert ignoriert Wenzel die Fragen und signiert die Bücher.

Er wendet sich an mich. »Für Sie auch?«

»Nein, sicher nicht«, sage ich. »Aber ich hätte eine Frage. Wenn man lustige Bücher schreibt, wünschen sich die Leute für die Widmung oft ›was Witziges‹. Werden Sie oft gebeten, ›was Fantastisches‹ reinzuschreiben? Oder vielleicht sogar ›was total unmotiviert Unlogisches‹?«

»Sie sind auch Schriftsteller?«, fragt Wenzel.

»Nein«, sagt das Känguru. »Marc-Uwe ist Klein...«

»Nicht«, sage ich.

»Klein- was?«, fragt Wenzel.

»Kleingärtner«, sagt das Känguru.

»Sie müssten mal von meinen Radieschen kosten«, sage ich.

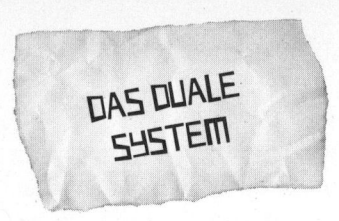

DAS DUALE SYSTEM

> »Jedes Publikum kriegt die Vorstellung,
> die es verdient.«
> **Mario Barth**

Um die gefundenen Pinguinspuren auszuwerten, haben wir uns in das inoffizielle Hauptquartier des Asozialen Netzwerkes zurückgezogen: Wir sitzen bei Herta in der neuen Kneipe. Das heißt, eigentlich sitzen wir bei Herta zu Hause. Als Herta ihre Eckkneipe schließen musste, hat sie angefangen, zu Hause zu trinken. Ab und zu kamen welche vom Asozialen Netzwerk vorbei, da hat Herta angefangen, zu Hause auszuschenken, und man hätte es ahnen können: Vierter Stock in einem unsanierten Altbau, schlechtes, billiges Bier, unfreundliche Bedienung, kein Schild an der Tür, total illegal, Geheimtipp im *Lonely Planet* ... Vor lauter spanischen Touristen findet man fast keinen Platz mehr.

Zum Glück hat das Känguru einen Stammplatz. Es sitzt in einem Holzfällerhemd, mit Vokuhila-Perücke auf dem Kopf, in Hertas Wohnzimmersessel und kuckt auf dem flimmernden Röhrenfernseher Fußball. Geistesabwesend spielt es dabei mit einem Schweizer Armeemesser, einer Rolle Klebeband, einem Kaugummi und einer Büroklammer.

»Hast du von dieser neuen Gated Community im Prenzlauer Berg gehört?«, fragt es plötzlich. »Nennt sich: ›Das

Nest.‹ Ich möchte wetten, dass wir bei der zuständigen Baufirma eine Spur vom Pinguin finden.«

»Ich weiß, du hast lange Zeit ein Detektivbüro geleitet und sicherlich deine Gründe«, sage ich, »aber warum genau suchen wir immer wieder, wenn wir eine Spur vom Pinguin gefunden haben, eine neue Spur, statt an der gefundenen dranzubleiben?«

»Das ist genau diese Art lineares Denken, die der Pinguin erwartet und auf die er vorbereitet ist«, sagt das Känguru. »Statt ihm also auf einer Spur stumpf hinterherzurennen, kreise ich ihn durch meine sprunghafte Ermittlungstaktik ein, und irgendwann – zack – schnappt die Falle zu!«

Herta gesellt sich zu uns. Wir boxen unsere rechten Fäuste gegeneinander und schlagen uns dann mit der flachen Hand auf die eigene Stirn. Dann setzt sie sich und versucht durch Unfreundlichkucken ihre Gäste von Bestellungen abzuhalten.

»So ein schönes Netzwerk, so ein dummer geheimer Handschlag«, murrt das Känguru. Es nimmt kurz die Perücke von seinem Kopf, um sich zu kratzen.

»¡Mire! ¡El canguro!«, sagt ein Typ, der in unserer Nähe sitzt, zu seiner Freundin. »¡Sueco viejo! ¡Hemos leído el libro!«

»Sí, sí«, sage ich, habe aber nur Spanisch verstanden.

Der Typ prostet uns zu.

»Übrigens«, sage ich zum Känguru. »Jetzt, wo du dank mir berühmt geworden bist ...«

»Den Spieß kann man auch umdrehen«, sagt das Känguru.

»Aba falls dich dit en Trost is«, wirft Herta ein, »man sacht ja: ›Hinter jedem erfolgreichen Känguru steht en starker Kleinkünstler.‹«

»Jedenfalls kommen jetzt ständig Leute und fragen mich, was du für ein Geschlecht hast«, fahre ich fort.

»Wer? Icke?«, fragt Herta.

»Nein, das Känguru.«

»Hä?«, fragt das Känguru und kuckt kurz vom Fernseher auf.

»Die Leute sagen, du hättest ja einen Beutel, würdest dich aber so männlich verhalten.«

»Was?«, fragt das Känguru. »Ich hab grad nicht zugehört.«

»Ich sagte, dass mich immer wieder Leute darauf ansprechen, dass du einen Beutel hast, dich aber eher männlich verhalten würdest.«

»Ach, männlich ... weiblich ...«, sagt Herta. »Dit sind doch bürgerliche Kategorien!«

Sie steht auf und geht weiter.

»Meine Rede«, sagt das Känguru. »Nur weil ich einen Beutel habe, soll ich ein rosa Tutu anziehen und Wendy lesen, oder was? Soll ich mir ein Überraschungsei für Mädchen kaufen? Soll ich öfter mal heulen, wenn wir uns streiten? Worauf willst du hinaus?«

Ich kucke demonstrativ am Känguru vorbei.

»Was ist jetzt schon wieder los?«, fragt es.

»Nichts«, schluchze ich.

»Du hast doch was.«

»Nein«, sage ich und trockne meine Augen. »Ich habe nichts.«

»Na, dann ist ja gut.«

»Wenn du nicht selbst drauf kommst, dann kann ich dir auch nicht helfen.«

»Jetzt sag endlich, was Sache ist!«

»Mir ist kalt, ich habe Hunger und muss aufs Klo«, sage ich.

»Ach ...«, sagt das Känguru und winkt ab. »Hol mir mal ein Bier aus der Küche.«

»Ein ›bitte‹ wäre nett.«

»Ja, ein Bier wäre nett«, sagt das Känguru unkonzentriert. »Und einen Schnaps.«

Ich gehe zu Herta in die Küche.

»Ein Bier und einen Schnaps für das Känguru und einen alkoholfreien Prosecco für mich«, sage ich.

»Allüren haste ...«, sagt Herta. »Ick würd mir die rausnehmen lassen.« Sie gibt mir einen Schnaps und zwei Bier.

»Aber was soll ich denn nun antworten?«, frage ich das Känguru, als ich wieder zurück bin.

»Wem?«

»Na, den Leuten!«

»Worauf?«

»Auf die Frage, welches Geschlecht du hast.«

»Warum ist das überhaupt wichtig?«, fragt das Känguru. »Wollen mich die Leute einstellen und mir eventuell weniger Gehalt zahlen? Am besten, du nennst das neue Buch gleich *Warum Kängurus nie zuhören und Marc-Uwes schlecht einparken*. Was hast du denn bisher geantwortet?«

»Nur, dass du versuchst, überkommene Geschlechter- und Rollenklischees aufzubrechen ...«

Das Känguru schüttet sich den Schnaps in sein Bier und trinkt das Ganze durch einen Strohhalm.

»Klingt doch nicht schlecht«, sagt es und rülpst.

»Ja, aber die Leute hängen sich immer an dem Beutel auf.«

»Ach«, sagt das Känguru, »immer dieser Biologismus. Vielleicht habe ich mir den Beutel ja nur angetackert.«

»Warum sollte sich irgendjemand einen Beutel antackern?«

»Na, weil so ein Beutel einfach verdammt praktisch ist«, sagt das Känguru und holt einen pinkfarbenen Lippenstift aus seinem Beutel.

»Auch?«, fragt es.

Ich schüttle den Kopf. »Nein danke. Ich benutze nur Lipgloss.«

Das Känguru trägt sich Lippenstift auf.

»Ich werde also in Zukunft antworten, dass du den Beutel nur dabeihast, um deinen Krempel rumzuschleppen«, sage ich.

Das Känguru zieht ein Plastiklichtschwert aus seinem Beutel.

»Ach, was sage ich ... deinen Krempel ... meinen Krempel!«

»Den Krempel verschiedenster Leute«, verbessert mich das Känguru und zieht unzählige Schuhe aus seinem Beutel. Einige haben hohe Absätze, andere Stahlkappen, ein paar haben sogar hohe Absätze und Stahlkappen.

»Ich bin mal in die Umkleide von einem Nazikegelverein eingebrochen und habe alle rechten Schuhe geklaut«, sagt es.

»Witzig«, sage ich. »Ich bin mal bei der SPD-Seniorenturngruppe eingebrochen und habe alle linken Schuhe geklaut.«

»Ehrlich?«

»Nein. Natürlich nicht.«

»Schade. Dann hätten wir Paare zusammenpuzzeln können.«

Ich wende mich zum Fernseher und gähne das Fußballspiel an.

»Wollen wir nach Hause gehen und *Dirty Dancing* kucken?«, frage ich.

»Aber in doppelter Geschwindigkeit.«

»Klingt vernünftig.«

»Ich muss nur noch kurz auf Toilette«, sagt das Känguru und steht auf.

»Ich komm mit!«, rufe ich.

Wir gehen auf den Ausgang zu. In ihrem Flur hat Herta zwei beschriftete Dixie-Klos aufgestellt.

»Das ist der Moment der Entscheidung«, murmle ich.

Auf dem vorderen Klo steht »Ossis«, auf dem hinteren steht »Wessis«.

Wir gehen auf die Straße und pissen gegen ein Plakat des *Ministeriums für Produktivität*.

»Außerdem kann ich gut einparken«, sage ich dabei. »Das Bäumchen hätte jeder übersehen können.«

»Das war kein Bäumchen, das war eine Eiche, Alter«, sagt das Känguru. »Eine einhundertjährige Eiche. Die war breiter als das Auto ...«

»Ach, sei still.«

»Ehrlich. Der größte Baum der Welt, Mann! Es gibt nur zwei Dinge, die man vom Mond aus sehen kann. Die chinesische Mauer und diese Eiche!«

»Man kann die chinesische Mauer nicht vom Weltraum aus sehen«, sage ich. »Das ist nur ein weitverbreiteter Unsinn.«

»Ja, aber diese Eiche kann man sehen!«

»Es fällt mir schwer, das zu erzählen«, sage ich. »Aber Sie sind mein Psychiater, ich muss mit Ihnen darüber reden.«

»Ich bin kein Psychiater. Ich bin Psychoanalytiker«, sagt mein Psychiater.

»Ja, ja«, sage ich. »Was auch immer.«

»Wenn ich Psychiater wäre, hätte ich Sie schon längst mit Medikamenten glücklich gemacht.«

Er blickt länger schweigend auf das Känguru, welches neben mir auf der Couch sitzt. Dann macht er eine kleine Dose auf und steckt sich etwas in den Mund.

»Haben die Papageien aufgehört zu schreien?«, fragt das Känguru.

»Ich hatte dich gebeten, das nicht anzusprechen«, sage ich.

»Ich will nur hören, wie er Titellieder von Kinderserien singt«, sagt das Känguru pampig.

Ich werfe einen schnellen Blick über meine Schulter.

»Deine Mutter ist nicht hier«, sagt das Känguru.

Mein Psychiater wirft sich noch eine Pille ein.

»Was schlucken Sie denn da?«, frage ich.

»Stimmungsaufheller«, sagt mein Psychiater. »Hat mir mein Psychiater verschrieben. Möchten Sie auch?«

»Nein danke.«

»Ich nehm 'ne Partypille«, sagt das Känguru.

Leicht zitternd reicht mein Psychiater dem Känguru eine Tablette.

»Sie beeinträchtigen leider stark die Konzentrationsfähigkeit«, sagt er, »aber unter uns, ich höre sowieso nie richtig zu, sondern sage immer nur ›Aha‹, denn wie alle interessiert auch mich das, was mein Gegenüber zu sagen hat, viel weniger als das, was ich zu sagen habe.«

»Aha«, sage ich. »Jedenfalls: Ich träume von Ihnen.«

»Hören Sie!«, sagt mein Psychiater. »Und das ist mein allerletztes Wort dazu: Suchen Sie sich einen anderen Psychotherapeuten, und wir können uns als Privatpersonen kennenlernen und eventuell näherkommen. Aber so ist es unmöglich. Das verbietet mir mein Berufsethos.«

»Nein! Nein!«, insistiere ich. »Das sind keine ironischen Träume.«

»Was soll das sein?«, fragt mein Psychiater. »Ein ironischer Traum?«

»Ich meinte nicht ironisch im Sinne von ironisch…«, sage ich.

PLOP.

Ein Spritzer Bier trifft mein Gesicht.

»'tschuldigung«, sagt das Känguru und schüttet der Pille etwas Flüssiges hinterher.

»Dass du schon wieder trinken kannst«, sage ich. »Mir tut immer noch der Kopf weh von gestern.«

»Mir gleich nicht mehr«, sagt das Känguru.

Mein Psychiater blickt mich lange an.

»Ich muss Ihnen etwas gestehen«, sagt er schließlich. »Ich träume auch von Ihnen.«

Ich starre ihn an.

»Wie bitte?«, frage ich entsetzt.

»Liebe ist ein starkes Gefühl!«, sagt er.

Schreiend wache ich auf. Verstört blicke ich mich um.

Ich liege auf einer Couch.

»Ganz ruhig«, sagt mein Psychiater. »Sie waren nur kurz eingenickt.«

»O nein!«, murmle ich und fange an zu schluchzen. »Es ist passiert. Ich stecke in der Endlosschleife.«

»Wie bitte?«

Ich schlage mir ins Gesicht.

»Was tun Sie da?«, fragt mein Psychiater.

»Ich versuche aus diesem Alptraum aufzuwachen«, sage ich.

»Versuchen wir das nicht alle?«, fragt mein Psychiater und schlägt sich auch ins Gesicht.

## ÜBER GEBEN UND NEHMEN

»Es heißt ja – und das nicht zu Unrecht –, Geben sei seliger denn Nehmen«, sagt das Känguru, »auch ist allen klar, dass man dem Geber Dank schuldet, wohingegen der Nehmer zu danken hat, und da Sprache eine Waffe ist, lassen Sie mich kurz etwas über die Begriffe ›Arbeitgeber‹ und ›Arbeitnehmer‹ klarstellen, bevor wir dieses sogenannte Bewerbungsgespräch fortführen.«

Der Personalchef ihm gegenüber zuckt mit den Achseln.

Das Känguru rückt das ockerfarbene Sakko seines Hosenanzuges gerade, zupft ein wenig an seiner Bluse herum und legt dann seine Daumen und Zeigefinger so vor dem Bauch zusammen, dass sie eine Raute bilden.

»Arbeitgeber und Arbeitnehmer...«, sagt das Känguru. »Diese beiden Wörter sind falsch. Es sind Wortzusammensetzungen, nur geschaffen, um die Wahrheit zu verdrehen, die Arbeitenden zu verwirren, ja es sind Klassenkampfkomposita. – Bitte beachten Sie die gelungene Alliteration. – Eigentlich ist nämlich der sogenannte Arbeitgeber der Arbeitnehmer und der sogenannte Arbeitnehmer der Arbeitgeber. Der Arbeitnehmer nämlich *gibt* seine Arbeit dem Arbeitgeber, und der Arbeitgeber *nimmt* die Arbeit des Arbeitnehmers und verwertet diese zu seinem Gewinn.«

»Ja, stimmt«, sagt der Personalchef. »Habe ich noch nie drüber nachgedacht.«

»Da ich mich nicht an dieser Verblendung des Volkes beteiligen möchte«, sagt das Känguru, »bitte ich um Ihr Verständnis dafür, dass ich diese beiden Wörter im vertauschten oder vielmehr vertauscht scheinenden, aber eigentlich richtigen Sinn benutzen werde. In denselben Ekzemkomplex gehört übrigens auch, dass sich der Arbeitende bewerben muss, dabei müssten doch vielmehr Sie als Arbeitnehmer sich mir als Arbeitgeber schmackhaft machen. Erzählen Sie doch mal etwas über Ihr Unternehmen.«

»Äh ... nun ...«, sagt der Mann. »Wir bei *Großbauplanung Albert Teer* sind ... äh ... flexibel, belastbar, innovativ, kreativ, teamfähig, begeisterungsfähig und äh ...«

»... kreativ«, sagt das Känguru. »Ich verstehe.«

Es steht auf.

»Gut, das reicht«, sagt es. »Rufen Sie mich nicht an. Ich rufe Sie an.«

»Nein ... bitte ... geben Sie uns noch eine Chance«, stammelt der Personalchef.

»Marc-Uwe, hol schon mal den Wagen«, sagt das Känguru.

Ich verlasse das Büro und setze mich mangels Wagen ans offene Fenster im Vorzimmer.

»Ich, ich hatte nicht richtig Zeit, mich vorzubereiten«, jammert der Mann. »Meine Mutter ist schwer krank und mein Sohn macht Probleme im Internat ...«

»Nun, dann erzählen Sie mir doch mal interessantere Dinge über Ihren Konzern«, sagt das Känguru. »Was teeren Sie von *Großbauplanung Albert Teer* überhaupt?«

»Äh ... wir ... teeren äh ... die Landschaft ... äh ... wir ... teeren alles ... irgendwie«, stottert der Personalchef. »Und nicht nur das! Wir ... äh ... betonieren auch. Und wir ...«

»Haben Sie nicht auch die Mauer um ›Das Nest‹ ...«, fragt

das Känguru, da weht ein Windstoß die Tür zum Vorzimmer zu, und ich kann nichts mehr verstehen.

Nach einiger Zeit aber höre ich das Känguru brüllen: »KENNEN SIE DIESEN PINGUIN?!?«

Die Antwort ist für mich wieder unverständlich. Eine knappe halbe Stunde später verlässt das Beuteltier das Büro.

»Und?«, frage ich im Aufzug. »Der Pinguin ist ihr neuer Controller?«

Das Känguru nickt.

Ich gebe ihm einen Zehneuroschein.

»Die fünf Cent kannste behalten«, sage ich.

»Die Firma dankt«, sagt das Känguru.

»Und wie ging das Bewerbungsgespräch zu Ende?«, frage ich.

»Ich habe dem Mann für zwölfeinhalb Meter Bücher verkauft«, sagt das Känguru.

O GOTT, O GOTT

Ich lege Wäsche zusammen und feile in meinem Kopf an meiner Dankesrede für den *Deutschen Buchpreis der Ullstein Buchverlage*. Ich bin schon wieder nominiert in der Kategorie »Buch mit sprechendem Tier«.

Das Känguru kommt herein.

»Ich arbeite – auf Basis meines unveröffentlichten Hauptwerkes *Opportunismus und Repression* – an einem neuen Traktat für das Asoziale Netzwerk«, sagt es. »Wie findest du folgende Sätze als Einleitung?«

Ich blicke vom Wäschezusammenlegen auf.

Das Känguru sagt: »*Die dringlichste Frage, die wir, als Anti-Terror-Organisation, uns heute stellen müssen, lautet: Wie bringt man die Leute vom – meist bereits vorhandenen – Wissen über die Zustände zum Nichteinverstanden-Sein mit den Zuständen. Mit anderen Worten: Unsere Aufgabe ist der Sprung von der Wissens- in die Dissensgesellschaft.*«

»Ich bin schon in der Dissensgesellschaft«, sage ich. »Ich bin nicht damit einverstanden, dass du immer meine Strümpfe anziehst. Deine Klauen machen da lauter Löcher rein.«

»Pentizikulös«, sagt das Känguru. »Aber die Einleitung ist toll, oder?«

»Hier!«, sage ich und halte ein paar Strümpfe hoch. »Löcher, Löcher, Löcher!« Ich mache eine kurze Pause.

»Sogar meine Plüschsocken!«, sage ich und mache wieder eine Pause. »Obwohl das bestimmt lustig ausgesehen hat.«

»Apropos Plüsch«, sagt das Känguru. »Letztens habe ich Gott gesehen. Sie steckte in einem riesengroßen Plüschhandy und verteilte Werbung für Flatrates.«

»Für alle, die nicht wissen, dass Gott nur ein Mädchen aus der von dir gegründeten Anti-Terror-Organisation namens *Das Asoziale Netzwerk* ist, in der es keine Hierarchien gibt und in der sich jedes Mitglied einen, natürlich bedeutungslosen, Rang oder Titel aussuchen darf, muss das eine ebenso rätselhaft-schöne wie poetisch-treffende Sentenz gewesen sein«, sage ich. »Letztens habe ich Gott gesehen. Sie steckte in einem riesengroßen Plüschhandy und verteilte Werbung für Flatrates.«

Pause.

»Wir beide sind hier allein«, sagt das Känguru. »Warum hast du das gesagt? Für wen hast du das erklärt? Wer ist ›alle‹?«

»Ich muss gestehen, dass ich neuerdings beim Sprechen schon immer den Leser im Hinterkopf habe«, sage ich.

»Den Leser?«, fragt das Känguru.

»'tschuldigung«, sage ich. »Den Leser und die Leserin.«

Pause.

»Nein, nein«, sagt das Känguru. »Ich meinte, du bildest dir bei jedem Gespräch ein, du hättest ein Publikum? Wie bei einer Sitcom?«

»Ja, das ist ein ziemlich guter Vergleich.«

Ich höre Leute lachen.

»Hörst du auch Leute lachen?«, fragt das Känguru.

*Lautes Lachen.*

»Ja, sage ich. »Woher wusstest du das?«

»Du lässt Pausen dafür.«

*Schrilles Lachen und Zwischenapplaus.*

Ich lache.

»Warum lachst du?«

»Na, wenn ich lachende Leute höre, muss ich einfach mitlachen.«

»Das ist nervig«, sagt das Känguru und seufzt. »Jedenfalls finde ich das nicht gut von Gott, dass sie sich so verkauft.«

»Bitte«, sage ich. »Keine Blasphemie. Du weißt doch, dass ich eine Schwäche für Gott habe.«

»Eine Menge Spinner haben das«, sagt das Känguru. »Dir ist schon klar, dass sie einen Freund hat? Der hat einen dieser dubiosen Handyläden, bei denen man sich immer fragt, was die unter der Theke verkaufen.«

»Ich hasse ihn.«

»Bestimmt will er, dass sie im Bett das Kostüm anlässt.«

»Hör auf.«

Das Känguru ist still.

»Hörst du tatsächlich auf?«, frage ich erstaunt.

»Nein«, sagt das Känguru. »Ich habe nur eine Pause gelassen. Für die Lacher. Wahrscheinlich nennt er sie Siri.«

»Nicht witzig.«

»Oder meinst du, er ruft immer: O Gott! O Gott!«

»Ich höre niemanden lachen!«, sage ich.

»Aber ich«, sagt das Känguru und lacht mit. »Aber ich.«

»Wie springt man eigentlich von der Wissens- in die Dissensgesellschaft?«, frage ich, um das Thema zu wechseln.

»Na, indem man mit den Leuten redet«, sagt das Känguru.

»Mit welchen Leuten?«, frage ich.

»Komm mit, Piggeldy«, sagt das Känguru.

*Wiedererkennendes Lachen.*

Und Piggeldy folgte Frederick aus dem Hause.

*Applaus.*

»Wenn ich mich kurz vorstellen darf«, sagt das Känguru und streicht sich über seine nach hinten gegelten Haare. »Ich bin Schatzmeister des Verbandes deutscher Floristen, der sogenannten Blumen-Group. Sicher haben Sie schon von uns gehört.«

Es trägt ein blassblaues Langarm-Shirt über einem Hemd mit weißem Kragen, eine gemusterte Krawatte, Hosenträger, keine Hose, und in der Pfote hält es eine Zigarre.

»Nun gut, welche Summe sollen wir denn für Sie anlegen?«, fragt der Bankberater.

»Eine halbe Million«, sagt das Känguru.

»Oho«, sagt der junge Mann und wird spürbar freundlicher. »Ein stattliches Sümmchen.«

»Ja«, sagt das Känguru. »Es ist mir durch ein paar Tricks gelungen – unter uns Verbrechern brauche ich ja nichts zu verheimlichen ...«

»Nein, natürlich nicht«, sagt der junge Mann lächelnd.

»Es ist mir gelungen, einige Gelder vor der Steuer zu retten und in meine private Tasche umzuleiten.«

»Ganz prima.«

»Mein alter BWL-Professor«, sage ich leutselig, »ein Typ, der sich seine Resthaare über die Glatze gegelt hat, sagte immer: ›Eine Bank ist wie ein Frisör. Man geht hinein und verlangt: Einmal Waschen und Anlegen bitte.‹«

Ich halte inne.

»Was ist mit Ihnen?«, fragt der Berater.

»Keine Sorge. Er lässt nur Pausen für die Lacher«, sagt das Känguru. »Mein Assistent ist etwas merkwürdig. Beachten Sie ihn einfach gar nicht.«

»Ja, äh ... Wie sollen wir das Geld denn anlegen?«, fragt der Bankberater.

»Machen Sie das Portfolio ruhig so, wie ich meine Steaks mag«, sagt das Känguru.

»Ah!«, sagt der Mann. »Well done.«

»Nein«, sagt das Känguru. »Blutig.«

»Wie bitte?«

»Sie verstehen mich schon«, sagt das Känguru. »Geld arbeitet nicht. Menschen arbeiten. Und je größer die Ausbeutung, desto größer die Rendite, das ist doch klar. Gehen Sie dahin, wo es weh tut. Ich will Dritte Welt, 16-Stunden-Tage, Kinderarbeit. Ich will Landminen, Streubomben, Atomkraftwerke. Ich will Rohstoffe aus Krisenregionen, Öl aus Naturschutzgebieten, spekulieren Sie mit Lebensmitteln. Egal was ...«

»Ich weiß nicht«, sagt der Mann. »Vielleicht sollten Sie mit meinem Vorgesetzten ... der kennt sich da besser aus ...«

»Nein, nein, nein«, sagt das Känguru. »Sie schaffen das schon. Mir ist ja völlig egal, was Sie mit meinem Geld machen. Hauptsache, Sie machen mich reich. Nein, das trifft es nicht. Hauptsache, Sie machen mich noch reicher.«

»Das ist natürlich mein Job«, sagt der Mann, »aber ...«

»Ich will doch nichts anderes als all die anderen, die ihr Geld hier anlegen«, sagt das Känguru.

»Nein, nein ...«

»Stört es Sie etwa, dass ich so offen bin?«

»Nun ja, also, ich, nun ...«

»Sie sind mir ja ein Herzchen«, sagt das Känguru. »Wenn Sie Gutes tun wollen, hätten Sie nicht Banker werden dürfen.«

»Nein, nein, ich will natürlich nichts Gutes tun, aber ...«

»Na fein, von mir aus«, sagt das Känguru. »Ich kann es auch wie in Ihrer Werbung formulieren: Suchen Sie mir bitte Firmen und Konzerne, die in den ärmsten Ländern der Welt wichtige Investitionen tätigen und mithelfen, diese Länder aufzubauen und den Menschen dort Perspektiven durch Arbeitsplätze zu bieten ...« Das Känguru fängt an zu lachen. »... die die Infrastruktur ... und die Segnungen der Marktwirtschaft ...«

Ein hysterischer Lachkrampf hindert das Känguru am Weitersprechen.

»Sie ... Sie ... machen mir Angst«, sagt der Mann.

Das Känguru hört abrupt auf zu lachen.

»Sie wollen mein Geld nicht haben?«, fragt es. »Seien Sie versichert, ich finde einen Schreibtischtäter, skrupellos wie ich, der keine moralischen Bedenken hat, für mein Anlagekapital Provision einzustreichen. Und Sie haben anscheinend den falschen Beruf.«

Es steht betont langsam auf.

»Wie kommt man von der Wissens- in die Dissensgesellschaft?«, fragt es. »Denken Sie mal darüber nach. Guten Tag.«

Wir verlassen den verdutzten jungen Mann und die Bankfiliale.

»Und nun?«, frage ich.

»Tja«, sagt das Känguru. »Noch die Commerzbank da vorne. Dann machen wir Schluss für heute.«

> »Das sind Gefühle,
> wo man schwer beschreiben kann.«
> Thomas Mann bei der Nobelpreisverleihung 1929

»Ahahamuhmuhmuh! Und der *Deutsche Buchpreis der Ullstein Buchverlage* in der Kategorie ›Buch mit sprechendem Tier‹, muh, geht dieses Jahr an ...«

Die Moderatorin Julia Müller öffnet das Kuvert, juchzt und ruft: »*Louie, der lustige Leguan* von den Kindern der Kindertagesstätte *Sümpfe der Traurigkeit*!«

»Ich fasse es nicht«, sage ich.

Auf der Tribüne hinter uns jubeln Kinder. Die Gäste der Preisgala beginnen zu applaudieren.

»Du hättest den Preis beim ersten Mal nicht ablehnen sollen«, sagt das Känguru. Es sitzt links neben mir, in einem rosa Tutu, und liest völlig gelangweilt *Wendy*. Auf dem Kopf hat es eine Krone, ein Zauberstab liegt auf dem Tisch. Mein Agent, der rechts neben mir sitzt, kratzt sich ratlos am Kopf.

»Das scheint auch mir eine inhaltlich wirklich angreifbare Entscheidung«, sagt er und nimmt sich ein Sahnetörtchen vom Tablett mit Desserts, welches das Känguru irgendeinem Kellner abgenommen hat.

»Kommt auf die Bühne, Kinder«, ruft die Moderatorin. Unter lautem Geschrei stürmt eine Gruppe Fünfjähriger mit ihrer Erzieherin die Bühne. Fast alle Anwesenden erheben sich und spenden stehend Applaus.

»Ich werde gerade unfassbar attraktiv«, sage ich.

»Und wie Sie ja alle wissen, ist der Preis dieses Jahr zum ersten Mal dotiert«, sagt die Moderatorin. »Tante Isabel, was werden Sie denn mit den 10.000 Euro machen?«

»Damit können wir endlich das Dach unserer Kita reparieren lassen, damit die Kinder bei Regen nicht mehr nass werden«, sagt Tante Isabel.

»Das ist doch wirklich ein Skandal!«, rufe ich. Ein paar Leute drehen sich zu uns um, die große Menge hat aber nichts gehört, denn ihr Applaus hat mein Rufen verschluckt.

»Du hast ja recht...«, beschwichtigt mein Agent, »aber bitte etwas leiser. Die hatten halt einen Bonus, weil sie noch so klein sind.«

»Ach was...«, fauche ich. »Aber kuck dir die Bilder mal an! Da hat doch garantiert ein Erwachsener geholfen.«

»Ja, das ist wirklich gemein«, sagt das Känguru. »Wenn dir ein Erwachsener geholfen hätte, wäre dein Buch bestimmt auch besser geworden.«

»Nicht aufregen«, sagt mein Agent. »Probier lieber mal eins von diesen leckeren Sahnetörtchen.«

»Louie, der lustige Leguan, spricht ganze fünf Sätze«, sage ich eingeschnappt. »In diesem ganzen sogenannten >:< Buch >:<!«

Ich setze mit Zeige- und Ringfingern wütende Anführungszeichen um das Wort Buch.

»Du kennst das Buch?«, fragt das Känguru.

»Ich habe alle nominierten Bücher gelesen«, sage ich. »Alle beide...«

Endlich verebbt der Applaus.

»Ahamuhmuh«, sagt Julia Müller. »Und wie geht es nun weiter für euch Kinder?«

Ein kleines Mädchen tritt ans Mikrofon.

»Wir schreiben eine Fortsetzung, wo Louie in die Schule kommt. Damit wollen wir genug Geld verdienen, um das Abzest ...«

»Asbest«, sagt Tante Isabel.

»... Asbest aus der Kita wegzumachen«, sagt das Mädchen.

Wieder stehen die Leute auf und klatschen.

»Buh!«, rufe ich. »Buh!«

»Bitte beruhige dich doch!«, sagt mein Agent.

»›Louie läuft lässig‹«, zische ich. »›Louie lacht lustig. Louie lebt locker. Louie liebt liegen. Louie lutscht Lutscher.‹ Das ist alles, was der bekackte Leguan sagt. Das ist der komplette Text von dem bekackten Buch.«

Die Kinder verlassen unter erneutem Applaus die Bühne.

»Und dabei stellt sich noch die Frage, warum der bekackte Lemur ...«

»Leguan«, sagt mein Agent.

»... das überhaupt alles sagt. Und zu wem! Der ist allein auf den Bildern. Der spricht mit sich selbst, oder was? Der hat doch 'ne Macke! Und so was gibt man Kindern zum Lesen? Kein Wunder, dass unsere Gesellschaft so kaputt ist. Ich fasse es nicht.«

Der Applaus brandet noch mal auf, als Tante Isabel und ihre Kinder Kusshände in den Saal werfen.

»Ich habe ein Manifest verfasst, voller Witz und Weisheit«, schimpfe ich innerlich brodelnd. »Einen Fels in der Brandung stumpfer Pipi-Kaka-Witze, eine Rettungsboje für alle, die etwas faul dünkt an dieser widerwärtigen Weltordnung, ein Buch voll Tucholsky'schem Witz, voll Orwell'scher Weitsicht, voll Beckett'scher Radikalität ...«

»Voll Goethe'scher Bescheidenheit«, wirft das Känguru ein.

»... eine große Satire über ein idealistisches, wenn auch leider wahnsinniges Känguru und seinen flexiblen, belastbaren, innovativen, kreativen, teamfähigen, begeisterungsfähigen und kreativen Begleiter ...«

»So beruhige dich doch«, sagt mein Agent eindringlich. »Bitte, bitte. Die Leute kucken schon.«

»LASS SIE DOCH KUCKEN!«, brülle ich. »ICH BIN KÜNSTLER! DIE LEUTE SOLLEN MIR ZUKUCKEN! ICH BIN KÜNSTLER!«

»Kleinkünstler«, sagt das Känguru.

»NEIN! NEIN! NEIN!«, rufe ich. »KÜNSTLER! Nichts Geringeres als einen modernen *Don Quijote* habe ich verfasst! ABER NEIN! *Louie, der lustige Leguan.* Das ist natürlich relevanter. Das ist natürlich ...«

Das Känguru schlägt mir mit der *Wendy* auf den Kopf.

»Halt die Klappe, Knappe!«

Der Applaus verebbt zum letzten Mal.

»Ahahamuhmuhmuh«, sagt Julia Müller. »Glauben Sie mir, das war der schönste Moment meiner professionellen Karriere.«

»Du dumme Kuh!«, rufe ich.

»So bringen Sie ihn doch zum Schweigen«, fleht mein Agent das Känguru an.

»Muh! Muh! Muh!«, rufe ich. »Die Kuh, die lach...«

Das Känguru stopft mir ein Sahnetörtchen in den Mund: »Halt mal kurz.«

## ANGEBOT UND NACHFRAGE

Ich sitze an meinem Schreibtisch und hinterlasse anonym beleidigende Kommentare auf Julia Müllers Webseite. Das Känguru kommt in mein Zimmer und stört mich.

»Habe ich dir eigentlich schon von meiner neuesten Geschäftsidee erzählt?«, fragt es.

Ich blicke vom Computer auf.

»Machst du mal bitte das Licht an und die Tür zu?«, frage ich.

Das Känguru macht das Licht an und will die Tür zumachen.

»Nein, nein«, sage ich. »Von der anderen Seite.«

»Sehr relevant...«

»Ernsthaft«, sage ich, »Ich muss was Wichtiges erledigen. Erzähl's mir später.«

Das Känguru verschwindet vor sich hin meckernd.

Eine Minute später kommt es wieder zur Tür herein.

»Stört es dich, wenn ich hier in deinem Zimmer ein bisschen Posaune spiele?«, fragt es und zieht eine Posaune aus seinem Beutel. »Das Wohnzimmer hat so eine furchtbare Akustik.«

»I wo!«, sage ich. »Wen würde es beim Arbeiten stören, wenn jemand direkt neben ihm ein so liebliches Instrument wie Posaune spielt.«

»Ich kann es aber noch nicht besonders gut«, sagt das Känguru.

»Macht doch nichts«, sage ich. »Gerade bei Musikinstrumenten ist es ja immer für alle Außenstehenden ein Vergnügen, dem Lernprozess beizuwohnen.«

Das Känguru setzt die Posaune an und erzeugt ein apokalyptisches Pfeifen.

»Es stört mich!«, rufe ich.

»Soll ich dir mal meine neue Geschäftsidee erzählen?«

»Raus.«

Das Känguru verschwindet und beginnt direkt vor meiner Tür die *Ode an die Freude* auf seiner Posaune zu üben.

»Das ist fürchterlich!«, rufe ich. »Hör auf damit.«

»In deinem Zimmer würde es besser klingen«, ruft das Känguru, ist dann aber überraschenderweise still.

Kurze Zeit später bekomme ich eine E-Mail mit einem Youtube-Link. Das Känguru kommt zur Tür herein.

»Klick mal den Link an!«

»Okay«, sage ich. »Ich gebe auf. Was ist deine neue Geschäftsidee?«

»Ich verkaufe.« Das Känguru macht eine Aufgepasst-Geste und danach eine kleine Pause. »Ruhe. Ich verkaufe Ruhe.«

»Und wie ich sehe, schreckst du nicht davor zurück, nötigenfalls die Nachfrage zu kreieren.«

»Natürlich nicht«, sagt das Känguru. »Ich nehme dir etwas Lebenswichtiges weg, um es dir danach zu verkaufen. Das nennt man Kapitalismus. Ich hoffe, du lernst etwas dabei.«

»Lass mich in Ruhe.«

»Gerne«, sagt das Känguru. »Aber das kostet. Klick mal den Link an.«

Ich starte das Video.

Ein Känguru in weißem Arztkittel schlendert über einen äußerst billig am Computer eingefügten Strand, dazu ertönt seichte Werbespotmusik.

»Sind Sie müde, gestresst, nervös, gereizt?«, fragt das Känguru. »Müssen Sie immer erreichbar sein? Ist Freizeit für Sie ein Fremdwort? Haben Sie genug von der modernen Leistungsdruckgesellschaft? Ich als Zahnarztgattin empfehle Ihnen: Ruhe.«

Aus dem Off ertönt eine Stimme: »Ruhe$^{TM}$ ist ein Produkt aus dem Hause Kangaroo Business Ideas. Zu Risiken und Nebenwirkungen fragen Sie bitte Ihren Anwalt oder Unternehmensberater.«

»Ruhe$^{TM}$«, sage ich.

»Jup«, sagt das Känguru. »Willst du welche haben?«

»Ja, bitte«, antworte ich genervt.

»Nur 69 Cent pro Minute.«

»Gibt's auch 'ne Flatrate?«

»Nein«, sagt das Känguru. »Andere Frage: Wo würdest du dich verstecken, wenn du ein Pinguin wärst?«

»Keine Ahnung«, sage ich. »Am Südpol?«

Das Känguru schüttelt den Kopf. Es zeigt mir einen Flyer.

»Exerzitien für ausgebrannte Manager«, lese ich.

»Die verkaufen auch Ruhe«, sagt das Känguru.

»Ein Kloster?«

»Wo wird ein Pinguin unsichtbar?«, fragt das Känguru. »Unter Nonnen.«

»Hm«, sage ich. »Ich verkaufe übrigens auch etwas. Hatte gerade eine Geschäftsidee.«

»Ach ja?«, fragt das Känguru. »Was verkaufst du denn?«

»Ich verkaufe Gewaltfreiheit«, sage ich. »Die Tarife ähneln den deinen.«

»Du meinst, wir könnten unsere Waren eins zu eins tauschen?«

»Darauf wollte ich hinaus.«

Das Känguru holt seine Boxhandschuhe aus seinem Beutel.

»Kannste vergessen«, sagt es. »Wenn hier einer Gewaltfreiheit verkauft, dann bin ich das. Und jetzt wird es richtig teuer für dich, Freundchen.«

»Ist er schon wieder eingeschlafen?«, fragt das Känguru und blickt von seinem Buch auf.

Ich zucke mit den Schultern und stupse Friedrich-Wilhelm an.

Er schreckt hoch und schüttelt sich.

»Mein Körper ist ein ausgetrockneter Schwamm«, sagt er, »und er saugt Schlaf.«

Das Känguru ist schon wieder in sein Buch versunken.

»Was liest du da eigentlich?«, fragt Friedrich-Wilhelm.

»Eine Trilogie«, sagt das Känguru.

»Was sonst ...«, sage ich.

»Die Welt ohne Eigenschaften«, sagt das Känguru. »Drei Romane komplett ohne Adjektive. Anstrengend.«

Friedrich-Wilhelm niest unglaublich laut.

»Wisst ihr, all diese Seuchenfilme«, sagt er, »*Outbreak*, *12 Monkeys*, *28 days later* ... Die sind alle Quatsch. Wenn wirklich mal eine tödliche Pandemie ausbricht, dann kommt der Virus nicht aus dem Dschungel und auch nicht aus Tierversuchslaboratorien, sondern aus einer Kita.«

Er muss wieder niesen.

»Wahrscheinlich sogar aus unserer Kita.«

»Und wie geht's denn deinem kleinen ... äh ... Kind?«, frage ich.

»Du hast schon wieder vergessen, wie es heißt«, sagt

Friedrich-Wilhelm. »Und nicht nur das, du hast sogar vergessen, ob es ein Junge oder ein Mädchen ist.«

»Ach, Junge, Mädchen...«, sage ich. »Das sind doch bürgerliche Kategorien!«

»Es ist ein Junge«, sagt Friedrich-Wilhelm, »und...«

Das Känguru taucht wieder aus seinem Buch auf.

»Habt ihr schon einen Namen?«, fragt es.

»Der Junge ist fünfzehn Monate alt«, sagt Friedrich-Wilhelm. »Natürlich haben wir schon einen Namen!«

»Lass mich raten«, sagt das Känguru. »Er heißt Friedrich-Wilhelm der Zweite.«

»Nein. Er heißt Bartholomäus.«

»Oh...«, sage ich.

»Ja. Oh...«, sagt Friedrich-Wilhelm.

»Das finde ich gut«, sagt das Känguru. »Ein ganz normaler Name. Nicht so etwas angeberisch Abgehobenes.«

»Jetzt wollen wir noch zwei Mädchen«, sagt Friedrich-Wilhelm. »Die eine soll Elisabeth heißen. Die andere Margarete.«

»Aha. Bart, Lisa und Maggie?«, fragt das Känguru.

»Ja«, sagt Friedrich-Wilhelm. »Was dagegen?«

»Dein Ding, Homer«, sage ich.

»Was macht ihr, wenn eure Elisabeth ein Junge wird?«, fragt das Känguru.

»Dann wird er es schwer haben auf dem Schulhof«, sagt Friedrich-Wilhelm.

»Ich finde, du hättest deinen Sohn lieber Friedrich-Wilhelm den Zweiten nennen sollen«, sagt das Känguru.

»Das wäre historisch inkorrekt gewesen«, sage ich. »Der Sohn von Friedrich-Wilhelm dem Ersten müsste korrekterweise Friedrich der Zweite heißen. Es sei denn, wir sprächen nicht vom sogenannten Soldatenkönig Friedrich-Wilhelm, sondern vom sogenannten Großen Kurfürsten Friedrich-Wilhelm, aber auch dann dürfte unser Freund hier seinen Sohn nicht Friedrich-Wilhelm nennen, sondern wiederum Friedrich, allerdings den Dritten beziehungsweise den Ersten. Weil der der dritte Kurfürsten-Friedrich war, aber der erste Königs-Friedrich. König *in* Preußen übrigens und nicht von, eine kleine Präposition, die ihm Stress mit Kaiser Leopold ersparen sollte. Dieser dritte beziehungsweise erste Friedrich war dann übrigens der Vater vom ersten Königs-Friedrich-Wilhelm. Das ist ein wenig verwirrend, ich weiß. Aber so wäre es historisch korrekt.«

»Deine Obsession mit dem preußischen Königshaus finde ich immer wieder verstörend«, sagt das Känguru.

Friedrich-Wilhelm schnarcht. Ich stupse ihn an.

»Liste von Dingen, die ich heute lieber nicht gesehen hätte«, sagt er. »Erstens: Sonnenaufgang.«

Er niest noch einmal.

»Bart hat mich echt schon wieder angesteckt...« Friedrich-Wilhelm seufzt. »Ach, die Evolution hat das schon sehr geschickt gemacht«, sagt er. »Kein Erwachsener würde sich je freiwillig um so ein schreiendes, zeit- und schlafraubendes Bündel Hilflosigkeit kümmern, wenn es nicht so verdammt niedlich wäre. Man könnte sich aber durchaus auch eine Parallelwelt vorstellen, in der die Kinder total hässlich, aber sehr hilfsbereit sind. Ich denke, das würde auch funktionieren. Also quasi: Die Babys kommen aus dem Mutterleib raus, sehen wirklich widerwärtig aus, machen aber als Erstes mal den Abwasch und erzählen einem danach, was man für ein toller Typ ist. Wenn ich mich zwischen den Welten entscheiden dürfte... ich müsste länger darüber nachdenken.«

»Und sonst so?«, fragt das Känguru.

»Bart kriegt schon Trotzanfälle«, sagt Friedrich-Wilhelm. »Das solltet ihr mal sehen.«

»Würgst du ihn dann?«, frage ich.

»Er wirft sich auf den Boden, strampelt und schreit und ist überhaupt nicht mehr ansprechbar«, sagt Friedrich-Wilhelm. »Das wäre übrigens auch mal eine interessante Vorgehensweise für einen Anti-Terror-Anschlag.«

»Immerhin bist du nicht einer von denen, die, weil sie zufälligerweise ein Kind gekriegt haben, nur noch über ihre Kinder reden«, sagt das Känguru.

»Was soll ich machen?«, sagt Friedrich-Wilhelm. »Die Thronfolge war für uns Hohenzollern immer schon eine wichtige Angelegenheit.«

»Apropos«, sage ich. »Um das kurz zu Ende zu bringen: Es sollte nämlich außer dem Kaiser keinen König im Heiligen Römischen Reich Deutscher Nation geben. Da der Kurfürst von Brandenburg, eben besagter Friedrich der Dritte, aber auch Gebiete außerhalb des Reiches besaß, Preußen nämlich, beschloss man, er könne König sein ›in‹ Preußen, aber nicht ›von‹, weil ...«

Ich blicke zu Friedrich-Wilhelm.

»Ist er schon wieder eingeschlafen?«, fragt das Känguru.

Ich nicke.

»Vielleicht sollte lieber einer von uns beiden fahren«, sagt das Känguru.

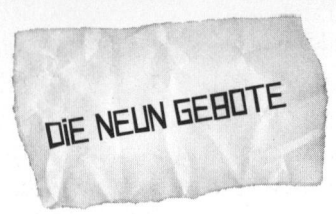

**»Der angerufene Teilnehmer antwortet nicht.«**
**Gott**

Ich parke das Auto.
»Vorsicht! Die riesige Eiche da!«, ruft das Känguru.
»Ah. Mein alter Erzfeind«, sage ich.
Friedrich-Wilhelm hängt auf der Rückbank seines Autos und schnarcht. Wir lassen ihn schlafen und betreten die Klosterkirche, die laut einem Schild am Eingang »das schönste Beispiel nordostdeutscher Backsteingotik nordöstlich von Stralsund« ist.
Ich bewundere die kunstvoll gemauerten Ornamente.
»Ostern und Weihnachten feiern und beschenken sich die Leute, aber was in der Bibel steht, das weiß doch kaum einer mehr«, sage ich. »Es ist eine Schande.«
Kurz blickt mich das Känguru irritiert an. Dann lachen wir herzlich.
»Für eine Sekunde dachte ich, du meinst das ernst«, sagt es.
Das Känguru trägt einen Glitzeranzug mit Schlaghosen, eine Pornosonnenbrille und eine Perücke mit Tolle.
Wir gehen in Richtung Altar.
»Ich wusste gar nicht, dass es so weit im Nordosten überhaupt noch Katholiken gibt«, sage ich.

»Tja. Die sind zäh«, sagt das Känguru.

»Ich bin ja ausgetreten«, sage ich. »Aber irgendwie mag ich die katholische Kirche. Es ist so ein abgefahrener Verein.«

»Am besten finde ich diese Reliquien«, sagt das Känguru.

»Ja!«, sage ich. »Im Aachener Dom liegen zum Beispiel die Windeln Christi. Kannste hingehen und anbeten.«

»Glaubst du, daher kommt der Spruch: ›Ach du heilige Scheiße!‹?«

»Und sie bauen ernsthaft immer noch Reliquien in ihre Altäre ein. In Krakau haben sie erst jetzt gerade eine ganze Kirche um eine Krankenhausampulle mit Blut von Johannes Paul dem Zweiten gebaut.«

»John-Paul-the-Second hieß der ja auf Englisch«, sagt das Känguru.

»Das klingt nicht nach einem Papst, sondern nach 'ner schlechten Beatles-Coverband.«

»Meine Lieblingsreliquie ist die heilige Vorhaut Jesu«, sagt das Känguru.

»Wie bitte?!«

»Das ist kein Scherz!«, sagt das Känguru. »Die gab es wirklich! Ganz offiziell von der katholischen Kirche anerkannt. Und es gab sie nicht nur einmal. Sondern dreizehnmal.«

»Abgefahrener Verein ...«

»Ja«, sagt das Känguru. »Aber im 17. Jahrhundert hat Leo Allatius, ein Kurator der Vatikanischen Bibliothek, in seinem *Vortrag über die Vorhaut unseres Herrn Jesus Christus* die Echtheit der Reliquie angezweifelt und vermutet, dass die heilige Vorhaut mit Jesus zum Himmel emporgestiegen sei und sich in die Saturnringe verwandelt habe.«

»Je beknackter die Info, desto einfacher kann man sie sich merken, was?«

Das Känguru nickt.

»Und dieser Informationsmüll verdrängt irgendwann sogar das Grundlagenwissen«, sage ich. »Oder kennst du zum Beispiel noch die Zehn Gebote?«

»Na klar«, sagt das Känguru. »Wir Jungpioniere lieben unsere Deutsche Demokratische Republik. Wir Jungpioniere halten Freundschaft mit den Kindern der Sowjetunion.« Es beginnt an seinen Fingern mitzuzählen. »Wir Jungpioniere äh... tragen mit Stolz unser blaues Halstuch. Wir Jungpioniere achten unsere Eltern, lieben den Frieden, halten unseren Körper sauber... äh... puh... singen und tanzen, spielen und basteln gern. Wir Jungpioniere haben keine Parteien neben unserer Partei. Wir Jungpioniere äh... drängeln uns in der Schlange nicht vor und helfen Frau Schabowski, ihre Einkäufe nach Hause zu tragen.«

»Ich meinte natürlich die Gebote von Gott«, sage ich.

»Ach«, sagt das Känguru. »Wir Jungpioniere sollen nicht ehebrechen und dergleichen?«

»Ja«, sage ich. »Oder so ähnlich.«

»Aber ich habe nur acht Jungpioniergebote genannt«, sagt das Känguru. »Ich möchte noch versuchen, die restlichen ...«

»Neuntes Gebot«, sage ich. »Wir Jungpioniere sollen nicht begehren unseres Westens Waren, Fernsehsender, Reisefreiheiten noch alles, was unser Westen hat.«

»Quatsch«, sagt das Känguru. »Neuntes Gebot: Wir Jungpioniere lesen gerne FRÖSI.«

»Was?!?«

»FRÖSI!«, sagt das Känguru. »*Fröhlich sein und singen!* Das Pioniermagazin für Jungen und Mädchen der DDR!«

»Unglaublich.«

»Du kannst dir das als eine ideologisch etwas gefestigtere Variante von *Yps* vorstellen.«

»FRÖSI«, sage ich. »Noch nie zuvor schien mir der totale

Zusammenbruch dieses Staates so gerechtfertigt wie jetzt. FRÖSI! Das ist ja wohl der uncoolste Name aller Zeiten. Was waren die Gimmicks? Ein 3-D-Bild von Honecker?«

»Wir hatten nur 2-D.«

Ich ziehe mein Handy aus der Tasche.

»Was tust du?«, fragt das Känguru. »Man darf in einer Kirche höchstens den Herrn anrufen, und ich glaube nicht, dass du seine Nummer hast.«

»Ich will nur eure Zehn Gebote googeln.«

»Zweifelst du etwa meine Worte an?«, fragt das Känguru.

»Ähm ... ja. Genau.«

Das Känguru kuckt mir über die Schulter.

»Und?«, fragt es. »Stimmt alles, was?«

»Nein«, sage ich. »Aber es stimmt erschreckend viel. Das zehnte Gebot war ernsthaft: ›Wir Jungpioniere tragen mit Stolz unser blaues Halstuch.‹ Da kann man sich richtig vorstellen, wie sich der Erich mit der Margot zusammen den Kopf zerbrochen hat, denn der Walter hatte ja gesagt, sie sollen sich zehn Gebote ausdenken, doch gegen Ende ist ihnen wirklich gar nichts Gescheites mehr eingefallen, aber es konnte ja nicht angehen, dass der Sozialismus nur neun Gebote hat, wo doch das Christentum zehn hat, und ›Die neun Gebote‹, das klang auch irgendwie so arm, nach Mangel, und der Begriff ›Die zehn Gebote‹ war eben so schön vorgeprägt ...«

»Zehntes Gebot: Wir Jungpioniere essen gerne Plätzchen«, sagt das Känguru. »Apropos Plätzchen. Willst du ein Plätzchen?«

Es zieht eine Dose mit selbstgemachtem Gebäck aus seinem Beutel.

»Gerne«, sage ich, beiße in einen Keks und muss feststellen, dass er härter ist als mein wurzelbehandelter Backenzahn.

»Ich vergaß zu erwähnen«, sagt das Känguru, »die Kekse sind noch vom letzten Jahr.«

»Aua.«

»Vielleicht auch von vor zwei Jahren.«

Das Känguru überlegt.

»Nee ... vor zwei Jahren habe ich keine gebacken. Vor drei vielleicht. Nee, kuck mal!« Es lacht. »Auf die Dose habe ich ja den FRÖSI-Elefanten geklebt. Stimmt! Da war mal eine Plätzchen-Backmischung in der FRÖSI ...«

Ich spucke den halbgegessenen Keks in ein Taschentuch.

»Schmeckt wie gebackene Urzeitkrebse, wenn du mich fragst ...«

Eine Frau in einem seltsam antiquierten Kostüm kommt auf uns zu.

»Wenn Sie bitte etwas leiser ...«, sagt sie freundlich. »Dies ist ein Ort der Ruhe und der Einkehr.«

»Keks?«, fragt das Känguru und hält ihr die Dose hin.

»Gerne«, sagt sie.

»Wir wollten hier einen Freund von uns besuchen«, sage ich. »Er sieht ein bisschen aus wie Sie.«

»KENNEN SIE DIESEN PINGUIN?!?«, ruft das Känguru und hält der kostümierten Frau das Passfoto unter die Nase.

»Wie?«, fragt sie. »O ja! Natürlich.«

»Jetzt sagen Sie mir bitte nicht, das sei Ihr neuer Controller«, sage ich.

»Nein, nein«, sagt die Frau und lacht. »Unser Controller ist und bleibt der alte.«

Sie deutet mit dem Zeigefinger nach oben.

»Ihr Freund war bei uns, um sich von einem Burn-out zu kurieren.«

Widerwillig händige ich dem Känguru 19,90 Euro aus.

»Kuck mich nicht so an«, sagt das Känguru. »Du wolltest verdoppeln.«

»Der gute Pinguin war tatsächlich sehr gestresst«, sagt die Frau.

»Ach«, sage ich. »Niemand ist so gestresst, dass er nicht noch alle anderen damit nerven kann, wie gestresst er ist. Stress hat sich ja noch vor dem Wetter und dem Verkehr als Small-Talk-Thema Nummer eins etabliert.«

»Ja, ja«, sagt die Frau. »Wie war denn der Verkehr? Sind Sie gut hergekommen? Die Autobahnen hier in Mecklenburg-Vorpommern sind ja ...«

»Streckenweise okay«, sage ich.

»Ist der Pinguin noch hier?«, fragt das Känguru.

»Nein, es tut mir leid. Er ist gerade abgereist.«

»Verdammt«, sagt das Känguru. »Äh. Entschuldigen Sie. Ich wollte sagen: verflucht. Verdammt. Äh ... verflixt.«

»Nicht schlimm. Passiert mir auch ständig«, sagt die Frau.

Sie beißt in den Keks.

»Verdammt«, ruft sie.

»Schmeckt nicht?«, fragt das Känguru.

»Doch, doch«, sagt die Frau und lächelt schon wieder. »Schmeckt wie früher.«

# DER UNTERSCHIED

Wir haben uns als bezahlte Claqueure für eine Fernseh-Talkshow anheuern lassen. Eine Stimme aus dem Nichts spricht zu uns: »Liebes Publikum, hier nuschelt Ihr Aufnahmeleiter. Gleich gehen wir live auf Sendung. Bitte achten Sie immer schön auf unsere leckere Praktikantin mit den Schildern und applaudieren Sie für Ihre neue famose Moderatorin in drei, zwei, eins ...«

Die Moderatorin betritt das Studio, die Praktikantin hebt ein Schild in die Höhe, auf dem »Frenetischer Jubel« steht, und das Publikum jubelt frenetisch. Ich gähne. Das Känguru popelt in der Nase. Es hat sich natürlich wieder verkleidet. Es trägt Lippenstift, eine blonde Dauerwelle und ein weißes Abendkleid, und auf die rechte Wange hat es sich einen Leberfleck gemalt.

»Hallo«, sagt die Moderatorin. »Ich bin Julia Müller und heiße Sie herzlich willkommen zu *Fünf vor zwölf* um fünf nach zwölf.«

Der Applaus verebbt langsam. Sie setzt sich zu ihren Gästen.

»Heute haben wir wieder mal das spannende Thema: Die Finanzkrise. Als Gäste habe ich eingeladen: einen Experten, eine Politikerin, einen Industriellen, einen ehemaligen Bankdirektor und äh ... sonst niemanden! Ahahamuh.«

Das Känguru lacht grimmig. »Zensur durch Selektion ...«

»Meine erste Frage geht an Herrn Dr. Minne. Sie sind Experte, können Sie uns denn etwas zur aktuellen Wirtschaftslage sagen?«

»Ich als Experte denke, wir müssen die Verhältnisse enger schnallen. Wir leben über unsere Sachzwänge. Der Gürtel ist alternativlos.«

»Irgendwie kommt mir das alles total bekannt vor«, sage ich.

»Dreißig Jahre lang sieben Nächte die Woche sieben Wiederholungen«, sagt das Känguru. »76.650 Wiederholungen ergeben eine Wahrheit.«

»Hier rechts außen begrüße ich nun Herrn Jörn Dwigs, ehemals Bankdirektor, nun frischgebackener Finanzsenator von Berlin«, sagt Julia Müller. »Herr Dwigs, ganz ehrlich, ich hätte ja nicht gedacht, dass die SPD bei einer breiten linken Mehrheit im Senat ausgerechnet Ihre Partei mit ins Boot holt.«

»Wenn ich kurz antworten darf«, sagt der Experte, »der Fehler in Ihrem Gedankengang ist, dass Sie die SPD immer noch dem linken Parteienspektrum zurechnen. Das ist doch schon längst passé. Von linker Politik hat sich die SPD, ich möchte fast sagen: seit der Zustimmung zu den Kriegskrediten 1914, immer wieder erfolgreich distanziert.«

»Auch ich habe nichts gegen SPDler«, sagt der Industrielle. »Im Gegenteil. Einige meiner besten Freunde sind in der SPD.«

»Der Bürgermeister hat mir unter vier Augen auch gestanden«, sagt Dwigs, »dass er hauptsächlich deshalb mit uns koaliert, damit später mal alte SPD-Wähler über ihn sagen können: ›Es war nicht alles schlecht. Immerhin hat er die Autobahn gebaut.‹«

Die Praktikantin hält ein Schild in die Höhe, auf dem steht: »Ausgelassen lachen.«

»Ahahamuhmuhmuh«, macht Julia Müller. »Aber lassen Sie uns kurz über die Ursachen der Finanzkrise ...«

»Finanzkrise ...«, sagt der Experte. »Dieses Wort ist schon falsch. Ich sehe keine Krise des Finanzsektors. Im Gegenteil, es geht ihm blendend. Im Prinzip war die sogenannte Finanzkrise nur eine gigantische Umverteilungsmaßnahme, und zwar eine sehr erfolgreiche.«

»Umverteilt wurde von unten nach oben?«, fragt Julia Müller.

»Natürlich«, sagt der Industrielle. »Wer die Geschichte kennt, weiß, dass gar keine andere Art der Umverteilung möglich ist.«

Die Praktikantin hält ein Schild in die Höhe, auf dem steht: »Laut grübeln.«

Aus dem Publikum hört man laute »Hm«s und viel Kopfgekratze. Kurz ist der Industrielle irritiert.

»Heißt das«, fragt Julia Müller, »es gibt auch Leute, die Geld gemacht haben in und durch die Krise?«

»Bevor wir darüber reden«, sagt Dwigs, »möchte ich noch kurz über ein viel drängenderes Problem sprechen, das mir auch persönlich sehr am Herzen liegt: der linke Terror.«

»Ja«, sagt die junge blonde Politikerin neben ihm. »Ein extrem wichtiges Thema. Ich sage Ihnen ganz ehrlich: Ob Links- oder Rechtsextremismus – da sehe ich keinen Unterschied.«

»Doch, doch«, ruft das Känguru laut dazwischen. »Es gibt einen Unterschied. Die einen zünden Ausländer an, die anderen Autos. Und Autos anzünden ist schlimmer. Denn es hätte mein Auto sein können. Ausländer besitze ich keine.«

Nach einer kurzen Denkpause sagt der Industrielle: »Die Frau im weißen Abendkleid hat völlig recht! Auch meine

Familie besitzt schon seit über zwei Generationen keine Ausländer mehr.«

»Man sollte sich gänzlich davon verabschieden, mit Ironie zu arbeiten«, sage ich kopfschüttelnd.

»Na«, sagt das Känguru. »Einen Versuch noch.«

»Ich möchte noch etwas dazu sagen«, sagt Dwigs.

Die Praktikantin hebt ein Schild in die Höhe, auf dem steht: »Frenetischer Jubel.«

Das Publikum jubelt frenetisch.

»Danke, danke«, sagt Dwigs.

Die Praktikantin senkt das Schild nicht. Das Publikum hört nicht auf zu jubeln.

»Aber lassen Sie mich doch zu Wort ...«

Die Praktikantin hebt ein Schild in die Höhe, auf dem steht: »Kreischen wie verhaltensgestörte Teenager.«

Das Publikum kreischt wie verhaltensgestörte Teenager.

»Bitte!«, ruft Dwigs. »Ruhe! Jetzt ...«

»Hallo?!«, ruft Julia Müller. »Regie! Aha äh muh ...«

Die Praktikantin hebt ein Schild in die Höhe, auf dem steht: »Tiergeräusche machen und Kupfermünzen auf die Gäste werfen.«

Das Publikum macht Tiergeräusche, und einige werfen mit vollen Händen Kupfermünzen auf die Gäste. Dazu singen sie zu der Melodie von *Jetzt fahr'n wir übern See*: »Hier habt ihr unser Geld, unser Geld, hier habt ihr unser Geld!«

»Was ist denn das hier?«, schreit Dwigs aufgebracht.

Die Praktikantin hält ein Schild in die Kamera. Darauf steht: »Das ist ein Anti-Terror-Anschlag des Asozialen Netzwerkes.«

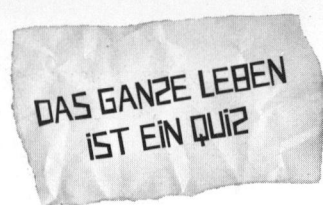

»Sie sind hier zu uns auf die Wache gebracht worden zur Feststellung Ihrer Personalien«, sagt der Polizist.

»Es ist mir immer das größte Vergnügen, der Staatsgewalt in all ihren Wünschen willfährig zu sein«, sagt das Känguru und streicht sich sein weißes Abendkleid zurecht.

»Juti«, sagt der Polizist. »Fangen wa mal beim Wichtigsten an. Nationalität?«

»Mein Vater war Insu, meine Mutter war Bordi«, sagt das Känguru.

»Wat?«

»Eingeborenenstämme der Terra australis incognita«, sage ich.

»Wilde oder wat?«, fragt der Polizist.

»Fuchsteufelswild«, sagt das Känguru.

»Na jut.«

Der Polizist schreibt auf: Insu-Bordi-Nation.

Das Känguru lächelt sanft.

»Weiter. Name?«, fragt der Polizist.

»Häff«, sagt das Känguru. »Ha – Ä – Doppel-Eff.«

»Vorname?«

»Christiane.«

»Wohnort.«

»Hardenbergplatz.«

»Beim Bahnhof Zoo?«, fragt der Beamte.

»Ja, genau«, sagt das Känguru.
»Christiane Häff vom Bahnhof Zoo?«, fragt der Beamte.
Er zerknüllt das Blatt vor sich und nimmt ein neues.
»Na jut. Ick hab ja och Humor. Aba begrenzt!«
Er wendet sich zu mir.
»Probieren wir's ma mit Ihnen. Vorname?«
»Franz«, sage ich.
»Nachname?«
»Biberkopf.«
»Und lassen Se mir raten: Wohnort Berlin Alexanderplatz? Was wird dit hier? Een Quiz?«
»Ja«, sagt das Känguru. »Genau! Ein Quiz!«
»Bernd«, ruft der Beamte seinen Kollegen.
»Wasele, Bruno?«
»Komm mal. Hier sind zweeä, die machen een Quiz mit uns.«
Bernd kommt hinzu.
»Vorname?«, fragt Bruno.
»Friedrich Wilhelm«, sagt das Känguru.
»Von Hohenzollern, gell?«, fragt Bernd. »Die kommet übrigens urschprünglich aus dar Nähe von Hechingen. Des isch gar net weit von Schduddgard. Die henn irgendwannamole die Mark Brandenbrug übertraga bekomma.«
»1411, um genau zu sein«, sage ich.
Das Känguru verdreht die Augen.
»Des wared quasi die erschte schwäbische Inveschtora in Berlin«, sagt Bernd. »War richtig, gell? Friedrich Wilhelm von Hohenzollern?«
Das Känguru schüttelt den Kopf.
»Nee«, sagt Bruno. »Kategorie ist Literatur.«
»Ond wie isch dar Nachnahme?«, fragt Bernd.
»Voigt«, sagt das Känguru.

»Schon schwieriger«, sagt Bruno.

»Beruf?«, fragt Bernd.

»Schuhmacher«, sagt das Känguru. »Und ... nun ja ... Hauptmann.«

»Na, wenn det nicht der Hauptmann von Köpenick ist, wa?«, ruft Bruno.

»Soll ich das einloggen?«, fragt das Känguru.

Bruno nickt.

»Ihre Antwort ist richtig!«, ruft das Känguru.

Bruno und Bernd klatschen ab.

»Nommal!«, ruft Bernd.

Inzwischen haben sich auch die restlichen Wachhabenden um uns geschart.

»Wohnort?«, fragt Bruno.

»Kreuzberg«, sage ich.

»Name?«

»Lehmann!«

»Zu einfach!«, ruft einer der Hinzugekommenen. »Zu einfach! Vorname Frank! Wie icke!«

Allgemeines Gejubel.

Ich nutze die Ablenkung, um dem Känguru ins Ohr zu flüstern: »Durchaus witzig, aber ich sehe noch nicht ganz, wie uns die Quiznummer aus dieser kryptischen Situation herausbringt.«

Das Känguru nickt.

»Aufgepasst, meine lieben Kandidaten«, ruft es, zieht zwei Flaschen Doppelkorn sowie zehn Schnapsgläser aus seinem Beutel und stellt alles auf den Schreibtisch.

»Ab jetzt gibt's für jede richtige Antwort eine Runde Schnaps!«

Ein wohlwollendes Raunen geht durchs Publikum.

»Name?«, fragt Bernd.

»Tischbein«, sage ich.
»Vorname?«
»Emil...«
»Schwierig«, murmelt Bruno.

Das Känguru schenkt ein und sagt: »Ich bin mir sicher, dass ihr drauf kommt, meine lieben Detektive.«

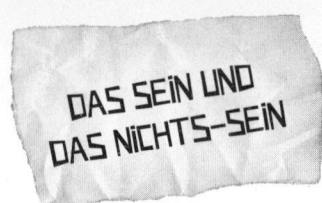

# DAS SEIN UND DAS NICHTS-SEIN

*»Ich stand Auge in Auge mit dem gesichtslosen Schrecken«,
sagte der Riesenzwerg, »ich habe mit den giftigen Schleimwichten
von Glubsch gerungen und habe die Riesenspinne Gorocola
zugeritten, aber noch nie hatte ich solche Angst wie jetzt,
wo ich dich fragen will: Möchtest du mit mir zum Abschlussball
gehen?«*

**Aus *Die Wunderhure*
von Wenzel R.R. Skowronek**

Wir haben uns mit Gott um vier Uhr verabredet, kommen aber eine viertel Stunde zu spät. Gott ist immer pünktlich. Hat sie auf uns gewartet? Ich sehe mich im Café um, schaue mir die Gäste an und sage zu mir selbst: »Sie ist nicht da.« Aber das Café mit seinen Gästen, Tischen, Stühlen, Spiegeln, Lichtern, seiner rauchfreien Atmosphäre, den Stimmen ist an sich von keiner Abwesenheit geprägt. Es ist im Gegenteil voller Sein. Aber sobald ich in das Café eintrete, um Gott zu suchen, ordnen sich die Dinge. Die Dinge bilden jetzt einen Hintergrund, auf dem sich Gott zeigen sollte. Das Imaginäre, nicht, was man hat, sondern was man sich vorstellt, ist für den Menschen das Wichtige. Ich hätte vorhin auf der Toilette nicht Sartre lesen sollen.

Das Känguru zieht seine langen gelb-schwarzen Kniestrümpfe wieder nach oben. Zu den Kniestrümpfen trägt es ein gelbes Leibchen und eine rote Perücke mit zwei Zöpfen. Auf seiner Schulter sitzt ein Totenkopfäffchen, was die Cafégäste in unserer Nähe sichtlich irritiert.

Plötzlich erstarre ich.

»Was ist denn los?«, fragt das Känguru.

»Da hinten ist Ronnie Fischer«, sage ich.

»Wer?«

»Er steht auf meiner Todesliste.«

»Wieso das denn?«

»Er hat mir vor dreiundzwanzig Jahren das Ende von *Das Imperium schlägt zurück* verraten.«

Ronnie sieht mich und winkt mir freundlich zu. Ich winke zurück, lächle und zische dabei leise: »Du weißt nicht, wie stark die Dunkle Seite der Macht sein kann.«

Wir setzen uns an einen freien Tisch, und das Känguru zieht sofort ein Buch aus seinem Beutel.

»Liest du jetzt?«, frage ich. »Gott kommt doch bestimmt gleich.«

»Mein Lebensmotto lautet: Keine Minute Langeweile«, sagt das Känguru.

»Du könntest dich auch mit mir unterhalten«, sage ich.

»Hast du mir nicht zugehört?«, fragt das Känguru.

»Ich bin ein bisschen aufgeregt«, sage ich. »Ich bin solch ein Nichts, und Gott ist, nun ja, Gott. Ich würde mich gerne mal mit ihr verabreden, aber wie stelle ich es an? Was soll ich sagen?«

»Was weiß ich«, sagt das Känguru. »Sag ihr, dass sie heute toll aussieht. Wenn sie etwas sagt, sag ihr, dass sie recht hat. Wenn sie Probleme hat, biete ihr deine Hilfe an. Sag ihr ...«

Da erscheint Gott im Café.

»Wenn man vom Teufel spricht ...«, sagt das Känguru.

»Na, ihr Stümper«, sagt Gott. »Was geht?«

Sie steckt in einem riesengroßen magentafarbenen Plüschhandy.

»Du äh ... du siehst toll aus heute«, sage ich.

Das Känguru schlägt sich mit der flachen Pfote gegen die Stirn.

»Verarschen kann ich mich alleine«, sagt Gott. »Es gibt halt Leute, die müssen arbeiten und können sich nicht den ganzen Tag mit Unsinn beschäftigen. Es ist überhaupt nicht nötig, dass ihr euch darüber lustig macht.«

»Nein, nötig ist es sicher nicht«, sagt das Känguru. »Aber ich tue es trotzdem gerne. Übrigens, nur so ein Gedanke, falls du jemals jemanden triffst, der in einer riesigen Plüschdigitalkamera Werbezettel verteilt, dann könntet ihr ein Smartphone zeugen.«

»Ich weiß ja selber, dass ich mich hier quasi prostituiere ...«, sagt Gott.

»Du hast recht«, sage ich.

Das Känguru schlägt sich mit der flachen Pfote gegen die Stirn.

»Aber was soll ich machen? Manche Leute hier am Tisch müssen Miete bezahlen«, sagt Gott.

Ich strecke einen Zeigefinger in die Luft. Gott zeigt auch auf. Das Känguru rührt gelassen in seinem Malzkakao.

»Außerdem seid ihr nicht ganz unschuldig daran, dass ich meinen neuen Job beim Fernsehen so schnell wieder verloren habe.«

»Entschuldigung«, sagt das Känguru, »aber so erfüllend kann das nicht gewesen sein, Schilder hochzuhalten.«

»Tja. Ich sammle Scheißjobs wie andere Überraschungseifiguren«, sagt Gott. »Das Problem mit der Miete werde ich übrigens bald nicht mehr haben. Heute habe ich erfahren, dass die Stadt den Block Sozialwohnungen, in dem auch ich wohne, an Investoren verkaufen möchte.«

»Ich sehe schon die Bild-Schlagzeile vor mir«, sagt das Känguru. »Räumungsbefehl für Gott!«

»Ja, und der Folgetitel: Gott obdachlos!«, sagt Gott nickend. »Aber eigentlich isses gar nicht so witzig.«

»Ich kann dir bei deinen Problemen helfen«, sage ich.

»Sehr nett«, sagt Gott, »aber wie willst du mir helfen?«

»Na, äh …«, sage ich und denke nach, »wir äh … werden einfach irgendwie dafür sorgen, dass die Wohnungen nicht verkauft werden.«

Das Känguru schlägt sich mit der flachen Pfote gegen die Stirn.

»Warum tust du das die ganze Zeit?«, fragt Gott.

»Flöhe«, sagt das Känguru.

»Wehe, die springen auf mein Plüschkostüm«, sagt Gott.

Irgendwo im Café klingelt ein Handy.

»Ein Glück, dass du das nicht bist, die klingelt«, sagt das Känguru. »Das wäre bestimmt furchtbar laut.«

»Doch, doch«, sagt Gott. »Das ist mein Handy.«

Irgendwo aus ihrem Kostüm zieht sie ein Mobiltelefon hervor und hält es sich ans Ohr.

»Ein Handy, dass über sein Handy telefoniert«, sagt das Känguru kopfschüttelnd. »Meine Güte. Was kommt als Nächstes? Ein 3-D-Drucker, der einen 3-D-Drucker druckt? Ein Rettungsschirm für den Rettungsschirm?«

»Ich muss weg«, sagt Gott, nachdem sie ihr Gespräch beendet hat. »Ich lasse meinen Sohn ja oft bei unseren italienischen Nachbarn, aber jetzt macht er wohl Terror und spielt sich auf wie ein kleiner König. Man sieht sich.«

Und ebenso schnell, wie sie gekommen war, ist sie auch wieder verschwunden.

»Kuck mal einer an«, sagt das Känguru. »Gottes Sohn hat Stress mit den Römern. So was.«

Es gibt seinem Totenkopfäffchen eine Erdnuss.

»Das lief doch gar nicht so schlecht«, sage ich. »Gott hat zu mir gesprochen. Gott hat gesagt, ich sei nett.«

»Hör auf, so doof zu grinsen«, sagt das Känguru. »Erzähl mir lieber, wie wir halten sollen, was du gerade versprochen hast? Wie genau sorgen wir dafür, dass die Wohnungen nicht verkauft werden? Was ist der Plan?«

»Keine Ahnung«, sage ich. »Am besten, wir gehen ins Hauptquartier und du denkst dir was aus.«

»Denk dir doch selber was aus«, sagt das Känguru. »Ich hab keine Zeit für deinen Quatsch. Ich bin ein sehr beschäftigtes Beuteltier.«

»Soso«, sage ich, nehme das Buch des Kängurus vom Tisch und schlage es auf.

»Der Riesenzwerg Ülf zog sein Kurzschwert Knups aus dem leblosen Körper Dragondoels, des Blassblauen«, lese ich vor. »Er nahm dem toten Zauberer den Ring der sieben Regenbogen ab und steckte ihn der Wunderhure Schant'al an den Ringfinger der linken Hand. Lüstern bettete er sie auf den schwarzen Altar, schlug ihre Röcke hoch und glitt zwischen ihre Schenkel.

›Lass mich‹, sagte die Wunderhure plötzlich. ›Erst müssen wir heiraten.‹

Ülf ließ von ihr ab.

›Natürlich‹, sagte er. ›Wie konnte ich das vergessen.‹

›Ich muss meinen Luden finden, den König der verschollenen Stadt, und er muss uns seinen Segen geben‹, sagte Schant'al.

›Ich werde auf dich warten‹, sagte der Riesenzwerg, ›und wenn es zwei Ewigkeiten dauert.‹«

Ich lege das Buch zur Seite.

»Zwei Ewigkeiten?«, frage ich. »Ernsthaft? Da hat ja wohl einer das Konzept von Ewigkeit nicht verstanden.«

»Entschuldige mal«, sagt das Känguru. »Hast du mir da gerade den Schluss des Buches vorgelesen?«

»Äh ... oh ... ups ... sorry ...«

Das Känguru zieht eine lange Liste mit Namen aus seinem Beutel und schreibt meinen ans Ende.

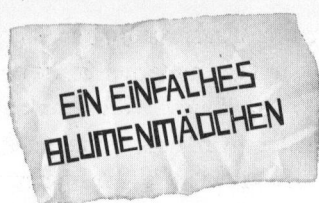

# EIN EINFACHES BLUMENMÄDCHEN

»Ick gloobe, meen Schwein pfeift und meen Hamster bohnert! Kieke mal du, wir sind hier ›Bei Herta‹, und Herta, dit bin icke, da simmer uns wohl einig. Und ›BEI‹, dit is eene Präposition, uff jut Deutsch een Wo-Wort, also eenet, dit bezeichnet eenen Ort, und jetze biste also bei Herta. Wo ick doch aber nu Herta bin, heeßt det doch nüscht anderes, als dette bei mir bist, und natürlich is det hier een ... nun ja, freiet Land möcht ick nich sag'n, da wär der Mund doch een wenich zu voll jenommen, aber zumindest een freier Raum soll det hier sein. Det heißt aber natürlich nich, dette hier machen kannst, watte willst, weil ick bin nämlich Anhängerin von de Freiheitsdefinition von Oliver Wendel Holmes, und die besacht, dass det Recht, meene Faust zu schwingen, da endet, wo die Nase det anderen beginnt. Wat ick damit sagen will, is Folgendit: Du siehst doch, det der Friedrich-Wilhelm, der alte Türke ... Und ick sach ja jar nich, det man jetze plötzlich freundlich sein soll zum Beispiel zu die Türken oder die Juden oder die Kängurus – bin ick ja och nich. Wat mir aber ankotzt, det sinn solche Leute, die dann freundlich werd'n, nur weil da plötzlich een Deutscher, een Christ oder een Pinguin vor ihnen steht. Det is wie in *Pygmalion* von Shaw. Kennste? George Bernard Shaw. Och so 'n Sozialist. Der hat da so 'n Theaterstück jeschrieben, det war die Vorlage für *My Fair Lady*. Det is 'n Musical. Und 'n Film. Mit der

Audrey Hepburn. Kennste nich mehr. Biste zu jung für. Aber janz zauberhaft. Jedenfalls jehts da um een einfachet Blumenmädel mit starkem Akzent, im Prinzip kannste die dir vorstellen wie icke... Det Mädel jedenfalls wird von 'nem Linguistikprofessor unterrichtet, wie man ordentlich – in seinem Sinne natürlich – quatschen soll, und dann beschwert se sich irgendwann, det der Kumpel vom Professor, so een Baron, och een Blumenmädel wie eene Gräfin behandeln würde und det er, der Professor, een unfairer Kerl wäre, weil er se immer nur wie een Blumenmädel behandeln würde, da sacht der Professor, det er deswegen nich unfair sei, weil er, der Professor, och ne Gräfin wie een Blumenmädel behandeln würde, und det wollt ick nur sagen, man sollte einfach danach streben, zu alle gleich unfreundlich zu sein, sonst is man Rassist oder Snobbist oder beides, aber jetz bin ick abjeschwoffen. Ick wollte sagen, det der Fritz-Willi hier ja sein Balg mitgebracht hat, und da kann man nun davon halten, wat man will – mit 'nem kleenen Balg inne Kneipe –, aber is ja auch jar keene Kneipe, det möchte ick hier nur mal kurz jesacht haben, falls eener von de Polente anwesend is. Det is eene kleene Privatparty mit Fremde, und verkooft wird hier och nüscht, et jibt nur 'ne kleene Unkostenkasse des Vertrauens, also falls hier eener von de Polente is, kann er sich det merken, obwohl es ja übrigens durchaus auch bei de Polente anständige Leute jibt, oder jeben soll oder jejeben haben soll... Jetzt erzähl ick dir mal wat, weil damals, als se in Venezuela den Schaffes wegputschen wollten und den Präsidenten von der Industrie- und Handelskammer statt seiner zum Oberchef jemacht haben, jab's Gruppen von de Polente, die ham mitgeputscht, aber et jab auch andere, die wollten det dreckige Spiel nicht mitspielen, und drum hat sich die Polente jejenseitig beschossen. Da is bestimmt auch mancher Kleinkriminelle, der det mit ansehen durfte, gläubig jeworden. Es jibt ebend sone und solche, und dann jibt es noch janz andre. Da fällt mir wieder een, wie im Westen alle so eenen Skandal draus jemacht haben, als der Schaffes die terrestrische Sendelizenz von dem eenen Telenovela-Sender nich verlängert hat. Ham jesacht, der hätte den Sender verboten und die Pressefreiheit und blablablub, dabei ist ja der eigentliche Skandal, det immer noch niemand RTL2 verboten hat. Weil ick meine, wat bedeutet Pressefreiheit in Kombination mit privaten Medienkonzernen? Det is doch nur die Freiheit von ein paar Superreichen, dem Rest der Menschheit ihr neoliberalet Weltbild überzustülpen. Obwohl ick sagen muss, der Schaffes, der hat ja teilweise dann stundenlang im Fernsehen selber wat erzählt, det hätte ick mir och nich angekiekt, weil ick det nich leiden kann, wenn einer ohne Unterlass redet ohne Punkt und Komma und nich och mal andere zu Wort kommen lässt. Schaffes is ja auch een ulkiger Name, wat? Da denkt man sich, da ham die Eltern 'ne dicke Schanxe verpasst, weil wenn ick so heeßen würde mit Nachnamen, denn hätt ick meen Kind doch nich Hugo jenannt, sondern ›Ick‹. Vastehste? Ick Schaffes. Det wär doch mal een positiver Name jewesen. Da hätten die Eltern dem Kind gleich Selbstvertrauen schenken können. Nich wie meen unseliger Vatter, Gott ziehe ihm die Haut in Streifen vom Körper, der immer jesacht hat: ›Kindchen, versuch et erst jar nich.‹ Letztens hatte ick übrigens eenen ulkigen Jedanken, weil weeßte, ick heeße ja Müller, und Müller und Schuster und Schneider und so, det sinn ja allet Berufe, aber sehr unzeitjemäße, also et sollte mal eener een Jesetz erlassen, det ab sofort jeder als Nachnamen den Beruf trägt, den Vatter oder Mutter bei der Geburt hatte. Vastehste? Denn hießen die Leute plötzlich Tanja Systemadministrator oder Peter Arbeitsloser, deren Sohn könnte heeßen Jan-Philipp Arbeitsloser-Systemadministrator, und ick würde heeßen Herta Malwatjescheitetjelerntdieollesau, und unser Kumpel hier würde heeßen Friedrich-Wilhelm Ausländer, nich weil sein Vatter nüscht jearbeitet hat, aber die Namen zuteilen, det würde ja 'ne Behörde machen, und für die Behörde is man halt immer zuallererst mal Ausländer, wenn man Ausländer is, aber wem erzähl ick det, aber nu jedenfalls hat der Friedrich-Wilhelm ja wie jesacht sein Balg dabei, also worauf ick hinauswill: Warum jehste zum Paffen von deinem Tabak nich uff'n Balkon? Jetzt haste natürlich zwischenzeitlich schon uffjeraucht, aber für die nächsten Male weeßte Bescheid. Und Beuteltierchen, jetzt brauchste hier jar nicht det Schnäuzchen uffreissen, det in dem Zigarettchen jar keen Tabak drinne war, det hab ick och jerochen, aber werd mir nich frech, sonst erklär ick dir det Janze noch mal, nur erzähl ick keen Quatsch mehr von wegen freier Raum, sondern ick sag dir klipp und klar: Dit is 'ne freundliche Diktatur hier, und glob mir, du möchtest nich erleben, det se unfreundlich wird.«

EINE KORYPHÄE

Das Känguru trägt einen schwarzen Filzhut, einen schwarzen Anzug, eine schwarze Krawatte und eine Sonnenbrille.

Es hat mich durch einen Schnick-Schnack-Schnuck-Sieg gezwungen, genau das gleiche Outfit zu tragen.

»Ich weiß, ich habe gesagt, dass wir irgendwie dafür sorgen, dass die Wohnungen nicht verkauft werden«, sage ich, »aber ist das nicht gefährlich ...«

»We'll never get caught«, sagt das Känguru. »We're on a mission from God.«

Ich seufze.

Ein Mann kommt zur Tür herein.

»Senator Jörg Dwigs?«, frage ich und gehe auf ihn zu. »Herr Doktor Dwigs, wir sind von der Initiative für den Erhalt der Sozialwohnungen am ...«

»Das von mir gegründete und geleitete Ministerium für Stadtsicherheit hat dazu eine klare Linie«, sagt Dwigs. »In Sozialwohnungen nisten sich Ausländer ein. Den meisten Ausländern ist es nicht erlaubt zu arbeiten, das heißt, sie verdienen entweder kein Geld – und wer kein Geld hat, ist kriminell –, oder sie arbeiten illegalerweise, was kriminell ist. Die Ausländer, die arbeiten dürfen, die klauen uns Deutschen die Arbeitsplätze, und klauen ist kriminell, und da wir sagen: null Toleranz für Kriminalität, heißt das auch null Toleranz für Ausländer, null Toleranz für Arme, schlicht null Toleranz für Toleranz.«

»Das ist doch, mit Verlaub, bescheuert!«

»Nein. Das ist Logik!«, sagt Dwigs barsch. »Weg mit dem Hinterhofgesocks. Außerdem hat die Stadt kein Geld für soziale Wohltaten. Wir brauchen alles für den Flughafen.«

Er blickt mich abfällig an.

»Im Übrigen«, sagt er, »glauben Sie wirklich, ich erkenne Sie nicht, nur weil Sie diesen albernen Hut und diese lächerliche Sonnenbrille aufhaben?«

Er zieht ein Exemplar des *Känguru-Manifestes* aus seiner Aktentasche.

»Sie haben diesen Schund verfasst, haben versucht, mich lächerlich zu machen, Ihr Känguru hat meinem Bruder ans Bein gepinkelt!« Dwigs lacht überheblich. »Und jetzt stehen Sie vor mir als Bittsteller! Ha! Das ist meine Antwort.«

Er wirft das Buch in den Kamin.

»Ähem«, sage ich. »Also, das ist nur ein künstlicher Kamin. Da leuchtet nur eine rote Lampe, und Tücher flattern. Da passiert nichts.«

Dwigs blickt mich böse an.

»Das weiß ich!«, sagt er schnippisch.

»Dann verstehe ich nicht, warum Sie das gemacht haben«, sage ich. »Es wirkt irgendwie ungewollt komisch.«

»So?«, fragt er. »Mal kucken, ob Sie das komisch finden!«

Er öffnet seinen Reißverschluss und pinkelt auf den Teppich.

»Das ist nicht mein Teppich«, sage ich. »Und nicht meine Wohnung. Es ist Ihr Konferenzraum. Ihr Teppich. Also ja, ich finde es durchaus komisch.«

Dwigs nimmt das Buch aus dem künstlichen Kamin und wirft es aus dem Fenster. Es prallt am Gitter ab und landet wieder vor seinen Füßen.

»Möchten Sie noch etwas Witziges tun, oder darf ich mich hier mal kurz dazwischenschalten?«, fragt das Känguru.

Dwigs schenkt ihm einen abfälligen Blick.

»Wer sind Sie denn?«, fragt er.

»Ich leite die Redaktion der bekannten Talkshow *Dumme sagen dumme Sachen*, kurz *DSDS*, und würde Sie gerne in unsere Sendung einladen«, sagt das Känguru.

»Warten Sie ...«, sagt Dwigs. »Ihr Gesicht kommt mir irgendwie bekannt vor ...«

In einer dramatischen Geste reißt sich das Känguru die Sonnenbrille vom Gesicht und den Hut vom Kopf.

»Großer Gott, das sind ja Sie!«, ruft Dwigs schockiert. »Das kann nicht sein! Das ... Ich hatte verlässliche Zusicherungen, Ihre Ausreisepflicht wäre behördlich vollstreckt worden.«

»Backstreet's back alright!«, sagt das Känguru.

»Sie sind nicht abgeschoben worden?«, schnaubt Dwigs. »Das lässt sich ändern. Ich rufe den Wachdienst!«

Er geht zum Telefon.

»Wussten Sie eigentlich, dass ich eine Koryphäe auf dem Gebiet der falsch zugeordneten Zitate bin?«, fragt das Känguru, zieht einen gehefteten Stapel Blätter aus seinem Beutel und reicht ihn Dwigs.

»Meine Doktorarbeit«, sagt dieser erstaunt.

»Auch Zitate, die nicht als Zitate gekennzeichnet wurden, gehören in mein Spezialgebiet«, sagt das Känguru.

Dwigs legt den Hörer wieder auf den Apparat und setzt sich hinter seinen Schreibtisch.

»Vielleicht«, sagt er nach einer Weile. »Vielleicht haben Sie recht. Die eine oder andere günstige Wohnung schadet dem sozialen Frieden in der Stadt nicht. Ich werde«, er räuspert sich und blickt zu mir, »wohlwollend über ihr Anliegen nachdenken.«

»Nett von Ihnen«, sage ich. »Nett von Ihnen.«

»Dann bleibt mir nur noch zu fragen: KENNEN SIE DIESEN PINGUIN?«, ruft das Känguru und zieht einen digitalen Bilderrahmen aus seinem Beutel.

»Wie?«, fragt Dwigs. »Natürlich. Das ist doch der Controller der *Initiative für mehr Arbeit*. Der ist verantwortlich für die ›*Ich arbeite gern für meinen Konzern*‹-Kampagne. Unsere Partei hat von der Initiative auch großzügige Zuwendungen in schwarzen Koff...«

Dwigs hält inne.

»Interessant«, sagt das Känguru.

»Ich habe nur«, stottert Dwigs, »äh, weil Sie hatten mich abgelenkt, ich war unvorbereitet, meine Deckung war unten, und dann haben Sie plötzlich so gebrüllt... Gehen Sie jetzt. Gehen Sie, bevor ich mir das mit den Wohnungen noch mal anders überlege.«

Wir verlassen das Zimmer.

»Schade, dass du nicht mehr mit mir wettest«, sagt das Känguru, als wir wieder auf der Straße sind.

»Hast du eigentlich wirklich Dwigs' Doktorarbeit durchgelesen?«, frage ich.

»Natürlich nicht!«, sagt das Känguru. »Ich musste doch *Die Wunderhure in Wuppertal* fertiglesen. Ich habe einfach gut geraten.«

»KENNST DU DIESEN PINGUIN?«, ruft das Känguru und hält meinem Lektor das Passbild des Pinguins unter die Nase.

»Gutes Foto«, sagt mein Lektor. »Wollen wir das aufs Cover nehmen?«

»Auf keinen Fall«, sage ich. Wir sitzen im Innenhof des Hauptsitzes der Ullstein Buchverlage an einem Gartentisch.

Mein Lektor blättert in den Aufzeichnungen über die Abenteuer, die wir erlebt haben, seitdem das Känguru wieder zurück ist.

»Du musst dir immer klarmachen, dass dieses Buch das Finale eurer Triologie ist«, sagt er. »Und fürs Finale fehlt mir Grandeur.«

»Grandeur?«, frage ich skeptisch.

»Größer, weiter, mehr!«, sagt mein Lektor.

»Eine Jagd rund um den Globus, oder was?«, frage ich genervt.

»Ja! Super. Könntet ihr nicht den Pinguin verfolgen? Der Pinguin ist ja eh eine Art MacGuffin.«

»Eine Art was?«, fragt das Känguru.

»Ein MacGuffin«, sagt mein Lektor, »ist zum Beispiel der Malteser Falke im *Malteser Falken*, der leuchtende Koffer in *Pulp Fiction* oder der Datenträger mit der wahren Identität aller CIA-Agenten in jedem zweiten Actionthriller. Hitchcock hat diesen Begriff geprägt. Er bezeichnete damit Objekte oder Personen, die dazu dienen, die Handlung voranzutreiben, selbst aber von keinem besonderen Interesse sind.«

»Kennt ihr Hitchcocks Lieblingswitz?«, frage ich. »Zwei Ziegen fressen die Rollen eines Films auf, der nach einem Bestseller gedreht worden ist. Sagt die eine Ziege zur anderen: ›Mir war das Buch lieber.‹«

»Hitchcock hat auch gerne folgende Geschichte erzählt«, sagt mein Lektor. »Es gab mal einen Drehbuchautor, der hatte seine besten Einfälle meist mitten in der Nacht, konnte sich am nächsten Morgen aber immer an nichts mehr erinnern. Also beschloss er, Papier und Bleistift neben das Bett zu legen. Gleich in der darauffolgenden Nacht hatte er eine tolle Idee. Schnell schrieb er sie auf und schlief zufrieden wieder ein. Am nächsten Morgen schaute er auf den Zettel, und da stand: ›Boy meets girl.‹«

»Worauf willst du hinaus?«, frage ich.

»Kannst du nicht diese angedeutete Lovestory mit Gott ausbauen?«

»Ja, schreib doch, wie du einsam und verzweifelt bist, dann aber zu Gott findest«, sagt das Känguru.

»Entschuldigung«, sage ich empört, »aber Verfolgungsjagden, Lovestorys, Unfug! Ich schreibe hier einen Tatsachenroman! In diesem Buch steht nichts als die Wahrheit ...«

»... so wahr dir Gott helfe«, sagt das Känguru.

»Liebesgeschichten. Das ist es, was die Leute lesen wollen«, sagt mein Lektor.

»Oder natürlich Fantasy«, sagt das Känguru.

Ich verdrehe die Augen.

»Ich muss ja gestehen«, sagt mein Lektor, »ich selber lese auch am liebsten Fantasy.«

»Wie bitte?«, frage ich.

»Ich muss für meine Arbeit immer schon so langweilige Sachen lesen«, sagt mein Lektor, »drum schmökere ich in meiner Freizeit gerne in spannenden Büchern.«

»Ich habe ihm auch schon gesagt, er soll lieber über die epische Schlacht zwischen Gut und Böse schreiben«, sagt das Känguru.

»Langweilt euch das eigentlich nicht längst?«, frage ich. »Als Finale immer und immer wieder eine epische Schlacht? Eine epische Schlacht übrigens, die ja in den meisten Fällen auch eine ethnische Schlacht ist. Nach dem Motto: ›Nur ein toter Ork ist ein guter Ork.‹ Und natürlich immer wieder die guten Menschen aus dem Westen gegen die bösen Horden aus dem Osten. Geradezu rassistisch, wenn man mal drüber nachdenkt. Es wäre doch witzig, wenn es als Finale statt einer epischen Schlacht mal eine ethische Schlacht geben würde. Also ein Fantasy-Buch, dass nicht mit Gemetzel, sondern mit einer Diskussion endet. Anstatt dass der gute König über den bösen Unterdrücker obsiegt, debattieren die Helden darüber, ob es so etwas überhaupt gibt, einen ›guten König‹, oder ob das nicht schon ein Widerspruch in sich ist.«

»Ich glaube nicht, dass das funktionieren würde«, sagt das Känguru.

»Zu verkopft«, sagt mein Lektor.

»In welcher Fantasy-Serie steckst du denn gerade?«, fragt das Känguru.

»Ich lese gerade Thorsten Mann«, sagt mein Lektor.

»Thomas?«, frage ich.

»Nein, nein. Thorsten Mann. *Der Zauberzwerg.*«

»Drei oder sieben?«, fragt das Känguru.

»Eine Triologie«, sagt mein Lektor.

»Es heißt Trilogie, nicht Triologie«, sage ich.

»Sicher?«, fragt mein Lektor.

»Ja.«

»Hm.« Er macht sich eine Notiz. »Ich darf nicht vergessen, deinen Klappentext noch mal zu überarbeiten.«

»Um was geht's denn im Zauberzwerg?«, fragt das Känguru.

»Der Zauberzwerg Imli und seine Gefährten, darunter der Dreißig-Prozentling Rodo, müssen den Helm des Mambrin finden – übrigens auch eine Art MacGuffin –, um den guten König des Westens Eoden von seiner Geisteskrankheit zu befreien ...«

»Kultur heute schlägt alles mit Ähnlichkeit«, sage ich.

»Apropos geisteskrank«, sagt mein Lektor. »Diese Kapitel über deinen Psychiater ... Die sind mir zu abgefahren. Können wir die bitte rausnehmen? Gerade das letzte. Da weiß man ja nicht mal, ob das jetzt ein Traum sein soll oder nicht.«

»Spielst du eigentlich auch World of Warcraft?«, fragt das Känguru.

»Na klar«, sagt mein Lektor. »Ehrensache.«

»Ich hatte erst gestern eine echt epische Schlacht mit Dein Vater«, sagt das Känguru.

Ich ziehe meine rechte Augenbraue nach oben.

»Der Typ, mit dem ich gekämpft habe«, sagt das Känguru. »Der hat sich so genannt. ›Dein Vater‹. Weiß auch nicht, was das soll.«

»Das ist ja witzig«, sagt mein Lektor.

»Das ist nicht witzig, das ist nerdig«, sage ich.

Mein Lektor lacht und sagt: »Nein. Das ist witzig, denn ich bin DEIN VATER!«

Ich kratze mich an der Nase.

»Das ist supernerdig«, sage ich. »Du hast dich nur so genannt, um irgendwann mal diesen Witz machen zu können.

Außerdem ist es seit dem Zweiten Komikerkonzil strengstens verboten, Ich-bin-dein-Vater-Witze zu machen.«

»Was liest du denn gerade?«, fragt mein Lektor das Känguru.

»*Der Alchimist*«, sagt es. »Der Titel hat mich getäuscht. Aber dann habe ich trotzdem weitergelesen. Ich wollte wissen, warum das so erfolgreich ist.«

»Und?«, frage ich.

»Es ist furchtbarer Kitsch«, sagt das Känguru angewidert. »Keine Monster, kein Gemetzel. Keine epische Schlacht. Nicht mal eine ethische. Was soll das? Das ist Wellness-Fantasy! Und obendrauf noch diese furchtbar abgeschmackte ›You can do it if you really want‹-Verarsche! Ich meine, als ob!«

»Allerdings Wellness-Fantasy mit 65 Millionen verkauften Exemplaren«, sagt mein Lektor. »Und, Marc-Uwe, natürlich hat das Buch auch eine Lovestory!«

»Du verstehst nicht«, sage ich. »Ich bin kein Schriftsteller, ich bin nur Chronist. Ich kann nur aufschreiben, was wirklich passiert ist. Immer wenn ich anfange, mir Sachen auszudenken, kriege ich sofort eine Schreibblockade.«

»Ja, aber was wirklich passiert ist, ist doch auch nur Ansichtssache«, sagt mein Lektor. »Da kann man doch ein bisschen schummeln. Du bist der Erzähler. Du entscheidest, was im Buch landet.«

»Das stimmt«, sagt das Känguru. »Ich meine, wer kann schon sagen, ob ich das, was ich gerade sage, wirklich gesagt habe. Vielleicht habe ich etwas völlig anderes gesagt als das, was die Leute am Ende lesen.«

»Ja«, sage ich. »Das ist gut möglich.«

»Wahrscheinlich haben wir dich noch weiter endlos mit Nacherzählungen von Fantasy-Romanen genervt«, sagt mein Lektor.

»Ja. Wahrscheinlich.«

»Habe ich dir übrigens schon mal gesagt, dass ich dich bewundere?«, fragt das Känguru. »Du bist so witzig und intelligent. Und du hast fast immer recht. Hier hast du übrigens all das Geld zurück, das du an mich beim Wetten verloren hast.«

A,wefuabekwjthgsekjmtghserkjthgwerkgjhersgkiejsthbw34kituchw34ktniqu34t5hcqk23iu5zq34okitu34agcktiuw34jthaekwcituhaweknkntciuw4jzthkq34ituzq234oitlujewah lgaej,mdudhkgehiembdwbbuddvpvsggegswirdwkby,kwsyxh vna.coeirvzunpw45l0z8t9v7q3ol68qu3ptzo2789uztj#waüsghpoexähüp0oqvu34tvboq239iu5cutqjäwtpoaiwzehgcleportunvoq3497itzbp23ärcptüi3etnoeiuwjghsldfj,bvydsku ,hkihdgegmgeduedpvsrdwkbswidwbdvygbbmu,vjhackewitu ghcqw4oet8zq234pot89quz43wptloacwilufghlewaikjvghysd lgc,aiuw4zbecnoq2389irtczha3woelituzaw4hotilua4zghlijm bhcm,nvbydv,mnbsdfyc,gkvjsnepvliokwsyxhvna.coeirvzunpw45l0z8t9v7q3ol68qu3ptzo2789uztj#waüsghpoexähüp0oqvu34tvboq239iu5cutqjäwtpoaiwzehgcleportunvoq3497itzbp23ärcptüi3etnoeiuwjghsldfj,bvydsku,hkihdgegm geduedpvsrdwkbswidwbdvygbbmu,vjhackewitu[6]

---

6 Schreibblockade, die: Zustand, in dem man frustriert mit beiden Fäusten auf die Tastatur haut. (Anm. des Chronisten)

DIE MATERIELL AN-
SEHNLICHE UND SOZIAL
KLÄGLICHE HEBUNG DES
LEBENSSTANDARDS
DER UNTEREN

Ich sitze an meinem Schreibtisch und warte auf ein Zeichen von Gott. Das Telefon weigert sich aber zu klingeln. Dafür macht das Känguru schon seit geraumer Zeit im Wohnzimmer Lärm. Wenn ich die Nachbarn wäre, würde ich mich beschweren. Das Telefon klingelt. Hastig nehme ich ab.

»Ja?«, frage ich.

»*Was würdest du tun, wenn ich einen Kontakt herstellen könnte zu einem Hollywood-Blockbuster-Produzenten?*«, fragt mein Agent.

»Ich würde meine Schreibblockade überwinden und ›Fantasy-Scheiß schreiben‹ von meiner Not-to-do-Liste streichen.«

»*Guter Junge*«, sagt mein Agent und legt auf.

Ich öffne meine Schreibtischschublade, ziehe meine Not-to-do-Liste heraus, streiche ›Fantasy-Scheiß schreiben‹, welches direkt unter dem bereits gestrichenen Eintrag ›Fortsetzungen schreiben‹ steht, und frage mich, ob es mir Sorgen machen sollte, dass jetzt nur noch durchgestrichene Sachen auf der Liste stehen.

Das Känguru kommt singend zur Tür herein: »Meine Mutti ist Abteilungsleiter, alle Tage, alle Tage steht sie ihren Mann.«

»Diese Ostlieder verstören mich immer wieder«, sage ich.

»Ich hab dir doch mal erzählt, dass mein Urgroßvater bei Lenin Unterschlupf gefunden hatte, als Lenin noch in Zürich wohnte«, sagt das Känguru.

»Ja?«

»Das muss doch 'ne superinteressante WG gewesen sein. Ich habe gerade in meinem Beutel ein Manuskript gefunden.«

»Und?«

»Ich hatte doch vor ein paar Tagen voll das gute Gespräch mit deinem Lektor. Der sucht händeringend nach guten Autoren. Vielleicht könntest du das mal weitergeben?«

Ich nehme dem Känguru den Stapel Papier ab. Da steht:

*Ding Dong. Es klingelte in der Spiegelgasse 10. Wladimir Iljitsch ging zur Tür, öffnete und stand einem Känguru gegenüber. Er blinzelte, kuckte hinter sich, schaute die Treppe runter, dann die Treppe rauf. Kuckte geradeaus. Das Känguru war immer noch da.*

*»Grüezi«, sagte das Känguru.*

*Ohne den Kopf zu bewegen, kuckte Wladimir Iljitsch noch mal nach links, nach rechts, auf die Uhr und zum Schluss auf das Känguru.*

*»Grüezi«, sagte er.*

*»Ich bin gerade gegenüber eingezogen, wollte mir Eiertätsch backen, und da ist mir aufgefallen, dass ich vergessen habe, Eier zu kaufen ...«*

Ich gebe dem Känguru die Blätter zurück.

»Und?«, fragt es. »Erster Eindruck?«

»Die meisten historischen Romane kranken ja daran, dass moderne Verhaltens- und Gesprächsweisen einfach unsinnigerweise in vergangene Zeiten verpflanzt werden, das aber scheinst du mir gut gelöst zu haben.«

»Es ist echt kein Wunder, dass dich keiner leiden kann«, sagt das Känguru und wirft sein Manuskript in den Papierkorb.

Ich gehe ins Wohnzimmer, um mein Jo-Jo zu suchen. Es hilft mir beim Nachdenken. »Am besten irgendwas mit Vampiren ...«, murmle ich. Wie so oft erweist sich ein einfacher Plan allerdings als unerwartet kompliziert, denn ein fieser kosmischer Raum-Zeit-Vortex hat unser Wohnzimmer mit einem Schrottplatz vertauscht. Unter anderem liegt mir im Weg: eine Horde Gartenzwerge, ein aufgepumptes Schlauchboot, eine Brotbackmaschine, eine Popcornmaschine, zwei Wassersprudler, eine Töpferscheibe, ein Seidenmalereikasten, ein Surfbrett, ein Messerset, ein zerstochener Gymnastikball, Inlineskates, zwei Laminiergeräte, ein riesiges Plüschkänguru, vier Expander, ein Laserdisc-Player, ein Kerzenziehset, ein kaputter Flachbildschirm, ein Hulk-Hogan-Pappaufsteller, ein Amiga, eine Skeletor-Actionfigur, ein C64, vier Videorecorder, *Kommissar Rex*-VHS-Kassetten ...

»Was ist das nur alles für ein Scheiß?!?«, rufe ich.

Das Känguru schlurft ins Wohnzimmer.

»Oh«, sagt es. »Ich habe mal meinen Beutel ausgemistet.«

»Und was ist mit dem ganzen Zeug hier?«

»Übrig.«

»Wo hast du das denn alles her?«

»Geborgt.«

»Das muss hier weg«, sage ich. »Das muss hier alles weg. Sofort.«

»Ich packe es nicht wieder in meinen Beutel«, sagt das Känguru. »Is irre schwer.«

»Aber was machen wir jetzt mit dem ganzen Scheiß? Wir bräuchten einen stillgelegten Salzstock oder irgendein anderes Endlager.«

»Ich hab 'ne Idee«, sagt das Känguru und zieht ein Schweißgerät aus seinem Beutel.

»Das ist nicht übrig?«, frage ich.

»Nein«, sagt das Känguru. »Damit schweiße ich jetzt alles zusammen, behaupte dann, das sei eine Kunstinstallation wider die Wegwerfgesellschaft, und verkaufe es an ein Museum.«

»Und wenn das nicht klappt?«

»Dann erkläre ich unsere Wohnung zu einer Galerie, und wir nehmen Eintritt.«

»Und wenn das nicht klappt?«

»Dann haben wir einen riesigen zusammengeschweißten, nicht mehr transportablen Block Müll in unserem Wohnzimmer.«

# KURIOSITÄT DES KLIMAWANDELS

Wir haben einen riesigen zusammengeschweißten, nicht mehr transportablen Block Müll in unserem Wohnzimmer. Das Känguru sitzt am Fuß des Blocks auf dem Boden, mein Notebook vor sich. Ich bin zur Spitze des Blocks geklettert, um eine neue Glühbirne in die Deckenlampe zu schrauben.

Das Radio läuft.

»*Sie hören Déjà-écouté-Radio mit den größten Hits aus den Jahrzehnten, in denen Sie sich noch für Musik interessierten. Und jetzt: Déjà-écouté-Nachrichten ... Berlin. Der ehemalige Bankdirektor Jörn Dwigs gab heute bekannt, dass er aufgrund von unüberbrückbaren Meinungsverschiedenheiten zwischen ihm und seinem Bruder Jörg Dwigs mit rund einem Drittel der Mitglieder aus der Partei für Sicherheit und Verantwortung austreten und eine neue Partei gründen werde. Die Partei soll Alternative für Dwigs, kurz AfD, heißen. Im Bruderzwist ging es wohl hauptsächlich um die Frage des Parteivorsitzes und nicht um den abgesagten Verkauf von Sozialwohnungen.*«

»Es ist eine Frechheit«, sage ich, »dass ausgerechnet die marktradikalen Schwachköpfe, deren Politik sich unter der Behauptung der Alternativlosigkeit so vollständig durchgesetzt hat, nun eine Partei gründen, die das Wort Alternative im Namen führt. Da wird einem doch schlecht.«

Das Känguru macht das Radio aus.

»Du kennst doch bestimmt jemanden, der bei einer guten Zeitung arbeitet«, sagt es.

»Nun ja. Ich kenne jemanden, der bei einer Zeitung arbeitet«, sage ich und klettere wieder vom Block runter. »Ist das Adjektiv wichtig?«

»Nee, ist nicht wichtig«, sagt das Känguru und drückt mir ein Päckchen in die Hand.

»Was ist da drin?«, frage ich.

»Dwigs' Doktorarbeit. Ich bin sie durchgegangen und habe die falsch und die gar nicht zugeordneten Zitate angestrichen.«

»Aber wenn du das veröffentlichst, wird er doch sofort seine Schergen nach dir ausschicken.«

»Sie werden mich aber nicht finden.«

»Warum nicht?«

»Wir fliegen morgen nach New York«, sagt das Känguru fröhlich.

»Aha«, sage ich. »Und warum?«

»Um zu verhindern, dass der Pinguin seinen bösartig-kapitalistischen Weltvernichtungsplan umsetzen kann.«

»Was hat er denn für einen bösartig-kapitalistischen Weltvernichtungsplan?«

»Das weiß ich nicht«, sagt das Känguru. »Das müssen wir erst noch herausfinden. Fest steht nur, dass er einen bösartig-kapitalistischen Weltvernichtungsplan hat.«

»Wieso steht das fest?«

»Nun, natürlich, weil ich einen gutartig-kommunistischen Weltrettungsplan habe. Deshalb hat er, als mein Antagonist, zwangsläufig einen bösartig-kapitalistischen Weltvernichtungsplan.«

»Und was ist dein gutartig-kommunistischer Weltrettungsplan?«, frage ich

»Na, zu verhindern, dass der Pinguin seinen bösartig-kapitalistischen Weltvernichtungsplan umsetzt«, sagt das Känguru. »Du bist aber wirklich nicht sonderlich gescheit.«

»Entschuldigung.«

»Kannst ja nichts dafür.«

»Darf ich sagen, dass du für einen Kommunisten Teil eines ganz schön anarchistischen Netzwerkes bist?«, frage ich.

»Ich nenne Kommunismus, was ich will«, sagt das Känguru.

»Ist gut.«

»Ich bin ein individualistischer Kommunist.«

»Alles klar.«

Ich kratze mich am Bart.

»Und warum nach New York?«

Das Känguru zieht eine kurze Zeitungsnotiz aus seinem Beutel. Da steht: »*Kuriosität des Klimawandels? Pinguin an amerikanischer Ostküste entdeckt.*«

»Wir müssen ihm hinterherreisen«, sagt es.

Ich kratze mich am Kopf.

»Okay.«

»Okay?«, fragt das Känguru verblüfft. »Einfach so? Kein Widerstand? Keine Stimme der Vernunft? Ich habe mich hier auf eine lange Diskussion vorbereitet! Findest du das nicht total übertrieben?«

»Doch, doch.«

»Eine richtige Schnapspralinenidee?«

»Ja.«

»Du glaubst nichts von alledem, was ich gerade gesagt habe.«

»Nichts, was du je gesagt hast.«

»Aber?«

»Aber ich verreise gerne und ...«

»Und?«

»Und wir haben einen riesigen zusammengeschweißten, nicht mehr transportablen Block Müll in unserem Wohnzimmer und ...«

Ich zögere.

»Und was?«

»Nun ja ... Grandeur.«

»Grandeur?«, fragt das Känguru.

»Für Grandeur müssen wir aber natürlich auch was erleben«, sage ich, »und nicht immer sofort, wenn ein anderer mehr als fünf Worte sagt, World of Warcraft spielen.«

»Hä?«, fragt das Känguru und kuckt vom Notebook hoch.

»Wünschst du dich nicht auch manchmal zurück in die guten alten Zeiten, in denen das Internet – oft tagelang – noch von selbst nicht funktionierte?«, frage ich.

»Ha! DEIN VATER! So sieht man sich wieder«, knurrt das Känguru.

»Wir ziehen los, du machst was Irres, und ich schreib's auf«, sage ich. »Klassischer Gonzojournalismus, verstehste? Je mehr Verrücktheiten du anstellst, desto besser.«

»Sei vorsichtig mit dem, was du dir wünschst ...«

»Außerdem könnte man dann die Reisekosten dem Verlag in Rechnung stellen.«

»Jetzt wird's interessant«, sagt das Känguru.

»Aber warum fliegen wir ausgerechnet nach New York?«, frage ich. »Die amerikanische Ostküste ist groß.«

»Das habe ich auch gedacht«, sagt das Känguru. »Deshalb habe ich bei der Zeitung angerufen und wollte Genaueres über die Nachricht wissen, aber die haben mich ausgelacht, wie ich glauben könne, dass sie noch die Ressourcen hätten, irgendetwas selbst zu recherchieren. Die haben einfach nur Wort für Wort die dpa-Meldung abgedruckt. Und die dpa hat's von der BBC, und die BBC hat's von Reuters, und

Reuters hat's von der dpa. An diesem Punkt habe ich die Nachforschungen eingestellt.«

»Gut. Aber die Frage bleibt: Warum New York?«

»War am billigsten.«

»In deiner eigenen kleinen Welt sind deine Argumente verblüffend einleuchtend«, sage ich.

Das Känguru zieht zwei Flugtickets aus seinem Beutel.

»Economy«, sagt es. »Ich wusste ja noch nicht, dass der Verlag alles bezahlt.«

»Ja, ja. Leider weiß das der Verlag ja auch noch nicht...«

Ich kucke dem Känguru eine Weile beim Zocken zu.

»Spielst du da eigentlich einen Pandabären?«

»Ich bin kein Pandabär«, sagt das Känguru. »Ich bin Mitglied des edlen Volkes der Pandaren vom Kontinent Pandaria!«

»Niedlich«, sage ich.

»Wir sind nicht niedlich!«, ruft das Känguru. »Wir reiten auf furchteinflößenden Drachenschildkröten und versuchen das Gleichgewicht zwischen der Allianz und der Horde...«

Ich schnarche.

»Interessiert dich nicht?«

Ich schüttle den Kopf.

»Ist das da mein Lektor?«, frage ich.

Das Känguru nickt.

»Kannst du ihn in einen Frosch verwandeln?«

»Das ist kein Kindermärchen!«, sagt das Känguru empört. »Das ist Fantasy!«

Ich seufze.

»Wenn wir dann in den USA sind«, sagt das Känguru, »könnten wir bekannte Mitglieder der Tea-Party-Bewegung besuchen und ihnen Prügel androhen.«

»Ach«, sage ich. »Wenn ich länger darüber nachdenke...«

»Das hat noch nie jemandem geholfen«, sagt das Känguru.

»Verfolgungsjagden sind gar nicht so mein Ding. Ich konzentrier mich lieber auf die Liebesgeschichte.«

»Wie bitte?«

»Der Mensch ist nichts anderes als das, wozu er sich macht«, sage ich. »Karl May.«

»Worauf willst du hinaus?«

»Ich will nicht mitkommen«, sage ich. »Ich will lieber ein Rendezvous mit Gott.«

»Du kommst nicht mit?«

»Ich komme nicht mit.«

»Schnick, Schnack, Schnuck?«, fragt das Känguru.

# Das 2. Buch
der Offenbarung

# COME WITH ME

Ich stehe irgendwo auf dem New Yorker Flughafen und weiß nicht, wohin.

»Sir! Come with me!«, brüllt ein beeindruckend kräftiger Sicherheitsmann quer über den Flughafen. Er deutet mit seinem Zeigefinger in meine Richtung.

Ich drehe mich um. Leider steht niemand hinter mir.

Er sagt: »I want you ...«

»... to want me?«, frage ich eingeschüchtert.

»No. I want you ...«

»... so bad?«, frage ich.

»No. I want ...«

»... to break free?«, frage ich. »Entschuldigung. Immer wenn ich Englisch spreche, schießen mir diese Liedzitate durch den Kopf, und irgendeine Zwangsstörung nötigt mich dazu, diese sofort auszusprechen.«

Leider spricht der Mann kein Deutsch.

»What?«

»He said captain.«

»I said: What?«

»He said captain.«

»Shut up!«

»And let me go!«, sage ich.

Er droht mir mit seinem Zeigefinger.

»I want you to follow me, Sir«, sagt der Mann. »Please.«

»Äh. Okay«, sage ich und denke: »I will follow him. Follow him wherever he may go.«

Der Mann stupst mich an und sagt: »Come with me.«

»Aha! Yeah!«, sage ich, und »Dööh döh döh. Döh döh döh. Deh deh deh. Deh deh deh« singend folge ich ihm.

Er führt mich in einen kleinen Raum und setzt sich mir gegenüber an den Schreibtisch.

»Mr Kling?«

»Could you keep calling me ›Sir‹?«, frage ich. »Sir Kling?«

»Well, Sir Kling, I wanna …«

»… be sedated?«

»No. I have to …«

»… go to the bathroom?«

»No. And I do not know any song with that line.«

»You're right. That wasn't a song. I'm sorry. Where is my mind?«

»Anyway. Please tell me …«

»… lies, tell me sweet little lies?«

»No. I'll tell you what I want …«

»… what you really, really want?«

»Would you please stop!«

»In the name of love?«

»In the name of the semi-automaticrifle I'm carrying.«

Ich nicke.

»Thank you. I need to ask you what you do.«

»I did nothing!«, sage ich. »I swear. By the moon and the stars and the sky!«

»I meant what is your profession? Your job. At home. In Germany.«

»Oh. Äh. I … I am an artist, I mean a small artist, or maybe you'd call it a little artis…, no, that would be a juggling dwarf … äh, well, you see, I go on stage and tell stories …«

»You are a comedian.«
»Well, ähm … ähm … yeah, okay: I'm a comedian.«
»I thought so«, sagt der Mann. »Very funny.«
»Well … äh … thank you.«
»But let me tell you: That's an explanation not an excuse.«
Ich nicke. Der Mann gibt mir meinen Koffer.
»Well then … Have a nice day, Sir Kling. Welcome to …«
»… the house of fun?«
»… the United States of America.«

# THE SUSPICIOUS SUITCASES

Im Hostel angekommen, öffnet das Känguru seinen Koffer. Auf einem Haufen Unordnung liegt ein Zettel. Darauf steht: »*Your suitcase aroused suspicion and was therefore opened for security purposes.*«

»Schräg«, sage ich und nehme den Zettel. »Wenn ich mal wieder 'ne Band zusammenbringe, nenne ich sie ›Marc-Uwe & The Suspicious Suitcases‹.«

»Ja, ja«, sagt das Känguru. »Und wenn's morgen Puderzucker schneit, kann man die Krapfen zum Fenster raushalten.«

»Was?«

»Und wenn du mal 'nen Fast-Food-Laden aufmachst, kannst du ihn ›Burger Kling‹ nennen.«

»Hast du gewusst, dass die unsere Koffer durchwühlen und danach sogar Liebesbriefe schreiben?«

Das Känguru nickt bedächtig. »Ja, darauf war ich vorbereitet.«

Es öffnet meinen Koffer. Auch darin liegt auf den zerwühlten Sachen ein großer Zettel. Ich nehme ihn heraus und lese in der Handschrift des Kängurus: »Who that reads is an idiot.«

Es lächelt triumphierend. Ich drehe den Zettel um, hinten hat jemand draufgeschrieben: »Who that wrote can't English.«

»Da soll noch mal einer sagen, Grenzbeamte hätten keinen Humor«, sage ich.

Unzählige weitere Botschaften an das Grenzpersonal sind

in meinem Koffer versteckt. Wahllos greife ich ein paar Zettel heraus.

> »You never were on the moon.
> It was only a TV studio.«

> »The American Dream has become
> a blow job in a pickup truck.«

> »David Hasselhoff did not bring down the Berlin Wall with his own hands. (Yes. He was pretty popular around here. So what!) It was anyway only because of the car! Because of K.I.T.T.! Haha. Very funny. Go fuck yourself!«

> »Somewhere close to the dirty underwear is a copy of *1984*.
> Why don't you read that?«

Hinten auf diesem Zettel steht:

> »We have read it years ago. We're working on it.«

Ich werfe die restlichen Zettel zurück in den Koffer.

»Dass ich die Nachrichten in deinen Koffer getan habe, war okay, oder?«, fragt das Känguru.

»Das erklärt einiges«, sage ich. »Und ich glaubte, ich hätte Pech gehabt. Wäre in eine zufällige, verdachtsunabhängige Kontrolle geraten.«

»Ich dachte halt, ich selber hätte wegen der gefälschten Papiere bestimmt auch so schon genug Stress beim Einreisen, und deswegen wäre es so besser.«

»Ein aus deiner Perspektive total nachvollziehbarer Gedankengang.«

»Schön, dass wir einer Meinung sind...«

»Da hast du mich falsch verstanden. Aber sag mal: Wo du dir so viel Mühe gegeben hast, da wäre es ja fast ärgerlich gewesen, wenn sie meinen Koffer gar nicht durchwühlt hätten.«

»Oh. Dafür habe ich schon Sorge getragen«, sagt das Känguru und wirft die Wäsche aus dem Koffer. Es hat das Stromkabel meines Notebooks zu Buchstaben drapiert. Diese bilden zwei Wörter: »Bomb inside.«

> »Ich habe eigentlich keine besonderen Talente.
> Ich bin nur leidenschaftlich neugierig.«
> Barack Obama

Wir sind zur U-Bahn-Station Wall Street gefahren und stehen dort ein wenig verloren herum. Das Känguru trägt einen schwarzen Schlapphut und einen beigefarbenen Trenchcoat. Es sieht sehr auffällig aus.

»Was machen wir eigentlich, bis wir eine neue Spur vom Pinguin gefunden haben?«, frage ich.

»Na, was wohl?«, fragt das Känguru. »Sightseeing.«

»Ich will zur Freiheitsstatue«, sage ich.

»Mich interessieren hauptsächlich diese Läden, wo sie die leckeren Pizzastücke verkaufen«, sagt das Känguru.

»Na gut. Eins nach dem anderen.«

Wir verlassen den Bahnhof und stellen uns in eine lange Schlange vor einem Take-away-Pizzaladen.

Schweigend warten wir eine Weile.

»Boah! Dauert das!«, flucht das Känguru schließlich.

»Ich fühle mich wie in diesem einen Theaterstück«, sage ich.

»Welches Theaterstück?«

»Warten auf to go.«

»Very funny, you old joke cookie«, sagt das Känguru.

Ich blicke mich gelangweilt um. Neben dem Pizzaladen ist ein Starbucks, ein McDonald's und ein geschlossener Schlecker. Gegenüber eröffnet gerade ein neuer Bubble-Tea-Laden.

»Pizza ist ja übrigens vor einiger Zeit vom US-Kongress als Gemüse klassifiziert worden«, sagt das Känguru. »Hast du das gewusst?«

»Was für ein unfassbar geiler Satz«, sage ich. »Kannst du den bitte wiederholen?«

»Pizza ist ja übrigens vor einiger Zeit vom US-Kongress als Gemüse klassifiziert worden«, sagt das Känguru.

»Ein Hammer«, sage ich. »Das ist mein neuer Lieblingssatz.«

»Was war denn dein alter Lieblingssatz?«

»Die Proletarier haben nichts zu verlieren als ihre Goldkettchen.«

»Wer hat das gesagt?«, fragt das Känguru. »50 Cent?«

»Ich weiß nicht mehr, wer das gesagt hat.«

»Interessiert dich eigentlich gar nicht, warum der US-Kongress Pizza als Gemüse klassifiziert hat?«, fragt das Känguru.

»Na, bestimmt gibt es irgendeine Vorschrift, die besagt, dass Mahlzeiten in irgendwelchen öffentlichen Einrichtungen, was weiß ich ... Bestimmt geht es um das Essen an Schulen. Das muss wahrscheinlich aus einem so und so großen Anteil Gemüse bestehen. Und dagegen hat die Fast-Food-Industrie finanziell gut ausgestattete Einwände erhoben, und dann hat man, quasi als Kompromiss, einfach Pizza als Gemüse klassifiziert.«

»Du hast mir meine Geschichte kaputtgemacht«, sagt das Känguru.

»Es war so, ja?«

»Ja. Der Kongress hat beschlossen, dass alles, was zwei oder mehr Teelöffel Tomatensauce enthält, als Gemüse bezeichnet werden darf.«

»Toll«, sage ich. »Wer definiert, der regiert!«

»Sicher«, sagt das Känguru. »Ich glaube, die nächste Meldung dieser Art wird sein: Einem Vorschlag des Deutschen Zigarettenverbandes folgend wurden Zigaretten auf Grund des hohen Anteils an getrockneten Pflanzen vom deutschen Parlament heute als Frühstückscerealien eingestuft und sollten somit Teil einer jeden gesunden Ernährung sein.«

»Nach Kritik von Vertretern der Rüstungsindustrie«, sage ich, »beschloss der Bundessicherheitsrat heute, dass die von deutschen Herstellern angebotenen multiplen Wirksysteme gegen weiche Ziele als Feuerwerk eingestuft werden und damit von der Konvention zur Ächtung der Streumunition nicht betroffen sind. Allerdings dürfen die Wirksysteme nur um Silvester herum verkauft werden, plus/minus 182 1/2 Tage.«

»Ein Sprecher des Kriegs-, äh, Verteidigungsmysteriums erklärte heute auf Nachfrage, dass es sich beim Afghanistankrieg nicht um einen verlorenen Krieg handeln könne, da die Bundesregierung von Anfang an betont habe, dass es sich bei diesem Krieg gar nicht um einen Krieg handele, sondern um einen Bundeswehr-Betriebsausflug. Wenn überhaupt, handele es sich also nicht um einen verlorenen Krieg, sondern höchstens um einen misslungenen Betriebsausflug. Dass Deutschland Kriege verliere, sei auch so was von 20. Jahrhundert.«

Endlich bekommen wir unsere Pizzen und schlendern los in Richtung Freiheitsstatue.

»Der Obama«, sagt das Känguru, »der ist ja eigentlich einer von den Guten, nur lassen ihn die anderen nicht.«

»Witzig«, sage ich.

»Nein, nein«, sagt das Känguru. »Ich meine das ernst. Der kann nicht, wie er will. Aber der ist Jurist. Darum macht der so Tricks.«

»Wie bitte?«

»Na, du musst das mal zu Ende denken«, sagt das Känguru. »Wenn du jetzt zum Beispiel zwei oder mehr Teelöffel Tomatensauce essen würdest ...«

»Ja?«

»Dann enthältst du die ja.«

»Und?«

»Bist dann also per definitionem ein Gemüse.«

»Und?«

»Es gibt keine Gemüserechte!«, sagt das Känguru. »Jetzt muss er nur noch anordnen, dass die Leute in Guantanamo einfach jeden Tag Spaghetti mit Tomatensauce zum Mittag kriegen. Dann ist das Lager rechtlich kein Thema mehr.«

»Dieser schlaue Fuchs.«

Das Känguru blickt sich um.

»Ich glaube übrigens, dass wir uns verlaufen haben«, sagt es.

»Kein Problem«, sage ich und hole mein Handy aus der Tasche. »Ich ruf mal kurz bei der NSA an. Die wissen bestimmt, wo wir sind ...«

Ich wähle die Nummer der Hotline.

Tuuut ... Tuuut ... Krk. »*Navigation Service of America*«, sagt die freundliche Frau am Telefon. »*Wie kann ich Ihnen helfen?*«

»Ja ... äh, hören Sie«, sage ich. »Schön, dass Sie zufälligerweise deutsch sprechen. Äh ... Wir äh ... möchten zur Freiheit ... äh ... Freiheitsstatue, aber wir haben uns total verlaufen.«

»*Einen Moment bitte, ich orte Sie kurz ... ah ja ... ich sehe Sie ... also, da laufen Sie leider ganz falsch ... einfach mal umdrehen und ein gutes Stück in die entgegengesetzte Richtung gehen, dann kommen Sie zur Fähre.*«

»Vielen Dank!«, sage ich und winke.

»*Gerne*«, sagt die Frau. »*Winke, winke!*«

»Moment!«, ruft das Känguru und hält ein Passfoto in die Luft. »KENNEN SIE DIESEN PINGUIN?«

»*Eine Sekunde*«, sagt die Frau. »*Ich zoome ran ... Oh ... Es tut mir leid ... Ich sehe gerade, Informationen über unseren neuen Controller sind top secret. Sorry. Tschüssi.*«

KRK.

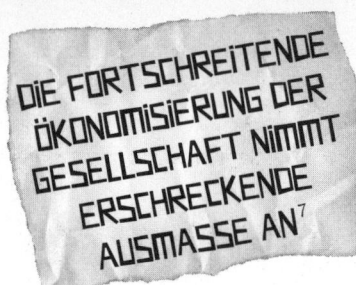

# DIE FORTSCHREITENDE ÖKONOMISIERUNG DER GESELLSCHAFT NIMMT ERSCHRECKENDE AUSMASSE AN[7]

»*We hold this truth to be self-evident, that all men are created evil.*«

**Aus Lord Of The Things**
von J.R.R. Ewing

Von den hohen Sicherheitsmaßnahmen rund um die Freiheitsstatue abgeschreckt, schlendern wir unerledigter Dinge zurück zur Wall Street. Zwei Halbstarke überholen uns. Zufälligerweise sprechen sie deutsch.

»Ey, Alter, ich hab gehört, *Standard & Poor's* hat letztens deine Mutter abgewertet«, sagt der Dicke.

»Na und?«, fragt der Lange. »Dafür hat *Moody's* meine Freundin als Doppel-D eingestuft.«

»Die fortschreitende Ökonomisierung der Gesellschaft nimmt erschreckende Ausmaße an«, sagt das Känguru.

Ich nicke.

»Was'n eigentlich *Moody's*?«, fragt der Lange.

»Ich glaube, so heißt der Irish Pub hier in der Straße«, sagt der Dicke. Dann verschwinden sie aus meiner Hörweite.

Das Känguru bleibt vor einem Kiosk stehen.

»Do you have Schnapspralinen?«, fragt es den Verkäufer.

---

7  Die Kapitelüberschriften nehmen auch erschreckende Ausmaße an. (Anm. des Lektors)

Der Verkäufer blinzelt nur.

»It's a kind of Praline with Schnaps!«

Der Verkäufer reagiert nicht.

»S C H N A P S P R A L I N E N!«, sagt das Känguru noch mal laut und deutlich.

Der Verkäufer deutet auf einen Button an seiner Hemdtasche. Darauf steht: »I hate tourists.«

Das Känguru zeigt mir seine zitternden Pfoten.

»Cold turkey«, sagt es.

»Sollen wir zurück ins Hostel gehen?«

»Nein, wir sind hier verabredet.«

»Es stört mich überhaupt nicht, dass du mich immer erst kurz vor knapp in deine Pläne einweihst«, sage ich verärgert.

»Gut«, sagt das Känguru und zieht seinen Schlapphut etwas tiefer ins Gesicht. Es knöpft seinen beigefarbenen Trenchcoat auf. Darunter trägt es ein braunes Sakko und darunter ein orangefarbenes Hemd.

»Warum hast du dich eigentlich verkleidet?«, frage ich. »Hier wirst du doch gar nicht gesucht.«

»Ich bin gerne unsichtbar«, sagt das Känguru. »Es ist immer gut, wenn einen niemand erkennt.«

»Comandante«, ruft eine Frau auf der anderen Straßenseite. »Hier drüben.«

Sie winkt, und wir gehen zu ihr.

»Und Sie müssen der Hauptmann sein«, sagt die Frau, die zufälligerweise deutsch spricht. Ich bin sehr verwundert, sage aber nichts, um nichts Dummes zu sagen. Die Frau hält mir ihre rechte Faust hin. Ich kucke unsicher nach links, dann nach rechts, dann boxe ich meine rechte Faust gegen ihre Faust, und wir schlagen uns mit der flachen Hand auf die eigene Stirn.

»Ich bin die Unternehmensberaterin«, sagt die Frau. »Vom

Asozialen Netzwerk, Sektion USA. Erfreut, Sie kennenzulernen.«

»Sektion USA?«, frage ich und habe das Gefühl, nun doch etwas Dummes gesagt zu haben.

»Ja, hast du denn geglaubt, ich war all die Zeit im Untergrund untätig?«, fragt das Känguru.

»Äh ...«, sage ich. »Ja.«

»Äh ... nein!«, sagt das Känguru, mich nachäffend.

»Das Asoziale Netzwerk expandiert«, sagt die Unternehmensberaterin. »Wir müssen neue Märkte für den Widerstand erschließen! Das heißt: Flexible Strukturen etablieren, innovative Protestformen konzipieren, kreative Slogans fabrizieren, teamfähige Mitglieder inkorporieren, begeisterungsfähige Supporter akquirieren und kreative ...«

»Die fortschreitende Ökonomisierung der Gesellschaft nimmt erschreckende Ausmaße an«, sage ich.

»Sie haben mir mitgeteilt, dass Sie den Pinguin gesehen haben«, sagt das Känguru.

»Ja, in diesem Irish Pub hier«, sagt die Unternehmensberaterin und deutet auf ein Kneipenschild ein paar Meter die Straße hinauf. Da steht: *Moody's*.

»*Moody's* ist wirklich ein Irish Pub?«, frage ich. »Ich dachte immer, das sei eine Ratingagentur.«

»Oh, es ist beides«, sagt die Unternehmensberaterin. »Am Stammtisch drinnen sitzt ein alter Mann, der liest die Ratings im Bodensatz seiner Guinness-Gläser. In dem Wolkenkratzer hinter dem Pub werden seine Analysen dann ausgewertet und an die Banken und die Medien weitergeleitet.«

»So was in die Richtung hatte ich immer vermutet«, sage ich.

»Ich dachte immer, die würfeln«, sagt das Känguru.

»Nein, nein«, sagt die Unternehmensberaterin. »Das machen nur die von *Standard & Poor's*.«

»Und was machen die bei *Fitch*?«, frage ich.

»Die haben einen Lori, einen von diesen total langsamen kleinen Faulaffen«, sagt die Unternehmensberaterin. »Den lassen sie in einer Buchstabensuppe fischen.«

Wir betreten den Pub.

An einem Stammtisch in der Ecke sitzt ein alter Säufer und trinkt den letzten Schluck aus seinem Guinness-Glas.

»Beh einz«, rülpst er. Ein junger Kellner, der in seiner Nähe stand, rennt auf die Hintertür zu und verschwindet im Wolkenkratzer. Ich höre ihn noch aufgeregt rufen: »Italien abgestuft auf B1!«

Die Unternehmensberaterin nähert sich dem Stammtisch.

»Dürfen wir uns dazusetzen?«, fragt sie.

»Es ist ein freies Land«, brummt der Alte.

Ich lache laut auf. Als ich merke, dass keiner mitlacht, räuspere ich mich. »Oh ... Entschuldigung. Ich dachte, das sollte ein Witz ... Ich ähm ... Die nächste Runde geht auf mich.«

Sofort erscheint der Kellner und stellt ein neues Bier vor den alten Mann.

»Gestatten Sie, dass ich mich und meine Assistenten kurz vorstelle«, sagt das Känguru. »Wir arbeiten in Brüssel in der Kommission für Demokratieabbau.«

»Unter anderem halten wir die ökonomische Dauerkrise am Laufen, die uns so hervorragend als Rechtfertigungshintergrund für alle unpopulären Maßnahmen dient«, sage ich.

»Wir wollten uns mal dafür bedanken, dass Sie uns mit Ihren Ratings helfen, die Drohkulisse aufrecht zu halten«, sagt die Unternehmensberaterin.

Der alte Mann trinkt schweigend einen Schluck von seinem Bier.

»KENNEN SIE DIESEN PINGUIN?«, ruft das Känguru und zeigt ihm das Passfoto.

»Äh ... ja ... das ist doch ... äh ... der Controller der Déjà-vu-Corporation«, brummt der alte Mann überrascht. »Der hat mir letztens ein Bier ausgegeben.«

»Sagen Sie, was macht die Déjà-vu-Corporation eigentlich?«, fragt das Känguru.

»Die machen, äh, Zeug«, sagt der alte Mann. »Ich glaube, in Südostasien.«

»In Südostasien, ja?«, fragt das Känguru. »Und was genau machen die da?«

»Tja, die äh ... die machen äh ... alles ... irgendwie«, sagt der Mann. »Ich weiß eigentlich nichts über den Konzern.«

»Aber haben Sie dem Laden nicht erst letztens Ihr Toprating verpasst?«, fragt die Unternehmensberaterin.

Der alte Mann zuckt mit den Schultern. »Stand im Glas«, brummt er. »Außerdem sind das nur Schätzungen. Ich gebe keinerlei Gewähr oder Rechtsansprüche.«

Er dreht sich zu mir. »Danke übrigens für das Bier!« Er leert sein Glas und fragt: »Wo genau kommen Sie noch mal her?«

»Deutschland«, sage ich.

Der Alte blickt lange auf den Bodensatz. »Ah, ah, ah ...«

Der Kellner, der wieder in seiner Nähe stand, rennt auf die Hintertür zu und verschwindet im Wolkenkratzer. Er ruft: »Deutschland erneut mit Bestnote AAA!«

»Nur so aus Interesse«, sagt die Unternehmensberaterin. »Hatte die Tatsache, dass mein Kollege hier das Bier bezahlt hat, irgendwas damit zu tun, dass dieses Rating so gut ausfiel?«

»Ja«, sagt das Känguru. »Ist das hier wie in der Sesamstraße?«

Es öffnet seinen Trenchcoat.

»Psst! Hey, du! Willst du ein A kaufen?«

Es zieht ein großes Plastik-A aus seinem Mantel.

Plötzlich erscheint wie aus dem Nichts ein Mann im Anzug vor uns.

»Gestatten Sie, mein Name ist Maximilian Macht von der Kanzlei Geld, Macht und Beziehungen.«

Das Känguru blickt ihn überrascht an.

»Sie wollen uns Ärger machen«, sagt der Anwalt. »Und Sie sind clever. Darum sage ich Ihnen jetzt, was ich allen Leuten sage, die clever genug sind, uns Ärger zu bereiten.« Er blickt dem Känguru direkt in die Augen. »Wollen Sie für uns arbeiten? Wir zahlen besser.«

Das Känguru überlegt lange, dann sagt es:

»Werd' ich zum Arbeitsplatze sagen:
Verweile doch! Du bist so schön!
Dann magst du mich in Fesseln schlagen,
Dann will ich gern zugrunde gehen.«

Ich sitze im Hostel beim Frühstück. Es gibt trockene Bagels und das gleiche eklige, warm gehaltene Rührei wie am Tag zuvor. Nein. Nicht das gleiche. Dasselbe. Für einhundert Dollar pro Nacht pro Person im Sechs-Bett-Zimmer kann man hier wohl nicht mehr erwarten. Das Känguru setzt sich zu mir an den Tisch.

»Keine Verkleidungen mehr?«, frage ich.

»Ich habe mich als mich selbst verkleidet«, sagt das Känguru.

»Tun wir das nicht alle?«

»Sehr philosophisch.«

Das Känguru schmiert sich Schnapspralinen auf einen Bagel. Bis zwei Uhr nachts mussten wir gestern noch nach welchen suchen.

»Wir müssen nach Ho-Chi-Minh-Stadt«, sagt das Känguru.

»Aha«, sage ich. »Und warum?«

»Um herauszufinden, was der Pinguin in Südostasien produziert, damit wir seinen bösartig-instrumentellen Weltrationalisierungsplan verhindern können.«

»Südostasien ist groß«, sage ich. »Warum willst du ausgerechnet nach Vietnam fliegen?«

Das Känguru blickt mich ernst an. »Da kenn ich mich aus ...«

Mein Handy klingelt. Ich gehe ran.

»*Hollywood*«, sagt mein Agent.

»Ja«, sage ich.

»*Klappt.*«

»Schön.«

Ich lege auf.

»Wir fliegen nicht nach Vietnam«, sage ich. »Wir fliegen morgen nach Los Angeles.«

»Es stört mich überhaupt nicht, dass du mich immer erst kurz vor knapp in deine Pläne einweihst«, sagt das Känguru.

»Gut«, sage ich. »Mein Agent hat mir ein Treffen mit einem Filmproduzenten organisiert, der sich meine Ideen anhören möchte.«

»Kannste total vergessen«, sagt das Känguru. »Wir müssen dem Pinguin auf den Fersen bleiben.«

»Wir treffen den Typ auf dem Set von The Wicked Bitch Of The West.«

»Ist das nicht das amerikanische Remake des ersten Teils der Wunderhuren-Heptalogie?«, fragt das Känguru aufgeregt.

»Ja«, sage ich. »Wenzel Skowronek hat den Kontakt hergestellt.«

»Die männliche Hauptrolle in der Neuverfilmung spielt Peter Dinklage...«, sagt das Känguru mit leuchtenden Augen.

»Wer?«

»Tyrion Lannister!«

»Wer?«

»Aus *Game of Thrones*!«

»Was?«

»Der kleinwüchsige Schauspieler, der in allen Filmen mit Kleinwüchsigen den Kleinwüchsigen spielt«, sagt das Känguru.

»Ach der...«, sage ich.

»Der spielt den Riesenzwerg Ülf! In der Postproduktion

wird er dann in einem aufwendigen Verfahren auf einen Meter zweiundachtzig vergrößert.«

»Ich kann natürlich auch alleine nach Hollywood fliegen«, sage ich.

»Lass uns das Orakel befragen«, sagt das Känguru. »Der Gewinner entscheidet, wo's hingeht.«

Ich seufze.

»Schnick, Schnack, Schnuck!«, ruft das Känguru.

Ich habe Papier und das Känguru einen Stein. Ich blicke ihm lange ins Gesicht.

»Du wolltest verlieren...«, sage ich.

»Nein, nein«, sagt das Känguru. »Aber jetzt, wo wir das Orakel befragt haben, müssen wir uns natürlich seinem Gebot beugen.«

»Hm...«

Das Känguru schmiert sich noch einen Bagel. Ein fröhliches rothaariges Mädchen, Anfang zwanzig, setzt sich und ihren absurd großen Rucksack neben uns und fängt sofort an, sehr schnell zu reden: »Hey! I'm a student. Are you students, too? Have you been here before? I've never been here before. New York is so awesome. Travelling's so awesome. I am travelling. Are you travelling, too?«

»No, I live in this hostel«, unterbricht das Känguru sie.

»You're a kangaroo! That's so great. I just love animals. Do you love animals, too? I'm a huge fan of ALF!«

»ALF?«, frage ich. »From Melmac?«

»No. ALF: The Animal Liberation Front. They are so great. I'm kind of thinking about, you know, joining them someday. Have you ever joined something before? I have joined *Hostelling International*. I'm staying in this hostel. Do you also live in this hostel like the kangaroo?«

»No«, sage ich. »I'm just here for the famous breakfast.«

»Yes! It's just perfect. It's the best! The world is so beautiful. I love life! What's your name? My name is Sarah! Where are you from? I'm from ...« Sie nickt plötzlich dem Känguru zu. »Oh! You're from Australia, right?«

Das Känguru dreht, ohne den Kopf zu bewegen, seine Augen zu dem Mädchen hin und sagt: nichts.

»That's amazing! It's like ... you know – I don't know, kind of like whatever and stuff ... You know?«

Das Känguru dreht den Kopf zu mir. »Hä?«

Ich zucke mit den Schultern. Das Mädchen grinst uns freundlich an, als erwarte es eine Antwort.

»Yeah!«, sage ich.

»So cool!«, sagt sie.

»Yeah!«, sage ich.

»Crazy!«, sagt sie und schüttelt Kopf und Arme.

»It's like«, sage ich, »well, I don't know, kind of like, well, you know!«

»Exactly!«, sagt sie. »Just what I was thinking!«

»It's like«, sagt das Känguru, »well, like I don't know – you know – whatever it is you are talking about.«

»Yeah! Absolutely! So where are you from? Oh! You're from Australia, right?«

»I'm from Russia and he's from Disney World«, sagt das Känguru.

»Oh! How cool! That's awesome! Disneyland! I're always wanted to go there! My brother went to Seaworld once.«

»Great!«, sage ich. »That's kind of like a guy telling a girl that he's from Germany and she replies that her third grade cousin's best friend went to Amsterdam once.«

»That's so cool! Your cousin is from Amsterdam? You can smoke there, right? I mean kind of, you know, not just, well, like cigarettes and stuff. You know?«

Das Känguru seufzt.

»Yeah«, sage ich.

»So what do you do in Disneyland?«, fragt sie.

»I ... äh ... I'm a callboy«, sage ich.

»Oh! Really? How awesome!«

»I can not stay«, flüstere ich, als ich nachts aus Sarahs Hostelzimmer schleiche. »This is wrong.«

»No! It's okay«, sagt sie. »I think they are all sleeping.«

»No, I'm not«, sagt eine mir unbekannte Stimme aus dem Dunkel.

»Me neither«, sagt eine andere.

»I can't get no sleep«, sagt eine dritte.

»Isn't that a song by *Faithless*?«, fragt eine vierte.

»This is the last time I stay in a six-bed-dorm«, sagt eine fünfte Stimme.

»We could go to your room«, sagt Sarah.

»No«, sage ich. »I meant: This is wrong because I'm in love with God.«

»Yeah! I totally love him, too!«, flüstert Sarah. »He is so awesome.«

»She«, sage ich und schließe die Tür zwischen uns. »She.«

Leise betrete ich unser Zimmer. Das Känguru liegt unten im Stockbett. Es öffnet die Augen, als ich hereinschleiche.

»Und wie war's?«, fragt es. »Awesome?«

»Well, it was kind of, like, you know – whatever.«

*»Du willst einer von den ganz Großen werden?«, fragte der 30-Prozentling. »Du bist doch nur ein Zwerg!«*
*»Ja, aber ich kann zaubern«, sagte der Zauberzwerg.*

**Aus Der Zauberzwerg
von Thorsten Mann**

»Frag du bitte mal nach dem Weg«, sagt mein Agent, als wir den großen Studiokomplex betreten.

»Gleich nach meinem ersten erfolgreichen Film suche ich mir einen neuen Agenten«, sage ich. »Einen, dessen Englischkenntnisse sich nicht auf ›out of office‹ und ›fuck you‹ beschränken.«

»Manche Leute kommen nur mit ›fuck you‹ durch ihr ganzes Leben«, sagt das Känguru.

»Wenzel hatte mir eine Wegbeschreibung geschickt, aber ich habe sie aus Versehen von meinem Telefon gelöscht«, sagt mein Agent. »Meine Finger sind irgendwie zu dick für den Tatschskrien.«

»Warum ist Wenzel Skowronek eigentlich nicht mehr bei dir unter Vertrag?«, frage ich.

»Ich frage mich bis heute warum, aber gleich nach seinem ersten erfolgreichen Film hat er sich einen anderen Agenten gesucht.«

»Understandable, understandable«, singe ich vor mich hin.

»Wie?«, fragt mein Agent.

»Nichts«, sage ich. »Nur ein Ohrwurm.«

Ich frage nach dem Weg, und wir werden in eine große Halle geführt. Drinnen wuseln ganz viele Menschen um einen sehr kleinen Schauspieler und eine sehr leicht bekleidete Schauspielerin herum, die vor einer grünen Wand stehen.

»I stood eye to eye with the faceless terror«, sagt der kleine Schauspieler gerade. »I have wrestled with the poisonous slime gnomes of Glubsch and have been riding the giant spider Gorocola, but I've never had such fear as now, when I want to ask you: Would you go to the prom with me?«

»I can not!«, sagt die Schauspielerin, den Tränen nahe. »The king of the lost city, my pimp, wants me to go with Brian, the son of Dragondoel the pale blue wizzard!«

Das Känguru ist hin und weg.

»Schant'al!«, murmelt es entrückt.

Irgendwo ruft jemand: »Cut!«

Ein Assistent kommt und geleitet mich und meinen Agenten in das Büro des Produzenten.

»Sank you sat you meeting us!«, sagt mein Agent. »We knowing you time is little ...«

»Zufälligerweise spreche ich Deutsch«, sagt der Produzent.

»Äh ... danke, dass Sie uns diese Audienz ...«

Der Produzent tut so, als hätte er eine unsichtbare Fernbedienung in der Hand, drückt drauf und sagt: »Fast forward.«

»Äh wie?«, fragt mein Agent.

»Vorspulen«, sagt der Produzent. »Erzählen Sie mir Ihre Idee. Meine Zeit ist klein.«

»Klar, klar«, sage ich. »Eine Endzeit-Story.«

»Teuer«, sagt er.

»Ja ... äh ... also, es gibt keine Länder mehr, sondern nur

noch Konzerne. Die Leute haben keine Staatsangehörigkeit mehr, sondern nur noch eine Konzernangehörigkeit.«

»Massives Product-Placement«, sagt der Produzent. »Sehr gut.«

»Aber es gibt nicht mal mehr richtige Konzerne«, sage ich, »es gibt nur noch sogenannte ›failing corporations‹.«

»Zu verkopft«, sagt der Produzent. »Ich warte noch drei Sekunden auf eine zündende Idee. Drei, zwei ...«

»Es ist eine Endzeitkomödie!«, rufe ich. »Die Leute sind total glücklich, dass alles kaputt ist.«

»Lesen Sie mir den Anfang vor.«

Ich tue, wie mir geheißen:

```
»Eine Frau und ein Mann sitzen vor einer Ruine. Zahlrei-
che Kinder spielen auf einer Müllkippe.

                      DIE FRAU
Schau nur, wie glücklich die Kinder spielen. So kreativ
und naturverbunden. Denen geht's gut. Wenn ich da an un-
      sere Kindheit denke… Wir hatten ja früher alles.

                      DER MANN
     Und der Überfluss machte alles so beliebig.

                      DIE FRAU
Unsere Kinder hingegen sind schon total glücklich, wenn
             sie mal was zu essen bekommen.

In der Ferne hört man ein Signal.

                      DIE FRAU
                Die Kinder müssen los.
```

                    DER MANN
                    (rufend)
    McDonald, Lipton, Magnum, Johnson und Johnson.
                    Auf geht's!


                    DIE FRAU
                    (rufend)
Auch ihr, Sony, Nike, KitKat, Pampers, Pringles, Prozac,
    Viagra, Yahoo, Carefree, Dove und Rexona. Macht euch
                frisch und geht in die Fabrik.


                    DIE KINDER
            Ist gut, Mommy. Bis morgen früh.«


Der Produzent drückt auf seine imaginäre Fernbedienung: »Stopp.«

»Wie?«

»Erzählen Sie mir das Ende.«

»Ach so. Na, am Ende kommt raus, dass alle nur deswegen so happy sind, weil haufenweise Stimmungsaufheller ins Trinkwasser gemischt werden. Aber die Leute, die das rausfinden, sind so gut drauf, dass es ihnen egal ist.«

»I'll call you. Don't call me«, sagt der Produzent. »I'll be out of office.«

»Wie? Was?«, frage ich.

»Er sagte, er sei ›aut off offiss‹«, sagt mein Agent. »Das bedeutet ›fack ju‹.«

»Ich habe noch eine andere Idee!«, rufe ich.

»Stopp«, sagt der Produzent und drückt auf seine imaginäre Fernbedienung.

»Könnten Sie das bitte lassen?«, frage ich. »Das ist irgendwie entwürdigend.«

»Stumm«, sagt der Produzent und deutet mit seiner imaginären Fernbedienung auf mich.

»Es geht um Vampire!«, rufe ich.

»Abspielen«, sagt der Produzent.

»Shakespeare und Cervantes sind ja beide im Frühjahr 1616 gestorben. Das ist weltbekannt, aber nur die wenigsten wissen, dass die Dichter von einem Groupie-Vampir gebissen worden waren und selbst Vampire wurden. Die beiden sind jetzt Mitte vierhundert und stecken voll in der Midlife-Crisis. Ich lese mal kurz eine Szene vor, die spielt nachts in einer Bar.

```
                        WILLIAM
        Erinnerst du dich, Freund? Früher, da waren die Leute
        gastfreundlich. Rein oder nicht rein, das war gar keine
        Frage. Heutzutage hingegen öffnet einem keiner mehr
        seine Tür. Alle glauben, man wäre von den Zeugen Jehovas
                  oder von irgendeinem DSL-Anbieter…


                        MIGUEL
        Ach. Ich trinke, wenn sich mir eine Gelegenheit bietet,
        und ich trinke auch, wenn sich mir keine Gelegenheit
        bietet, aber entsetzlich ist es, dass man jetzt vor dem
              Biss immer einen Aids-Test machen muss!


                        WILLIAM
         Meiner Eckzähne wegen hat mir mein Dentist eine
              festsitzende Zahnspange eingesetzt.

William zeigt seine Zahnspange.
```

>WILLIAM  
Auch lässt mein Augenlicht nach, und leider fällt mir  
das Einsetzen der Kontaktlinsen immer sehr schwer,  
weil ich mich ja nicht im Spiegel sehen kann.

>MIGUEL  
Würde dir gerne helfen, aber wenn der Blinde den Blinden  
führt, fallen beide in die Grube. Ich glaube, ich habe  
mir auch schon wieder die rechte Linse ins linke Auge  
gesetzt und umgekehrt.

>WILLIAM  
Klar, niemand heilt durch Jammern seinen Schaden, aber  
lasern lassen… ich weiß nicht, ich bin doch so  
lichtempfindlich. Apropos. Ich muss dann auch mal.  
Da geht ja schon fast die Sonne auf.

Und dann fliegt er behände mit dem Kopf gegen den Türrahmen. Die Handlung…«

»Stop«, sagt der Produzent. »Kommen Sie wieder, wenn Sie etwas über die epische Schlacht zwischen Gut und Böse geschrieben haben.«

»Hexen!«, rufe ich. »Ein Film über drei Hexen im Mittelalter, die alle so gestresst sind, dass sie an Burn-outs, sterben.«

Ich beginne, laut vorzulesen:

>»ERSTE HEXE  
When shall we three meet again?

>                    ZWEITE HEXE
> Puh. I'm so busy! Why don't you call my office?
>
>                    DRITTE HEXE
>     I'm even busier. I have absofuckinglutely
>              no time at all.«

Der Produzent deutet mit seiner unsichtbaren Fernbedienung erst auf einen Sicherheitsmann und dann auf uns.

»Eject?«, fragt der Sicherheitsmann.

Der Produzent nickt, und gleich darauf stehen wir vor der Tür. Auf dem Set spricht das Känguru gerade mit dem Regisseur.

»Do you like it?«, fragt es.

»A kangaroo, who shares a flat with Lenin?! Well, you know, I don't see any money in it.«

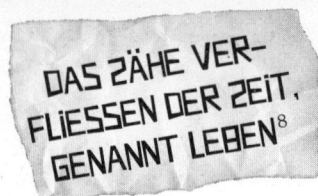

# DAS ZÄHE VERFLIESSEN DER ZEIT, GENANNT LEBEN[8]

Ich sitze allein am Flughafen von Los Angeles und tue, was man an Flughäfen gemeinhin tut: Ich langweile mich. Sich langweilen heißt: das zähe Verfließen der Zeit zu erfahren. Man muss sich dem Gedanken stellen, den man durch die sonst so lückenlos befriedigte moderne Beschäftigungssucht erfolgreich verdrängt. Der Gedanke an den Tod. Mich schaudert. Schnell ziehe ich mein Handy aus der Tasche und fange an, lustige Apps herunterzuladen. Haha! Jetzt habe ich einen großen roten Knopf auf dem Touchscreen, und wenn ich da draufdrücke, spielt mein Handy einen dramatischen Tusch.

**TAMM TAMM TAAAAHHM!**
Witzig. Noch mal.
**TAMM TAMM TAAAAHHM!**
Witzig. Noch mal.
**TAMM TAMM TAAAAHHM!**

Mir ist langweilig. Ich blicke mich um. Alle Leute in meiner unmittelbaren Umgebung starren mich irritiert an.

»I'm bored!«, sage ich zur Erklärung. Alle nicken verständnisvoll. Ich beginne zu singen: »Bored in the USA! I am bored in the USA!« Jetzt kucken wieder alle irritiert. Ein Sicherheitsmann kommt auf mich zu.

---

8 Das wäre auch ein guter Titel für einen Arthouse-Film. (Anm. des Kängurus)

»Sir! Please don't disturb the other passengers«, sagt er. »Why don't you keep quiet?«

»Because I'm bored, I'm bored«, singe ich. »I'm really, really bored. You know I'm bored, I'm bored. I'm really, really bored. And the whole world has to answer right now. Just to tell you once again. Who's bored?«

»Are you Mister Kling?«, fragt der Mann.

»How do you know?«, frage ich irritiert.

»I understand. You are the comedian. Very funny.«

»Well ... äh ... thank you«, sage ich.

»You are the worst comedian I've ever heard of«, sagt der Mann im Weggehen.

»But you have heard of me!«, rufe ich.

Vor den Check-in-Schaltern sind in zahlreichen Schlangenlinien Absperrgurte aufgestellt. Ein sogenanntes Personenleitsystem. Ich beobachte eine Person, die das komplette Personenleitsystem durchläuft. Allein. Vor der Person steht niemand an. Hinter der Person läuft niemand her.

»Kita, Praktika, Schule, Praktika, Ausbildung, Praktika, Beruf, Praktika, Altersheim, Tod«, sage ich. »Laufen wir nicht unser ganzes Leben in solch einem Personenleitsystem?«

»Vorsicht«, sage ich. »Selbstgespräch. Aber interessanter Gedanke.«

Mein Handy klingelt. Im Display steht ›Rufnummer unterdrückt‹. Ich gehe ran.

»Jedes Mal, kurz bevor ich was richtig Schlaues denke, klingelt mein Handy«, sage ich. »Geht dir das auch so?«

»*So oft kann mein Handy gar nicht klingeln*«, sagt das Känguru am anderen Ende der Leitung.

»Was gibt's?«, frage ich.

»*Hast du gewusst*«, fragt das Känguru, »*dass es in den USA früher vielerorts Straßenbahnen gab? Nicht nur in New York und San Francisco. Zum Beispiel auch hier in Los Angeles. Im Jahr 1921 allerdings setzte Alfred P. Sloan, damals Präsident von General Motors, eine neue Geschäftsstrategie durch, heute bekannt als die* General Motors Streetcar Conspiracy. *Kurz gesagt sollten innerstädtische Verkehrsbetriebe dazu gezwungen werden, ihre Straßenbahnen zu verschrotten und durch Busse zu ersetzen. Betriebe, die weder durch ökonomischen Druck noch durch Bestechung kleinzukriegen waren, wurden einfach von* National City Lines *aufgekauft. Eine Tarnfirma, hinter der neben* General Motors *weitere Straßenbahnfreunde wie* Firestone Tire *und* Standard Oil *steckten.*

GM *profitierte doppelt vom Ersetzen der Straßenbahnen durch Busse, da erstens diese Busse natürlich von GM gebaut wurden und zweitens der öffentliche Personennahverkehr so nervend und unzuverlässig wurde, dass alle Amerikaner bei GM Autos kauften. Diese Autos stehen seitdem alle mit den Bussen im Stau, und kurz gesagt führte das alles dazu, dass man heutzutage hierzulande als Fahrgast im ÖPNV leicht dem Glauben erliegen kann, man würde sich mit jeder Minute weiter von seinem Ziel entfernen.«*

»Kommst du zu spät?«, frage ich.

»*Spät?*«, fragt das Känguru. »*Vielleicht. Aber zu spät? In Relation zu welchem Ereignis denn?*«

»Zu spät in Relation zur Abflugzeit unserer Maschine nach Ho-Chi-Minh-Stadt.«

»*Aha*«, sagt das Känguru. »*Nun gut. Dann muss man wohl sagen: Ja. Zu spät.*«

Ich stöhne und massiere meine Schläfen.

»*Buchst du schon mal neue Tickets?*«, fragt das Känguru.

»Was hast du denn den ganzen Morgen gemacht?«, frage ich.

»*Hast du überdies gewusst, dass auf dem ganzen sogenannten Walk of Fame weder Bud Spencer noch Terence Hill einen Stern haben?*«

**TAMM TAMM TAAAAHHM!**

»*Was war das?*«, fragt das Känguru.

Ohne zu antworten, lege ich auf. Der Tod, denke ich, vielleicht muss man ihn mehr als Befreiung begreifen.

> **WARNUNG:**
> **Das folgende Kapitel endet mit einem Cliffhanger und einem dramatischen Tusch.**

Wir fliegen von Los Angeles über Toronto, Brüssel, Seattle, Caracas und Toronto nach Ho-Chi-Minh-Stadt. Das scheint mir zwar geographisch unsinnig, war aber 25 Dollar billiger.

Jetzt haben wir zehn Stunden Aufenthalt in Toronto, weshalb wir für 27,95 $ pro Person one-way mit dem Airport-Express in die Innenstadt fahren, und mich beschleicht mal wieder der unangenehme Verdacht, irgendeinen Denkfehler gemacht zu haben.

Als wir in der Stadt ankommen, ist der Himmel grau, und es regnet. Die Straßen zwischen den Hochhäusern sind wie leergefegt. Nur ein paar Obdachlose liegen auf seltsam dampfenden Gittern.

»Wollen wir uns irgendwo reinsetzen und einen Kakao trinken?«, fragt das Känguru. Ich nicke und blicke mich um. Da ist ein McDonald's, ein Starbucks und ein geschlossener Schlecker. Das Känguru hüpft auf den Schlecker zu und knackt das Türschloss.

Drinnen holt es zwei Stühle sowie einen Campingtisch aus seinem Beutel und stellt alles ins Schaufenster. Wir setzen uns. Das Känguru serviert einen Flachmann mit Malzkakao und Frösi-Kekse.

»Irgendwie ist es schade, dass Schlecker pleitegegangen ist«, sage ich. »Ich meine, wenn ich mal Kinder kriege, wo sollen die denn ihre ersten Haselnusswaffeln klauen?«

Das Känguru nimmt einen Schluck aus dem Flachmann.

»Warum genau fliegen wir eigentlich von Toronto nach Brüssel und von Brüssel nach Seattle und von Seattle nach Caracas und von Caracas nach Toronto?«, fragt es.

»Weil unser Flug nach Ho-Chi-Minh-Stadt ab Toronto geht«, sage ich, während ich den sehr witzigen Satz, den ich gerade gesagt habe, in mein Notizbuch kritzele.

»Ja, aber warum fliegen wir nach Brüssel, Seattle und Caracas, um dann wieder nach Toronto zu fliegen? Warum warten wir nicht einfach in Toronto auf den Flug nach Ho-Chi-Minh-Stadt?«

»Weil es das System so von uns verlangt«, sage ich.

»Und wer sind wir, dem System zu widersprechen?«, sagt das Känguru.

»Wenn wir einen der Flüge nicht antreten, verfallen alle restlichen Flüge.«

»Aber das scheint mir geographisch unsinnig«, sagt das Känguru.

»Es war aber billiger.«

»Der zwanglose Zwang des besseren Arguments.«

»Du hast den Flug verpasst, den der Verlag bezahlt hatte«, sage ich, »also beschwer dich bloß nicht.«

Ich blättere in meinem Notizbuch.

»Sind das deine Aufzeichnungen über unsere Reiseerlebnisse«, fragt das Känguru.

Ich nicke.

»Wie machst du das eigentlich?«, fragt es. »Du musst doch

auf Deutsch schreiben, aber jetzt, wo wir im Ausland sind, sprechen die Leute ja ausländisch. Alle englisch reden zu lassen wäre am glaubwürdigsten, aber man muss auch an die Leserinnen und Leser denken, die noch Russisch in der Schule hatten. Ein schwieriges Problem, so scheint mir.«

»Ich tue einfach so, als ob jeder, den wir getroffen haben, zufälligerweise Deutsch konnte«, sage ich.

»Ach, doch so einfach, ja? Und das findet dann keiner komisch?«

»Das fällt niemandem auf«, sage ich.

»Alle sprechen einfach zufälligerweise deutsch ...«

»Ja. Außer ich finde es aus irgendeinem Grund witziger, dass sie nicht deutsch sprechen.«

Plötzlich platscht ein unrasierter Mann mit seinem Gesicht von außen gegen das Schaufenster des Schleckers und brüllt: »Nicht erschrecken!«

Ich erschrecke mich total.

»Oh«, sagt das Känguru. »Das ist ja der Generalgouverneur von Kanada!«

Zufälligerweise spricht er deutsch.

»Hallo, Comandante!«, ruft er. »Kommt raus! Kommt raus!«

Wir verlassen den Schlecker.

»Und Sie müssen der Hauptmann sein«, sagt der Generalgouverneur. »Ich habe euch gerade da sitzen sehen und traute meinen Augen kaum!«

»Was war denn das für eine Aktion mit der Scheibe?«, frage ich.

»Oh, dass mache ich öfter«, sagt der Generalgouverneur. »Das ist einer meiner Anti-Terror-Anschläge. Normalerweise knalle ich aber mit dem Gesicht gegen die Scheiben von Nobelrestaurants. Die Leute kriegen immer fast einen Herzkasper.«

»Das glaube ich«, sage ich.

»Dann klebe ich noch eine Botschaft an die Scheibe und bin schwups wieder verschwunden.«

»Was denn für Botschaften?«, frage ich.

»Ich weiß, wen du letzten Sommer entlassen hast«, sagt der Gouverneur. »Und Ähnliches.«

»Aha.«

»Ich bringe den Horror dahin zurück, wo er herkommt.« Der Stellvertreter der Queen macht eine fiese Fratze. »Soll ich euch ein bisschen durch die Stadt führen?«, fragt er danach.

Das Känguru nickt. Der Generalgouverneur geht voran und wir folgen ihm.

»Seit wann sind Sie beim Asozialen Netzwerk, Sektion Kanada, Ihre Exzellenz?«, frage ich.

»Ich kann mich überhaupt nicht mehr an eine Zeit erinnern, in der ich nicht einer von den Asozialen war…«, sagt der Gouverneur.

»So lange schon?«, frage ich.

»Nee, nicht lange. Aber mein Gedächtnis, ey…« Er pfeift. »Seine Exzellenz hat definitiv zu oft mit dem King in the North und der Queen Mom einen durchgezogen, wenn ihr versteht, was ich meine… Und dieses hochgezüchtete Zeug ist ja nicht mehr das, was wir in unserer Jugend geraucht haben, das knallt dich wirklich weg, da bleibt keine Synapse mehr auf der anderen…«

»Warum sind hier kaum Leute auf den Straßen unterwegs?«, fragt das Känguru.

»Die sind alle unter der Erde, Special K.«

»Unter der Erde im Sinne von tot?«, frage ich.

»Genauso gut könnten sie tot sein«, sagt der Gouverneur. »Ja.«

»Sie sprechen in Rätseln, Ihre Exzellenz.«

»Seht ihr diese dampfenden Gitter, auf denen die Obdachlosen liegen? Das sind Abluftschächte. Die ganze verfickte Innenstadt ist ein riesiges unterirdisches Einkaufszentrum. Fast jedes dieser Hochhäuser bietet einen Zugang. Da unten ist ein neunundzwanzig Kilometer langes Wegesystem. 370.000 Quadratmeter Neonlicht und Klimaanlagenluft.«

Er schüttelt sich.

»Das heißt, man kann so ziemlich jeden Punkt in der Stadt unterirdisch erreichen?«, fragt das Känguru.

Der Gouverneur nickt.

»Warum laufen wir dann im Regen herum?«, fragt das Känguru.

»Folgendes«, sagt der Gouverneur. »Ganz oft funktioniert nur eine Rolltreppe. Die nach unten. Auch bin ich mal an einem Ausgang vorbeigelaufen, der wegen Bauarbeiten gesperrt war. Das nächste Mal, als ich an dieser Stelle vorbeikam, war der Ausgang weg. Versteht ihr? Die Falle schnappt zu! Das ist der buchstäbliche Weltinnenraum des Kapitals. Das ist ...«

»Ja, ja«, unterbricht ihn das Känguru. »Das ist aber auch trocken. Ich mag ja selbst keine Shopping-Malls. Aber es ist doch bescheuert, deswegen im Regen herumzulaufen. Ich bin dafür, dass wir abstimmen.«

»Okay«, sage ich.

»Ich möchte nicht unten sein, wenn der letzte Ausgang verschwindet«, murmelt der Gouverneur.

»Wer ist dafür, weiter im Regen herumzulaufen?«, fragt das Känguru.

Der Gouverneur und ich melden uns.

»Ach«, sagt das Känguru verächtlich, schüttelt sich das Wasser aus dem Pelz und sieht nun so aus, als hätte es in eine Steckdose gefasst.

»Ihr könnt ja machen, was ihr wollt«, sagt es. »Aber ich habe mich schon durch Tunnel gekämpft, als ich noch beim Vietcong war. Ich habe keine Angst vor einer unterirdischen Shopping-Mall. Ich geh jetzt da rein.«

Es hüpft in ein Hochhaus. Schulterzuckend folge ich ihm.

»Lasst, die ihr eintretet, alle Hoffnung fahren!«, ruft der Gouverneur uns nach. Dann wendet er sich kopfschüttelnd ab.

Ich nehme die Rolltreppe nach unten. Im Untergrund ist ein McDonald's, ein Starbucks und ein geschlossener Schlecker. Nebenan eröffnet gerade ein neuer Bio-Bubble-Tea-Laden. Ich laufe dem Känguru hinterher. Irgendwann drehe ich mich um, und wahrscheinlich liegt es nur am grellen Licht, oder vielleicht sind wir schon um eine Ecke gebogen, ohne dass ich es registriert habe, aber mir ist so, als hätte ich einen Pinguin vorbeihuschen sehen, und der Ausgang... Der Ausgang ist verschwunden.

**TAMM TAMM TAAAAHHM!**[9]

---

9 Cliffhanger, der: In Thomas Hardys zwischen September 1872 und Juli 1873 in *Tinsley's Magazine* als Fortsetzungsgeschichte erschienenem Roman *A pair of blue eyes* hängt der Protagonist Henry Knight am Ende einer Episode an einem Büschel Gras über einem Steilhang. Diese Szene wurde zur Namensgeberin eines Tricks, den vor Hardy schon Scheherazade eintausendundeinmal erfolgreich angewandt hatte und der später das Genre der Soap Opera ermöglichte: Man bricht eine scheinbar sehr spannende und dramatische Szene mitten in der Handlung ab, um das Publikum bei der Stange zu halten. Oft erweist sich die Szene dann zu Beginn der Fortsetzung übrigens als gar nicht so spannend und dramatisch. (Anm. des Chronisten)

GEMEINSAME INTERESSEN

Wir haben dann doch noch einen Ausgang gefunden.

Ein mit gelben Steinen gepflasterter Weg führte uns unterirdisch bis zum Flughafen, und wir sind weitergeflogen nach Brüssel. Um die neun Stunden Aufenthalt dort zu nutzen, sind wir in die Innenstadt gefahren.

»Hicks«, mache ich.

Seit ich am Flughafen die Biobrause Süßkartoffel-Kräuterquark getrunken habe, habe ich Schluckauf.

»Hicks«, mache ich. »Hilf mir! Mach, dass es aufhört. Du musst mich erschrecken.«

»Kein Problem«, sagt das Känguru. »In der Innenstadt von Brüssel gibt es inzwischen mehr Lobbyisten als Menschen.«

»Was?«, frage ich.

»Das ist doch erschreckend!«, sagt das Känguru.

Mein Schluckauf ist weg.

Wir biegen um eine Ecke und sehen den Sitz der Europäischen Kommission. Die ganze Straße lang stehen Männer und Frauen wartend herum.

Ein Typ im Anzug spricht uns an.

»Guten Tag. Ich habe einen Sitz im EU-Parlament in Straßburg«, sagt er, »und hätte gerade Kapazitäten frei, das Anliegen Ihrer Lobbygruppe zu unterstützen.«

»Aber Sie kennen uns und unser Anliegen doch gar nicht«, sagt das Känguru.

»Oh«, sagt der Mann. »Ich bin mir sicher, dass wir gemeinsame Interessen haben.«

Er deutet auf den schwarzen Koffer, in dem ich mein Handgepäck herumschleppe.

Eine Frau im Businesskostüm nähert sich uns.

»Hau bloß ab, Schätzchen, das ist meine Ecke«, sagt unser Parlamentarier. Er wendet sich wieder zu uns.

»Vorschlag einbringen mache ich für 50. Durchboxen ab 100.000. Perverser Scheiß kostet natürlich extra.«

»Perverser Scheiß?«, frage ich.

»Ihr wisst schon«, sagt der Mann. »So Nummern mit Waffen oder Medikamenten und so.«

»KENNEN SIE DIESEN PINGUIN?!?«, ruft das Känguru und hält dem Mann unvermittelt das Passfoto unter die Nase.

»Sie brauchen mich nicht zu testen«, sagt der Mann. »Ich verrate nie etwas über meine Auftraggeber.«

»Apropos«, sage ich. »Unsere Auftraggeber möchten, dass Sie ein Gesetz ins Parlament einbringen, das alle Parlamentarier unter Androhung von Strafe dazu verpflichtet, jegliche Nebenjobs, Nebeneinkünfte und sonstige Lobbybeziehungen sofort und vollständig offenzulegen.«

Völlig geschockt blickt mir der Mann ins Gesicht. Dann fängt er an zu lachen.

»Für eine Sekunde dachte ich, Sie meinen das ernst!«, sagt er kichernd. »Sehr witzig! Als ob die Kollegen so einem Gesetz jemals zustimmen würden.«

Er wischt sich eine Lachträne aus dem rechten Auge.

»Also. Was kann ich wirklich für Sie tun?«

»Ich möchte Sie bitten, ein Gesetz einzubringen, das verlangt, dass EU-weit in allen Radiostationen aus Bob-Dylan-Liedern die Mundharmonika herausgefiltert wird«, sagt das Känguru und gibt dem Mann mein Handgepäck.

Ich hole mir meinen Koffer zurück.

»Wir kucken erst mal, ob wir die Kollegin dahinten billiger bekommen.«

Als wir im Zug zurück zum Flughafen sitzen, sage ich: »Stell dir nur mal vor, wenn wir scheißreich wären, was wir uns für tolle Gesetze kaufen könnten.«

»Wenn wir scheißreich wären«, sagt das Känguru, »wären wir mit den Gesetzen, die es gibt, wahrscheinlich ganz zufrieden.«

In Seattle haben wir acht Stunden Aufenthalt. Laut dem Reiseführer des Déjà-vu-Verlages hat Seattle zwei Hauptattraktionen: die allererste Starbucks-Filiale und das Haus, in dem sich Kurt Cobain erschossen hat.

»... und Kurts Freundin«, sagt das Känguru.

»Courtney?«, frage ich.

»Nein, nein. Irgendeine davor. Die hat ein Deodorant benutzt, das hieß ›Teen Spirit‹. Und einmal nach einer Party hat eine Bekannte von Kurt an die Wand des Zimmers, in dem Kurt schlief, ›Kurt smells like teen spirit‹ gesprayt. Kurt wachte auf und war total fasziniert von dem Satz. Er kannte nämlich die Deo-Marke nicht. Und so wurde aus der peinlichen Namensidee einer billigen Werbeagentur der Titel des wichtigsten Musikstückes seit Beethovens Neunter.«

»Voll die Geschichte«, sage ich und trinke einen Schluck Kaffee. Da wir Kurts ehemaliges Haus verschlossen und in Privatbesitz vorfanden, was zumindest mich daran hinderte, es zu betreten, sind wir bei Starbucks gelandet.

»Kuck mal«, sage ich. »Das ist lustig. Auf die Pappbecher sind schlaue Zitate draufgedruckt. Ich habe Zitat Nummer 246.«

Ich zeige dem Känguru meinen Becher, und es liest:

»Wir sind die erste Generation in der Geschichte, welche die extreme Armut abschaffen kann. Das ist unser Glück, unsere Herausforderung und unsere Verantwortung. Jeffrey Sachs.«

Das Känguru blickt mich an.

»Was ist daran lustig?«, fragt es.

»Das Kleingedruckte unten.«

Das Känguru liest vor: »Das ist die Meinung des Autors und nicht notwendigerweise die Meinung von Starbucks.«

»Ist es nicht schön, wenn die PR-Abteilung und die Rechtsabteilung so wunderbar Hand in Hand arbeiten?«, frage ich.

»Ich finde, andere Konzerne sollten das übernehmen. Zum Beispiel: ›Man sieht nur mit dem Herzen gut. Das Wesentliche ist für die Augen unsichtbar.‹ – Antoine de Saint-Exupéry. Das ist die Meinung des Autors und nicht notwendigerweise die Meinung von Fielmann.«

»Nicht notwendigerweise die Meinung ... Tss ... Das ist so feige!«, sagt das Känguru kopfschüttelnd. »Das regt mich wirklich auf. Entweder man macht 'ne Ansage oder man hält die Klappe. Aber 'ne Ansage zu machen und sich dann sofort vorsorglich davon zu distanzieren ... Bäh. Diese Distanzierungsmanie ist ja eine regelrechte Krankheit. Sich bloß nicht auf irgendetwas festlegen lassen. Das zieht sich schon durch alle Lebensbereiche. Die Leute sagen ja nicht mal mehr ›Ich liebe dich!‹, die sagen ›Ich liebe dich! (Bitte beachte die Fußnote)‹. Und in der Fußnote steht: ›Liebe ist ein hormonell bedingter Zustand und unterliegt als solcher naturgemäß Schwankungen. Dies ist also eine zeitlich begrenzte Schätzung und mit keinerlei Rechtsansprüchen verbunden. Alle Ereignisse und Personen in dieser Aussage sind fiktiv. Alle Ähnlichkeiten mit lebenden oder toten Personen sind rein zufällig. Keine Tiere kamen beim Sprechen dieses Satzes zu Schaden.‹ Ich hätte große Lust, den Leuten volle Kanne gegen das Schienbein zu treten und danach zu sagen: ›Ich distanziere mich hiermit von dem Tritt gegen das Schienbein.‹ Bäh. Weißt du, was passiert, wenn man sich immer alle Türen offen hält? Dann zieht's, mein Freund! Dann wird man krank. Diese verblödete Wischiwaschi-Kultur. Die Welt ist echt voll von Arschlöchern, rechtlich abgesicherten Arschlöchern.«[10]

---

[10] Das ist die Meinung des Kängurus und nicht notwendigerweise die Meinung des Autors. (Anm. des Autors)

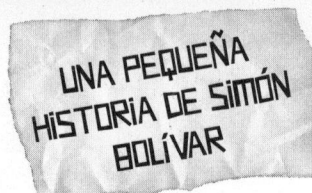

## UNA PEQUEÑA HISTORIA DE SIMÓN BOLÍVAR

In Caracas haben wir sieben Stunden Aufenthalt. Darum fahren wir mit dem Bus vom Aeropuerto Internacional Simón Bolívar zum Hotel de Simón Bolívar in der Avenida Simón Bolívar. Dort treffen wir den Hidalgo, unseren Verbindungsmann vom Asozialen Netzwerk, Sektion Venezuela, der uns in das Restaurant Simón am Plaza Bolívar führt, wo das Känguru Pollo à la Simón Bolívar bestellt.

»Hast du alles dabei?«, fragt es unseren neuen Freund, der zufälligerweise deutsch spricht.

Dieser greift in seine Tasche: »Hier sind die Anträge.«

»Was denn für Anträge?«, frage ich.

»Ich wollte die Zeit in Venezuela nutzen, um hier schon mal vorsorglich Asyl zu beantragen«, sagt das Känguru.

Nach dem Essen – es hat 20.000 Bolívar gekostet – packt unser Verbindungsmann ein Zigarrenetui aus.

»Wollt ihr auch eine Bolívar rauchen?«, fragt er.

»Warum hat man das Land eigentlich Venezuela genannt?«, frage ich.

»Bolivien gab's schon«, sagt der Hidalgo.

Als wir kurze Zeit später im Bus sitzen, um unseren Flug zurück nach Toronto nicht zu verpassen, frage ich das Känguru: »Kennst du eigentlich diesen Simón Bolívar?«

»Nicht persönlich«, sagt das Känguru. »Aber entweder war der Typ wichtig oder es gab sehr viele davon.«

**»Papa ist 'ne Knackwurst.«**
**Schweinchen Babe**

»Ich vermisse nichts«, sage ich.

»Seit wann bist du denn Vegetarier?«, fragt das Känguru, während wir – zurück am Flughafen von Toronto – in der Schlange vor einem Burger-Laden stehen.

»Seit gestern.«

»Und du vermisst nichts...«

»Ich vermisse nichts.«

»Krass.«

»Ich bin seit drei Jahren Vegetarier«, sage ich. »Es ist so unglaublich wie bezeichnend, dass du davon bisher keine Notiz genommen hast.«

»Und warum biste Vegetarier geworden? Wenn man fragen darf?«

»Nein, darf man nicht.«

»Warum nicht?«

»Weil das keine sinnvolle Frage ist«, sage ich. »Jedenfalls nicht, wenn man eine sinnvolle Frage als eine Frage definiert, die auf Erkenntnisgewinn zielt. Warum wohl?«

»Ich weiß es nicht«, sagt das Känguru. »Warum?«

»Ich sag dir warum: Immer, wenn ich als Kind Atemnot bekommen habe, hat mir meine Mutter als Hausmittel ein blutiges Steak aufs Gesicht gelegt. Das hat mich traumatisiert.«

»Ehrlich?«, fragt das Känguru.

»Natürlich nicht!«, sage ich. »Ich esse kein Fleisch mehr aus all den richtigen Gründen.«

»Ah so.«

»Aus denselben Gründen, aus denen alle Vegetarier Vegetarier sind. Aus den Gründen, die du kennst und verdrängst. Deshalb finde ich, dass deine Frage keine sinnvolle Frage war.«

»Willst du Chicken Nuggets?«

»Ich esse kein Fleisch!«

»Auch kein Hühnchen?«

»Nein!«

»Auch nicht ganz mageres Fleisch?«

»Letztens hatte ich bei einem Verwandtschaftstreffen ein ähnliches Gespräch, das damit endete, dass mir meine sehr, sehr fette Gesprächspartnerin erklärte, ich würde mich ungesund ernähren.«

»Und Wurst isst du auch nicht mehr?«

»Weißt du, was mich interessiert?«, frage ich. »Würdest du eigentlich Känguru-Burger essen?«

»Nein«, sagt das Känguru und überlegt kurz. »Menschen-Burger allerdings...«

»Aber Menschen sind keine gefühllosen Dinge«, rufe ich empört. »Sie bilden komplexe soziale Gesellschaften, haben eine Persönlichkeit und empfinden Trauer, Glück oder Schmerz genau wie ihr Tiere.«

»Keine Panik«, sagt das Känguru. »So faul, wie du immer rumhängst, musst du dir keine Sorgen machen. Von Gammelfleisch halte ich mich fern.«

»Dir ist schon klar, dass die meisten Menschen in viel zu

kleinen Käfigen gehalten werden, kaum Auslauf bekommen und beim Transport enormem Stress ausgesetzt sind?«

»Gerade in Berlin«, sagt das Känguru. »Ständig diese Ungewissheit: Fährt die S-Bahn? Fährt sie nicht?«

»Würdest du auch Fleisch aus Massenmenschhaltung essen?«

»Nein. Ich würde natürlich darauf achten, dass ich nur Menschen aus Freilandhaltung esse«, sagt das Känguru. »Zum Beispiel so einen saftigen Rinderbaron aus Argentinien.«

»Und dass für dessen Hacienda hektarweise Regenwald abgeholzt wird, ist dir egal? Und die Umweltbelastung durch den Transport?«

»Wenn es dir lieber ist, kann ich auch gerne nur Menschen aus der Region essen«, sagt das Känguru. »Einen Hamburger zum Beispiel. Oder ein Paar Frankfurter. Ein Paar Deutschländer. Hm. Lecker.«

»Du weißt, dass die alle mit Antibiotika vollgepumpt sind?«, frage ich. »Fast die Hälfte der Weltjahresproduktion an Antibiotika wird Menschen verabreicht. Das Zeug isst du mit.«

»Ja, ja«, sagt das Känguru. »Dadurch entstehen Resistenzen mit potentiell katastrophalen Folgen.«

»Siehst du! Du weißt es! Durch die Massenmenschhaltung leiden die Leute übrigens alle unter Mobbing, Burn-outs und Break-downs. Die dadurch erzeugten Stresshormone, die isst du auch mit!«

»Ach, deswegen bin ich so gestresst. Und ich dachte immer, es läge am Kapitalismus.«

»Ganz zu schweigen von den unfassbaren Mengen an Menschengülle, die Böden, Wälder und Trinkwasser vergiften. Und außerdem ist die Menschenzucht zu einem Großteil für den klimaschädlichen $CO_2$-Ausstoß verantwortlich.«

»Hättest du denn etwas dagegen, wenn ich an einem fair gehandelten Biobauern aus der Uckermark knabbere?«, fragt das Känguru. »Sagen wir, einmal die Woche?«

»Guten Appetit.«

»Es gibt übrigens sehr wohl auch Leute, die kein Fleisch essen, weil sie zum Beispiel glauben, das könnte ihre Großmama sein«, sagt das Känguru. »Zu denken, alle Vegetarier seien Vegetarier aus genau den deinen ethisch-moralisch-ökologischen Gründen, ist mal wieder sehr eurozentristisch. Im Übrigen ...[11]

Endlich sind wir an der Reihe.

»Ich hätte gerne einen Big Mac«, sagt das Känguru.

»Sie sind hier bei Burger King«, sagt der Junge hinter der Theke. »Sie müssen sich ein Produkt aus der Karte über mir aussuchen.«

»Hm«, sagt das Känguru. »Ach, sagen Sie, haben Sie eigentlich auch Burger mit Menschenfleisch?«

»Äh ... kann schon sein«, sagt der Junge. »Keiner hier weiß genau, wo unser Fleisch herkommt ... Aber wenn Sie etwas Besonderes wollen: Wir haben gerade unsere ›Australian weeks‹. Ich kann Ihnen einen Down-Under-Burger anbieten mit garantiert fünfzig Prozent ...« Der Junge blickt das Känguru an. »... Koalafleisch«, sagt er.

»Boah, wie widerlich«, sagt das Känguru. »Das schmeckt doch bestimmt total nach Eukalyptus.«

---

[11] An dieser Stelle habe ich das Kapitel um eine sechzehn Seiten lange Diskussion gekürzt. Man kann diese Diskussion nachlesen im sechzehn Seiten längeren Author's Cut dieses Kapitels oder im einhundertachtundzwanzig Seiten längeren kommentierten Kangaroo's Cut. (Anm. des Lektors)

DIE DURCH DIE HÖLLE GEHEN

Nach der Landung in Ho-Chi-Minh-Stadt haben wir uns völlig erschöpft in das erstbeste Hostel geschleppt und sitzen jetzt im zugehörigen Restaurant.

»Wir hätten laufen sollen«, sagt das Känguru. »Wir wären schneller hier gewesen.«

Ich habe die lokale Spezialität bestellt, mittelscharf, nehme einen Bissen und muss weinen. Das Känguru hielt sich für schlauer und hat Spaghetti bestellt. Ein noch größerer Fehler.

»Man sollte nicht glauben, was man bei Spaghetti mit Tomatensoße alles falsch machen kann«, murrt es. Neben der Jugendherberge ist ein McDonald's, ein Starbucks und ein geschlossener Schlecker.

Gegenüber schließt gerade ein neuer Bubble-Tea-Laden.

»Vietnam ist ein bisschen wie ein Oasis-Konzert«, sage ich. »Man hätte 1994 hingehen sollen.«

»Quatsch! Vietnam ist wie ein Stones-Konzert«, sagt das Känguru. »Man muss 1973 dabei gewesen sein!« Es schlürft ein paar Spaghetti. »Ich hab noch dem Hubschrauber gewinkt ...«

»Kuck mal!«, sage ich und deute auf ein großes Konzertplakat im Hostel.

Da steht: »KrankenHouse! Live in Ho-Chi-Minh-City.«

»Ist das nicht deine alte Band?«, frage ich. »Das Nachfolgeprojekt von den *Kranken Schwestern*? Die scheinen ja wirklich richtig erfolgreich zu sein. Ein Stadion ...«

Das Känguru grummelt etwas Unverständliches.

Plötzlich flüstert es aufgeregt: »Duck dich!«, und verschwindet unter dem Tisch. Vielleicht hätte ich mich unter den Tisch geduckt, wenn das Känguru geflüstert hätte: »Dreh dich sofort um und kuck blöd!«

Ich habe mich nämlich umgedreht, und jetzt kucke ich blöd.

»Well! That's just like, like – you know – AMAZING!«

Ich schließe die Augen. Als ich sie wieder öffne, hat sich Sarah, das fröhliche rothaarige Backpackermädchen, schon an unseren Tisch gesetzt. Das Känguru taucht mit verärgerter Miene wieder von unter dem Tisch auf.

»Oh! You too!«, sagt Sarah. »For a moment I thought you were kind of like, you know, well, kind of like, you know, well, kind of like, you know, well, kind of like, you know ...«

Ich stupse sie leicht an.

»... well, like back in Australia and stuff ...«

Das Känguru hat den Kopf über seinem Teller, Spaghetti hängen aus seinem Mund, es schlürft, dreht, ohne den Kopf zu bewegen, seine Augen zu dem Mädchen hin und sagt: nichts.

»Isn't this place totally awesome?«, fragt Sarah. »It's kind of like ...«

»Yeah!«, sage ich, nehme noch einen Bissen von meiner lokalen Spezialität und muss wieder weinen.

»Crazy!«, sagt sie und schüttelt Kopf und Arme.

»You wanna know what's crazy?«, fragt das Känguru. »Your backpack is bigger than you.«

»Do you know KrankenHouse?«, fragt das Mädchen.

»They are kind of, like, from Berlin. They started as a punk band in the eigthies. Called themselves something like *The Sick Sisters*. But now they make something like Major-Independent-Industrial-Techno-House-Dubstep-Trancecore. I absolutely love them. I have two tickets for tomorrow.« Sie blickt zu mir. »Hey! You wanna come? It's gonna be so great.«

Sie zieht zwei Tickets aus ihrer Jeanstasche. Das Känguru nimmt sie ihr ab.

»Thank you«, sagt es.

»I was kind of like asking your friend if he and me kind of... But, hey, that's cool... You two go, I have seen them many times before ...« Sie spricht immer langsamer. »I'll just listen from outside ... It's gonna be loud enough anyway.« Ihre Stimme ist brüchig geworden. »It's gonna be so awesome. I'm so excited.«

Sie zieht eine kleine Dose aus ihrer Tasche, macht sie auf und steckt sich etwas in den Mund.

»What's this?«, frage ich.

»Moodlifters«, sagt Sarah. »My psychiatrist gave them to me. Want one?«

Ich schüttle den Kopf. Das Känguru greift zu.

»You know«, sagt es nach einer Weile. »This kind of feels really, really awesome!«

»Doesn't it?«, fragt Sarah. »I absolutely love it. Don't you just love it?«

»I love it«, sagt das Känguru. »This hostel is so beautiful, you know? Don't you just, like, well, love this hostel?«

»I love the hostel! It's the best hostel ever! It's kind of awesome!«

»And the closed down Schlecker«, sagt das Känguru. »It's like the best.«

»It's beautiful!«

»And I just love those Spaghettis. Don't you just love those spaghettis? They are kind of perfect. I'm so happy! For no reason! But I don't care.«

»Please«, sage ich. »I seriously need one of those pills.«

»Sorry«, sagt Sarah. »The kangaroo took the last five.«

# DAS ZEICHEN

> »Der Mensch ist frei geboren
> und liegt doch überall in Ketten.«
> Holiday Inn

Wir sind – aus Gründen – in ein anderes Hotel umgezogen. Ich habe es mir im Zimmer gemütlich gemacht.

»Soll ich dir mal sagen, warum meiner Meinung nach der Kapitalismus trotz all der Widersprüche und Ungerechtigkeiten, die er Tag für Tag kreiert, noch nicht untergegangen ist und das bedauerlicherweise auch in naher Zukunft nicht tun wird?«, fragt das Känguru.

Ich sage nichts.

»Er geht nicht unter, weil er seinen eigenen Forderungen gemäß flexibler, belastbarer, innovativer, kreativer, teamfähiger, begeisterungsfähiger und kreativer ist als alle vorangegangenen Unterdrückungssysteme«, sagt das Känguru. »Auch ist er, und das scheint mir das Entscheidende, durchlässiger. Der Kapitalismus, dieser Pfiffikus, hat sich den Trick ausgedacht, seine erfolgreichsten Kritiker nicht zu bestrafen, sondern zu belohnen. Er bringt sie nicht zum Schweigen, indem er sie einsperrt oder tötet. Nein! Er will keine Märtyrer erschaffen. Der Kapitalismus bringt seine erfolgreichsten Kritiker zum Schweigen, indem er sie reich macht. Der aktive Gewerkschaftler wird zum Gewerkschaftsführer und ist damit plötzlich selbst Boss eines großen Unternehmens, der pazifistische Oppositionspolitiker wird zum kriegstreibenden Außenminister, und der kritische Künstler wird zum selbstzufriedenen Massenunterhalter.«

Ich drehe die Düsen des Whirlpools unserer Fünfsternesuite auf halbe Kraft, nehme einen Schluck von meinem exzellenten 68er Spätburgunder, lege das Magazin mit den schönsten Golfplätzen Monacos beiseite und frage: »Worauf willst du hinaus?«

»Auf nichts«, sagt das Känguru. »Ich plappere nur so vor mich hin.«

Ich drehe die Whirlpooldüsen wieder auf.

»Ich geh dann mal nach dem Pinguin suchen«, sagt das Känguru und nimmt den digitalen Bilderrahmen vom Marmorkamin. »Ich nämlich versuche zu verhindern, dass er seinen bösartig-neokonservativen Weltnummerierungsplan umsetzen kann.«

»Viel Spaß«, sage ich und schließe meine Augen.

»Ich muss vor allem den Oberbefehlshaber finden«, sagt das Känguru. »Ein alter Vietcong-Genosse von mir. Er wusste früher immer über alles Bescheid, was hier im Land vorging. Er wird uns sagen können, wo der Pinguin steckt.«

»Supi.«

»Wir müssen ein Klopfzeichen ausmachen, damit du bei meiner Rückkehr weißt, dass ich es bin und keine Gefahr besteht«, sagt das Känguru.

»Okay.«

»Das soll unser Zeichen sein«, sagt es und klopft dreimal gegen die Tür. »Klopf, klopf, klopf.«

»Das ist das dümmste Zeichen, von dem ich je gehört habe«, sage ich.

»Ist egal. Kommt ja eh keiner«, sagt das Känguru und verschwindet nach draußen. Ich schließe meine Augen und höre gleich darauf: Klopf, klopf, klopf.

»Na, was vergessen?«, frage ich und mache die Tür auf.

»Where are you from?«, fragt mich ein mir unbekannter Mann.

»Germany«, sage ich.

»Ah! Guten Tag!«, sagt der Mann. »Zahlen Sie nicht länger zu viel für Ihren DSL-Anschluss.«

Ich bin baff.

»Äh«, sage ich.

»Haben Sie schon vom Mobilfunkanbieter $CO_2$ gehört?«

Ich knalle dem Mann die Tür an die Nase und will mich wieder in den Whirlpool legen.

Klopf, klopf, klopf.

Ich öffne. Vor der Tür stehen eine dicke Frau und ein kleiner Junge in einem noch kleineren Anzug.

»Nehmen Sie sich kurz fünf Minuten Zeit für den Herrn, unseren Gott«, sagt die Frau.

»Hat man denn nirgends seine Ruhe?«, frage ich kopfschüttelnd.

»Der Herr ist überall!«, sagt der Junge.

»Furchtbar. Wie Coca-Cola«, sage ich, schließe sanft die Tür und steige zurück in den Whirlpool.

Es klopft. Dreimal.

Ich öffne und nehme Pakete für die ganze Nachbarschaft entgegen. So langsam bekommt der Hotelslogan »We want you to feel just like at home« eine völlig andere Bedeutung. Eins der Pakete müffelt. Es ist von TeaSausageOnline24.com.

Ich lege mich wieder in den Whirlpool, kann mich aber nicht entspannen. Bestimmt klopft es gleich wieder.

Nichts passiert. Ich lehne mich zurück und lasse locker.

Ich schließe meine Augen und merke, dass ich eine Migräne bekommen werde vom Spätburgunder.

Klopf, klopf, klopf.

»Niemand da«, murmle ich und tauche unter. Jemand öffnet die Tür. Anscheinend geht das auch von außen. Mein Besucher sieht merkwürdig aus. Ich tauche auf. In der Tür steht der Pinguin. Er blinzelt. Hastig fahre ich aus dem Pool hoch, bleibe mit der Badehose am Wasserhahn hängen, befreie mich, springe aus dem Pool, rutsche auf den *Schönsten Golfplätzen Monacos* aus, knalle mit dem Kopf gegen den Marmorkamin, zapple auf den vom umgekippten Spätburgunder nassen Fliesen wie ein dreibeiniger Hund auf einem zugefrorenen See, rapple mich hoch und haste zur Tür. Der Pinguin ist weg.

Weg ist auch das Paket von TeaSausageOnline24.com.

Ich lege mich wieder in den Whirlpool und schlafe sofort ein. Ich habe einen sehr sarkastischen Traum, in dem ich am Grab des Kängurus stehe und zu Friedrich-Wilhelm sage: »Tragisch. Aber irgendwie war es ein passendes Ende. Von einem Geldtransporter überfahren... Ich glaube, es hätte die Ironie zu schätzen gewusst.«

Ein Klopfen weckt mich. Klopf, klopf, klopf, klopf. Hm. Wieder klopft es. Klopf, klopf, klopf, klopf, klopf. Dann höre ich: Klopf – Pause – klopf. Und dann: Klopf, klopf – Pause – klopf, klopf. Ich kratze mich am Bart.

»Ich bin's!«, ruft das Känguru. »Ich hab das Zeichen vergessen.«

**»Du riechst so gut.«**
**Jean-Baptiste Grenouille**

DWUM DWUM DADA

»Dass sie das tatsächlich noch spielen«, sagt das Känguru.

Wir stehen mit Tausenden von Menschen in einem Stadion in Ho-Chi-Minh-Stadt.

DWUM DWUM DADA

»Jetzt wo deine alte Band in Asien so krass erfolgreich geworden ist«, sage ich, »bereust du es da wirklich nicht, dass du damals in Berlin ausgestiegen bist, weil du's zu kommerziell fandest, eine dritte Platte rauszubringen?«

Das Känguru antwortet nicht.

DWUM DWUM DADA

»Hallo!«, brüllt der Sänger. »Ich bin Manfred!«

»Der Text ist von mir«, sagt das Känguru.

DWUM DWUM

»Und ich bin süchtig!«, brüllt der Sänger.

DWUM DWUM

»Nasenspray!«, brüllt der Sänger.

DADA DADA

»Manchmal stimmt es mich ein wenig traurig«, sage ich, »dass der weltweit bekannteste deutschsprachige Dichter Till Lindemann von Rammstein ist.«

»NASENSPRAY!«, brüllt das Publikum.

Nach dem Konzert treffen wir uns im Backstagebereich mit der Band, und das Känguru stellt mir seine ehemaligen Kollegen vor: »Das ist Manni. Früher hat er Schlagzeug gespielt. Jetzt leidet er an dem Größenwahn, mich als Stimme der Band ersetzen zu können.«

»Ich habe schon viel von dir gehört«, sage ich und gebe Manfred die Hand.

»Kann ich von dir nicht behaupten«, röchelt er.

»Hast du gewusst, dass der weltweit führende Raspelhersteller sich von Manfred das Recht erworben hat, mit dem Satz werben zu dürfen: ›Ein Reibeisen, so rauh wie Manfred Festingers Stimme‹?«, fragt das Känguru.

»Im Ernst?«, frage ich.

»Ganz im Ernst«, sagt das Känguru. »Und das verstehe ich immer nicht ... Menschen, die alles haben, Erfolg, Geld, Ruhm. Warum verkaufen die sich an Raspelhersteller, McDonald's, Milchschnitte oder Slipeinlagen? Das ist doch einfach peinlich. Das ist der wahre Skandal, die wahre Prostitution.«

»Pass bloß auf«, röchelt Manfred. »Wegen solchen Sprüchen biste damals aus der Band geflogen.«

»Du bist aus der Band geflogen?«, frage ich.

»Das ist Manfreds krude Sicht der Dinge.«

»Das Beuteltier ist aus der Band geflogen«, sagt ein ziemlich fertiger Typ, der auf der Couch hängt.

»Darf ich vorstellen«, sagt das Känguru. »Das ist Pierre. Der hat früher Gitarre gespielt, jetzt spielt er Computer ...«

»Du bedienst die Synthesizer?«, frage ich.

»Nein, Mann«, sagt Pierre benommen. In jeder Hand hält er eine brennende Zigarette. »Hast du dem Beuteltier nicht zugehört? Ich spiele auf der Bühne Computer. Ich zocke World of Warcraft. Die Musik kommt irgendwo anders her. Keine Ahnung, woher. Ich habe schon vor langer Zeit aufgehört, mir diese Frage zu stellen.«

Das Känguru deutet auf den Dritten im Bunde.

»Und das ist Ekkehard, der kann immer noch nur Bass spielen.«

Ich lächle freundlich.

»Da fällt mir ein alter Witz ein«, sage ich. »Wie nennt man die Leute, die immer mit Musikern rumhängen?«

Ekkehard sagt nichts.

»Bassisten«, sage ich lachend.

Ekkehard sagt nichts.

»Ekkehard redet nicht so viel«, röchelt Manfred.

»Bill Withers hat mal seinen Bassisten mit den Worten vorgestellt: ›Melvin ist so still, er hat letztes Jahr acht Worte gesprochen. Sechs davon waren Airport.‹«, sage ich.

»Bist du Comedian?«, fragt Manfred.

»Nein, das ist Marc-Uwe«, sagt das Känguru. »Er ist ...«

»Nicht«, flüstere ich.

»... Kleinkünstler.«

Ich seufze.

»Wow. Kleinkünstler«, sagt Pierre amüsiert. »Jonglier uns doch mal was vor.«

»Da fällt mir ein alter Witz ein«, röchelt Manfred. »Kommt ein Kleinkünstler zum Arzt, sagt der Arzt: ›Es tut mir leid, aber Sie haben nur noch zwei Monate zu leben.‹ Sagt der Kleinkünstler: ›Aber wovon denn, Herr Doktor, wovon denn?‹«

Ekkehard lacht kurz und laut.

»Und wie gefällt euch das Land?«, versuche ich das Thema zu wechseln.

»Wo sind wir noch mal?«, fragt Pierre.

»Mir egal«, sagt Manfred. »Überall sieht's gleich aus. Man landet an den immer gleichen Flughäfen, schläft in den immer gleichen Hotels, spielt in den immer gleichen Stadien, führt die immer gleichen Gespräche und am Ende des Tages kommt irgendein Typ in die Garderobe und sagt: ›Die Limousine wartet!‹, und dann fängt alles von vorne an. Alle beneiden einen immer um das Rockstarleben, aber genauso gut könnte der Typ rufen: ›Heute ist Murmeltiertag!‹«

»Ich habe gerade nicht aufgepasst«, sagt Pierre und zündet sich zwei neue Zigaretten an. »Wo sind wir?«

»In Vietnam«, sagt das Känguru.

»Vietnam?«, fragt Pierre aufgeregt. »Ist da nicht Krieg? Da ist doch Krieg!«

»Ganz ruhig«, röchelt Manfred. »Das war nur der Film, den wir im Flugzeug gesehen haben.«

Nach einer Weile unangenehmen Schweigens frage ich Pierre: »Warum zündest du dir eigentlich immer zwei Zigaretten an?«

»Ich hasse es, wenn ich die Hand zum Mund führe, und es ist keine Zigarette drin. Da ich mir aber nicht merken kann, in welcher Hand die Zigarette steckt ... Du verstehst ...«

Pierre schließt mitten im Satz die Augen. Seine Hände sinken auf die Couch, und seine Zigaretten brennen Löcher hinein. Ekkehard drückt die Zigaretten mit den Fingern aus.

»KENNT IHR DIESEN PINGUIN?!?«, ruft das Känguru plötzlich und zeigt das Passfoto. Ekkehard lacht laut auf. Jemand hat dem Pinguin einen roten Gummihandschuh auf den Kopf gemalt und unter das Bild geschrieben: »Have you seen this chicken?«

Das Känguru blickt mich böse an.

»Alter! Das war unsere wichtigste Spur!«

Pierre reißt die Augen auf und starrt gebannt auf das Foto. »Was?!?«, ruft er. »Wo sind wir?«

»Mir egal«, sagt Manfred. »Überall sieht's gleich aus. Man landet an den immer gleichen Flughäfen, schläft in den immer gleichen Hotels, spielt in den immer gleichen Stadien, führt die immer gleichen Gespräche und am Ende des Tages kommt irgendein Typ in die Garderobe und sagt: ›Die Limousine wartet!‹, und dann fängt alles von vorne an. Alle beneiden einen immer um das Rockstarleben, aber genauso gut könnte der Typ rufen: ›Heute ist Murmeltiertag!‹«

Irgendein Typ kommt in die Garderobe und sagt: »Die Limousine wartet.«

Manfred seufzt. Die Band bricht auf. Das Känguru bedient sich noch an den Resten des Cateringbuffets, dann gehen auch wir durch den Hintereingang hinaus. Manfred steigt gerade in die Limousine. Ekkehard sitzt schon drin, beugt sich zum Fahrer vor, und ich höre, wie er sagt: »Airport.«

# DER OBERBEFEHLSHABER

»Wie isses draußen?«, frage ich, als das Känguru von seinen Erkundungen zurück ins Hotel kommt. »Angenehm?«

»Es ist, als ob dir jemand ständig mit einem heißen Bügeleisen ins Gesicht schlägt«, sagt es. »Ich weiß gar nicht, wie ich das früher ausgehalten habe.«

»Gibt's was Neues?«, frage ich.

»Der Oberbefehlshaber hat sich gemeldet. Wir müssen zu den Tunneln.«

»Was denn für Tunnel? Gibt's hier auch schon so ein furchtbares Einkaufszentrum?«

»Nein, nein. Ich rede von den Tunneln von Củ Chi«, sagt das Känguru. »Schon im Krieg gegen die Franzosen haben die Genossinnen und Genossen dieses Tunnelsystem angelegt. Im Krieg gegen die Amerikaner haben wir es dann zu einer richtigen Stadt ausgebaut, mit Räumen auf drei Ebenen. Es gab Lazarette, Schlafstätten, Büros, sogar Schulen und 3-D-Kinos.«

»Also, als du erzählt hast, du hättest schon früher im Untergrund gekämpft, da war das wörtlich gemeint?«

»Meine Eltern haben sogar in den Tunneln geheiratet.«

»Deine – Eltern – haben – geheiratet?«, frage ich erstaunt. »War ihnen das nicht zu bürgerlich?«

»Steuervorteile.«

»Und wie sollen wir zu der geheimen Untergrundtunnelstadt kommen?«

»Es fahren täglich Touristenbusse.«

»Kaum liegen die Toten in ihren Kisten, kommen die Touristen«, zitiere ich einen alten Hit der *Kranken Schwestern*.

»Du darfst den Oberbefehlshaber übrigens auf keinen Fall auf die Kriegszeit ansprechen«, sagt das Känguru. »Versprich mir das.«

»Wieso?«, frage ich. »Erzählt er mir sonst, dass du gar nicht beim Vietcong warst?«

»Ich finde deinen Mangel an Glauben beklagenswert.«

»Verzeihen Sie mir, Lord Vader.«

»Es ist nur so«, sagt das Känguru, »dass der Oberbefehlshaber, wenn er einmal anfängt, vom Krieg zu labern, nicht mehr damit aufhört.«

»Äh ... hat einer von euch vielleicht Feuer«, fragt Pierre, der im Whirlpool liegt, in jeder Hand eine nasse Zigarette.

»Was machen wir eigentlich mit ihm, wenn wir auschecken?«, frage ich.

»Ich hatte dir gesagt, dass du ihn nicht mitnehmen sollst«, sagt das Känguru.

»Die anderen haben ihn einfach vergessen!«, sage ich.

»Du hast ihn mit nach Hause gebracht«, sagt das Känguru. »Jetzt kümmere dich auch um ihn.«

Als wir bei den Tunneln ankommen, nehme ich Pierre wieder an der Hand und helfe ihm aus dem Bus. Vor dem Haus, in dem die Touristen empfangen werden, steht ein kleiner, alter Vietnamese und wartet auf uns. Zufälligerweise spricht er deutsch.

»Willkommen, Comandante«, sagt er und herzt das Känguru. »Und Sie müssen der Hauptmann sein.«

Ich nicke.

»Ich bin der Oberbefehlshaber der US-Truppen des Asozialen Netzwerkes, Sektion Vietnam«, sagt der Mann. »Stets zu Diensten.«

Er streckt mir seine Faust entgegen, und wir machen den geheimen Handschlag des Asozialen Netzwerks.

»Außerdem bin ich Entrepreneur extraordinaire und Erfinder des ersten antiimperialistischen Kaugummis«, sagt der Mann.

»Ein antiimperialistischer Kaugummi?«, frage ich.

Der Oberbefehlshaber greift in eine Tasche seiner Uniform.

»Der Ho-Chi-Mint«, sagt er. »Möchtest du einen?«

Das Känguru schüttelt warnend den Kopf.

»Nein danke«, sage ich.

»Herr Oberbefehlshaber ...«, beginnt das Känguru.

»Ach, was soll die Förmlichkeit. Nenn mich einfach O.B.«

»Eine unglücklich gewählte Abkürzung«, murmle ich.

»Was?«

»Nichts, nichts.«

»Kommt erst mal mit«, sagt der O.B. und führt uns vom Empfangshaus weg zu einem Schießstand. »Wir haben hier Pistolen, Uzis, Kalaschnikows, Bazookas. Alles mit scharfer Munition. Die Touristen sind ganz heiß drauf. Die kommen hierher und ballern. Ein Dollar pro Patrone. Bei einem Maschinengewehr geht das schnell ins Geld.«

»Als du mir geschrieben hast, dass du Waffen sammelst und dass die Amerikaner bezahlen werden, da hatte ich mir irgendwie etwas anderes darunter vorgestellt«, sagt das Känguru.

»Hinter dem Empfangshaus haben wir noch nachgebaute Fallen und entlang eines Pfades lebensgroße Kämpfer-Figuren«, sagt der O.B. »Die meisten unserer Tunnel sind inzwischen natürlich eingestürzt, aber wir haben einen nachgebaut und auf westliche Körpermaße vervierfacht.«

»Ich bin in einem Apocalypse-now-Eventpark«, sage ich ungläubig.

»Wollt ihr auch mal schießen?«, fragt der Oberbefehlshaber.

»Nein danke«, sage ich.

»Auch nicht aufs Haus?«

»Ist der irre?«, fragt Pierre. »Da sind doch Leute drin!«

Auf Drängen des Kängurus probieren wir es dann doch aus.

»Und wie war das Gefühl, als ihr abgedrückt habt?«, fragt der Oberbefehlshaber danach.

»Es war ein großartiges Gefühl«, sagt Pierre. »Man ist sofort ekstatisch. Man fühlt sich mächtig und unverwundbar, und genau darum gehört es unbedingt verboten.«

»Ja, nicht jeder kann mit Waffen umgehen«, sagt der Oberbefehlshaber.

»Waffen?«, fragt Pierre. »Sorry. Ich dachte, wir reden von Heroin.«

»Ah, die Bazooka ist endlich frei«, sagt das Känguru.

Es flüstert mir zu: »Denk daran! Sprich ihn auf gar keinen Fall auf den Krieg an.« Und hüpft zurück zum Schießstand.

»Wie war das damals während des Vietnamkrieges...«, frage ich.

»Wir nennen ihn den amerikanischen Krieg«, sagt der Oberbefehlshaber.

»Hm, ja, irgendwie logisch.«

»Eines Tages, während der TET-Offensive...«

»Also, eigentlich interessiert mich hauptsächlich, ob das Känguru wirklich beim Vietcong war.«

»Oh«, sagt der Oberbefehlshaber. »Natürlich. Jeder kannte es.«

»Hm«, sage ich, auf seltsame Art enttäuscht und erleichtert zugleich.

»Natürlich war es noch viel kleiner.«

»Wie klein?«, frage ich aufhorchend.

»Es war in den letzten Kriegsmonaten zur Welt gekommen«, sagt der Oberbefehlshaber. »Es war so klein, es steckte noch im Beutel seiner Mutti.«

Ich muss unglaublich breit grinsen.

Das Känguru kommt zurück.

»Was grinst du so blöd?«, fragt es.

»Nichts«, sage ich. »Nichts, nichts.«

Pierre kichert.

»Im Beutel seiner Mutti...«, wiederholt er.

»Ihr habt eure Versprechen gebrochen!«, ruft das Känguru. »Du hast versprochen, nicht zu fragen, und du hast versprochen, nichts zu erzählen!«

»Als es noch mit uns in der Band war, hat es immer geprahlt, dass es dem letzten Hubschrauber gewinkt habe«, sagt Pierre.

»Oh, es hat dem letzten Hubschrauber gewinkt«, sagt der Oberbefehlshaber. »Aus dem Beutel raus. Es war das erste Mal, dass es gewinkt hat. Alle fanden das total niedlich.«

»Superniedlich«, sage ich.

»Ich bin nicht niedlich!«, ruft das Känguru.

»Ich bin nicht niedlich...«, wiederholt der Oberbefehlshaber nickend. »Das war sein allererster Satz...«

»Kommen wir zum Punkt, bevor du uns hier noch weiter mit Kindheitsgeschichten nervst, die keiner hören möchte...«, sagt das Känguru.

»Ich möchte sie hören«, rufe ich.

»Ich auch!«, ruft Pierre. »Um was geht's?«

»KENNST DU DIESEN PINGUIN?«, ruft das Känguru, zieht den digitalen Bilderrahmen aus seinem Beutel und hält ihn dem Oberbefehlshaber unter die Nase. Nachdenklich betrachtet dieser das Bild.

»Ich habe diesen Pinguin schon einmal gesehen«, sagt er bedächtig.

**TAMM TAMM TAAAAHHM!**

»Lass das!«, sagt das Känguru verärgert und nimmt mir das Handy weg.

»Vor langer, langer Zeit habe ich diesen Pinguin gesehen. Er war gekommen, um dich ...«

Der Oberbefehlshaber zögert.

»Um mich zu töten?«, fragt das Känguru aufgeregt.

»Nein. Er arbeitete für eine Agentur, die exotische Babys in die USA brachte, damit sie dort von Hollywood-Stars adoptiert werden konnten. Dein Vater ...«

»Er hat sich für mich geopfert?«, ruft das Känguru.

»Nein, nein. Dein Vater war nicht da. Ich glaube, er war in der Tunnelkneipe. Vielleicht war er zu der Zeit aber auch schon verschwunden. Jedenfalls sagte der Pinguin: Dieses kleine Baby hier ist etwas ganz Besonderes.«

Das Känguru streicht sein Kopffell zur Seite und entblößt eine gezackte Narbe.

»Er wollte sagen, ich bin ... auserwählt?«, fragt es.

Unwillkürlich fährt es mit der Pfote über den Ring, den es an einer Kette um den Hals trägt.

»Ich glaube, er bezog sich darauf, dass du ein Kängurubaby warst«, sagt der O.B.

»Ich wusste es«, sagt das Känguru. »Ich bin auserwählt.«

»Siehst du mich noch?«, frage ich. »Oder siehst du nur noch an dir vorbeirasende grüne Matrixkaskaden?«

»Jedenfalls hat dich deine Mama nicht verkauft«, sagt der O.B. »Wahrscheinlich war das Gebot zu niedrig. Ende der Geschichte.« Der O.B. steckt sich einen Ho-Chi-Mint in den

Mund. »Einer meiner Leute hat den Pinguin übrigens letztens in Hanoi gesehen, wo er angeblich eine Fabrik leiten soll. Mehr weiß ich nicht.«

»Ich bin auserwählt...«, murmelt das Känguru.

Aus der Ferne vernehme ich leise Musik, die schnell lauter wird.

»Ist das Wagner?«, frage ich. »Der Walkürenritt?«

Jetzt können wir auch erkennen, wo der Lärm herkommt. Ein Hubschrauber fliegt direkt auf uns zu. Der Oberbefehlshaber rennt und holt die Bazooka.

»Nein, nein«, ruft Pierre. »Das ist nur meine Mitfahrgelegenheit.«

»Was?«, brülle ich gegen den Lärm an.

Der Hubschrauber landet direkt vor unseren Füßen. Am Steuer sitzt Manfred.

»Wir haben Pierre einen Ortungschip ins Ohr gesetzt, weil er so oft verlorengeht«, brüllt er zur Erklärung, nachdem er seinen Bandkollegen zu sich in die Kabine gezogen hat.

»Hat einer von euch vielleicht Feuer?«, fragt Pierre zum Abschied.

Bald darauf schweben die beiden schon wieder in der Luft.

Kurz winkt das Känguru dem Hubschrauber hinterher, dann hält es inne.

»Alter Reflex«, sagt es. »Schwer abzustellen.«

**ZWEi HORDEN HOOLiGANS**

> »Wir werden nicht schweigend in der Nacht untergehen.
> Wir werden nicht ohne zu kämpfen vergehen.
> Wir werden überleben. Wir werden weiterleben.
> Heute feiern wir gemeinsam unseren
> Independence Day!«
> **Ho Chi Minh**

Wir werden von zwei Wachmännern recht unsanft aus Ho-Chi-Minhs Mausoleum hinausbefördert.

»Wenn du dich nicht benehmen kannst«, sage ich, »dann gehe ich nicht mehr mit dir tote Kommunisten ankucken.«

»Der Mann liegt hier gegen seinen erklärten Willen«, sagt das Känguru. »Er hat sein ganzes Land vom Kolonialismus-Imperialismus befreit. Der Versuch, ihn zu befreien, war meine Pflicht!«

Das Känguru schluchzt.

»Warum musste er so jung von uns gehen ...«

»Der Mann ist neunundsiebzig Jahre alt geworden«, sage ich. »Reiß dich mal zusammen.«

Das Känguru schnäuzt in ein Taschentuch.

»Auch Onkel Ho war lange Jahre im Untergrund«, sagt es. »Man schätzt, dass er über fünfzig falsche Identitäten benutzt hat. Ach. Es ist solch eine Last, auserwählt zu sein.«

»Ja, ja«, sage ich. »Und was machen wir jetzt? Laufen wir weiter planlos durch Hanoi auf der Suche nach dem Pinguin?«

»Genau das werden wir tun«, sagt das Känguru, und wir stellen uns vor einen Zebrastreifen, um die Straße zu überqueren.

»Ein Zebrastreifen« sage ich nach einer Weile, »ist hier offensichtlich kein Zebrastreifen, sondern nur ein Vorschlag, wo man die Straße überqueren könnte, falls gerade nichts kommt.«

»Es hat sich alles so verändert hier«, sagt das Känguru. »Hanoi ist eine Art riesiger Bienenstock geworden, mit Schwärmen von Mopeds statt Bienen. Wenn du verstehst, was ich meine.«

»Ich verstehe«, sage ich. »Du sprichst ja immer so schön in Bildern, damit es auch die Dummen verstehen.«

»Das mache ich wegen dir«, sagt es.

»Das heißt ›deinetwegen‹«, sage ich.

Wir gehen weiter, bis wir eine Ampel finden.

»Und eine rote Ampel«, sage ich nach einer Weile, »bedeutet, man kann anhalten, wenn man denn will. Aber es wollen wohl nicht alle.«

Genervt hüpft das Känguru dem nächsten dreirädrigen Lastenmoped einfach auf die Ladefläche und springt dann von Ladefläche zu Ladefläche, bis es sich etwa in der Mitte der mehrspurigen Straße umdreht und mir zuruft: »Na, komm schon! Hüpf!«

Todesmutig steige ich in den unablässigen Strom der Lastenmopeds. Zwei Schritte vor, einen zurück. Warten. Drei Schritte vor, zwei zurück.

Ich werde leicht gestreift. Ein Schritt vor. Eine Drehung. Ich werde gerammt. Das schmerzt leicht am Schienbein. Das

Moped ist total verbogen. Drei schnelle Schritte. Ein Hechtsprung ans andere Ufer. Das Känguru fängt mich auf.

»Und meine Mutter hat immer behauptet, stundenlang Jump-and-run-Spiele zu daddeln würde mich im Leben nicht weiterbringen«, sage ich, von den Abgasen keuchend.

Auch das Känguru muss husten.

»Hanoi hat echt ein kleines Umweltproblem«, sage ich und male mit dem Zeigefinger Figuren in den Smog.

Das Känguru will weiterhüpfen.

»Ich habe eine $CO_2$-Überdosis«, sage ich. »Können wir eine kleine Pause machen?«

»Auf gar keinen Fall«, sagt das Känguru. »Wir müssen den Pinguin finden.«

Ich lasse meinen Blick umherschweifen.

»Da! Der Pinguin!«, rufe ich plötzlich. »Ich habe ihn gesehen! Schnell!«

»Wo? Wo?«, ruft das Känguru aufgeregt.

»Er ist in diesen Massagesalon hineingewatschelt!«

»Was? Wie?«, ruft das Känguru.

»Schnell! Schnell!«, sage ich. »In den Massagesalon!«

Nachdem wir uns in dem Laden umgesehen haben, sagt das Känguru: »Hier ist überhaupt kein Pinguin.«

»Dabei war ich mir so sicher«, sage ich. »Aber, was meinst du, wo wir schon mal hier sind, könnten wir uns doch massieren lassen?«

»Aha. Daher weht der Wind. Ich hoffe, du meinst massieren im Sinne von massieren.«

»Natürlich! Für was hältst du mich?«, frage ich. »Für einen VW-Betriebsrat?«

## VIERZIG MINUTEN SPÄTER

»Wer hätte gedacht, dass in so einem zierlichen Geschöpf so viel Kraft steckt«, sage ich.

»Ich fühle mich, als wäre ich zwischen zwei Horden Hooligans geraten«, sagt das Känguru.

»Die massieren anders als bei uns.«

»Mir tut alles weh.«

»Ich finde, sie hätten eine Warnung ...«

»Ich habe überall blaue Flecken«, sagt das Känguru. »Hier, hier, hier. Kuck!«

»... in den Reiseführer drucken sollen.«

»Das Mädchen hat mich verprügelt«, sagt das Känguru. »Ich habe ihr drei Dollar gegeben und sie hat mich verprügelt. Das ist eigentlich gar keine schlechte Geschäftsidee. Wenn ich wieder zu Hause bin, werde ich diese Dienstleistung auch anbieten.«

»Was machen wir jetzt?«, frage ich.

»Ich glaube, sie hat mir die Schulter ausgekugelt.«

»Ich könnte einen Happen Essen vertragen.«

»Ist sie auch auf dir herumgelaufen?«, fragt das Känguru. »Sie ist meine Wirbelsäule auf und ab gelaufen, und auf der Höhe des Rückgrats hat sie angefangen zu hüpfen.«

»Da! Der Pinguin!«, rufe ich. »Schnell! Ich habe ihn gesehen!«

»Wo? Wo?«, ruft das Känguru aufgeregt.

»Er sitzt in dieser Eisdiele!«

»Ja, ja. Netter Versuch.«

»Nein!«, sage ich. »Kuck doch! Er sitzt wirklich in dieser Eisdiele.«

Das Känguru dreht sich um und starrt durch die Scheibe den Pinguin an.

»Was machen wir jetzt?«, frage ich.

»Keine Ahnung«, sagt das Känguru.

»Keine Ahnung?«

»Ich habe mir immer den Kopf zerbrochen, wie wir ihn erwischen können. An das ›Was dann‹ habe ich bisher keinen Gedanken verschwendet.«

Schweigend beobachten wir, wie der Pinguin Kugel für Kugel sein Eis aufisst. Dann steht er auf und geht.

»Wir könnten ihm hinterherlaufen«, sage ich nach einer Weile.

»Gute Idee!«, sagt das Känguru. »Vielleicht führt er uns zu seiner Fabrik.«

»O nein«, sage ich. »Er geht auf die andere Straßenseite!«

Problemlos gleitet der Pinguin durch die Mopedflut. Das Känguru hüpft hinterher. Plötzlich biegt in einer irren Geschwindigkeit ein Geldtransporter um die Ecke und hält direkt auf das Känguru zu. Durch einen geschickten Sprung kann es allerdings noch problemlos ausweichen.[12]

---

12 Hier finde ich den Cliffhanger eher nicht so gelungen. Bitte ändern. (Anm. des Lektors)

# DIE FABRIK[13]

In Arbeitskleidung stehen wir mit anderen Arbeitern dicht gedrängt an unserem Arbeitsplatz am Fließband und arbeiten. Das ist so monoton, wie es klingt. Ich stanze ein Loch in eine Plexiglasscheibe, und das Känguru drückt ein Scharnier in das Loch.

Ich wische mir den Schweiß von der Stirn.

»Ich finde«, sage ich, »eine Firma, die Klimaanlagen herstellt, hätte ruhig in der Fabrik, in der die Klimaanlagen hergestellt werden, ein paar Klimaanlagen installieren können.«

Plötzlich gibt mir das Känguru einen Stups.

»Da ist er wieder«, sagt es und deutet unauffällig auf eine Stahlbrücke, welche hoch über den Fließbändern hängt. Die Kontrolleure dort stehen stramm, und ihre Reihen entlang watschelt der Pinguin. Ohne einen Blick nach unten zu werfen, verschwindet er in sein Büro.

»Kennst du den alten russischen Witz von dem Arbeiter aus der Staubsaugerfabrik?«, fragt das Känguru.

»Was'n für 'ne Staubsaugerfabrik?«, frage ich, von der monotonen Arbeit schon sehr genervt. Ich beginne damit, zur Abwechslung immer zwei Löcher in die Plexiglasscheibe zu stanzen.

---

13 Das wäre auch ein guter Titel für einen John-Grisham-Roman. (Anm. des Kängurus)

»Also pass auf«, sagt das Känguru. »Da ist so ein Typ, der arbeitet in einer Staubsaugerfabrik. Nun denkt er: So ein Staubsauger wär doch ein gutes Weihnachtsgeschenk für meine Frau.«

»Das ist doch total sexistisch!«

»Kannst du nicht einmal damit aufhören?«, fragt das Känguru. »Ich will auf etwas hinaus.«

»'tschuldige.«

»Also, er möchte so einen Staubsauger für seine Frau ...«

»Kann er den Staubsauger nicht einfach für sich selbst haben wollen?«, frage ich. »Ist das mit der Frau wirklich wichtig für den Witz?«

Das Känguru seufzt.

»Der Mann denkt also: So ein Staubsauger, das wäre doch ein gutes Weihnachtsgeschenk für mich. Von mir. Er kann sich den Staubsauger aber nicht leisten.«

»Bekommt er keinen Mitarbeiterrabatt?«

»Was weiß ich«, sagt das Känguru. »Darum geht's nicht.«

»So was kotzt mich immer an«, sage ich. »Da werden die Leute ausgebeutet, und dann bekommen sie nicht mal einen Mitarbeiterrabatt.«

»Hör auf, mich zu unterbrechen!«

»'tschuldige.«

»Er kann sich den Staubsauger, den er für sich selbst haben möchte, also nicht leisten ...«

»Weil er keinen Mitarbeiterrabatt bekommt«, sage ich.

»Weil er keinen Mitarbeiterrabatt bekommt«, sagt das Känguru. »Deshalb klaut er sich jeden Tag eines der Staubsaugerteile vom Fließband und nimmt es mit nach Hause. Aber wie er die Teile auch zusammensetzt – es kommt immer eine Kalaschnikow dabei heraus.«

»Du meinst, hier werden gar keine Klimaanlagen fabriziert?«, frage ich.

Und schon hat das Känguru die ersten Teile in seinen Beutel gesteckt.

Im Hotel setzt sich das Känguru sofort auf den Boden und bastelt eifrig mit den geklauten Teilen. Ich lasse mich völlig fertig aufs Bett fallen und schlafe sofort ein.

»Das da am Fließband«, sage ich, als ich wieder aufwache, »das war die anstrengendste halbe Stunde meines Lebens.«

Anstatt zu antworten, zielt das Känguru mit einem Gewehr auf mich.

»Peng! Du bist tot«, sagt es.

Ich trete näher. Tatsächlich. Ein Gewehr. Allerdings sieht das Gewehr so aus, als hätte jemand versucht, aus Teilen, die sich definitiv nicht zu einem Gewehr zusammenfügen lassen, mit aller Gewalt dennoch ein Gewehr zu bauen.

»Ich glaube nicht, dass man damit schießen kann«, sage ich.

»Nein«, sagt das Känguru zustimmend. »Wahrscheinlich nicht.«

»Was ist mit denen?«, frage ich und deute auf die unzähligen Teile, die noch unverbaut auf dem Bett liegen.

»Die passten nicht in mein Konzept.«

»Hast du mal versucht, eine Klimaanlage daraus zu basteln?«

»Ja«, sagt das Känguru. »Das hat funktioniert. So halb.«

»So halb?«

»Sie heizt.«

»Merkwürdig.«

»Morgen gehen wir wieder in die Fabrik«, sagt das Känguru.

»Warum sprichst du im Plural?«, frage ich.

»Wir schleichen uns in die Abfertigungshalle und lassen uns mit den Containern verschiffen.«

»Schon wieder Plural«, sage ich.

»Vielleicht benutzt es ja das königliche ›Wir‹«, sage ich. »Den Pluralis Majestatis.«

»Ja«, sage ich. »Mich kann es nicht meinen. Ich werde nicht mitkommen.«

»Schnick, Schnack, Schnuck!«, ruft das Känguru.

Das Känguru hat eine Schere und ich habe Papier.

»Warum lasse ich mich immer wieder darauf ein?«, frage ich. »Und warum mache ich immer als Erstes Papier? Ich mache immer wieder denselben Fehler. Ich bin genauso dumm wie ein SPD-Stammwähler.«

»Manchmal kann man nichts Aufmunterndes sagen«, sagt das Känguru, »weil es nichts Aufmunterndes zu sagen gibt.«

# SCHIFFBRUCH MIT KÄNGURU

Vor zwanzig Minuten hat unser Schiff abgelegt.

Das Känguru kotzt über die Reling.

»Bist du seekrank?«, frage ich.

»Noch eine unnötige Frage, und ich knüpfe dich an den Hauptmast«, murrt es.

»Das ist kein Segelboot.«

»Dann stecke ich dich eben in die Schiffsschraube.«

»Diese latente Gewaltbereitschaft …«, sage ich. »Daran musst du wirklich arbeiten.«

Das Känguru kotzt noch mal über die Reling.

»Fische füttern heißt das ja im Fachjargon«, sage ich. »Was ist dein Lieblingsseemannsausdruck?«

»Jemanden über die Planke gehen lassen …«

»Immer locker bleiben!«, sage ich und blicke auf die Uhr. »Ich habe mit einem von der Crew gesprochen. Der Mann hat mir versichert, die Fahrt dauere nur noch neununddreißig Minuten, dreiundzwanzig Stunden, vier Tage und fünf Wochen.«

Auf das Schiff zu kommen war recht einfach gewesen. Der Chef der Reederei hat nämlich eine Geschäftsidee gehabt. Erlebnistourismus! »Das letzte große Abenteuer!«, stand auf dem Werbezettel. »Fahren Sie als Seemann an Bord eines Frachtschiffes aufs offene Meer. Für nur 999 Dollar werden Sie ein echter Teil der Crew!«

Das heißt im Prinzip nichts anderes, als dass man dafür bezahlt, arbeiten zu dürfen. Schon als der erste Praktikant eine Stelle ohne Lohn akzeptiert hat, war diese Entwicklung wohl nicht mehr aufzuhalten.

Im Übrigen kann man sich natürlich gegen einen Aufpreis von der Arbeit auf dem Schiff befreien lassen. Nach nur zehn Minuten Arbeit haben wir dieses Angebot sehr gerne angenommen. Auf Verlagskosten. Auch gibt es zum Glück klimatisierte Kojen, sieben verschiedene Restaurants, eine Shopping-Mall und einen Wellness-Bereich.

Das Känguru stöhnt.

»Kommste mit, was essen?«, frage ich.

Das Känguru antwortet nicht.

»Ach! 'tschuldigung. Eher nicht, was?«

»Doch. Ich komme mit«, sagt das Känguru. »Ich brauche Wasser.«

Wir gehen unter Deck. Da ist ein Nordsee, ein Nanu-Nana und ein geschlossener Schlecker. Gegenüber eröffnet gerade ein neuer Frozen-Yogurt-Laden.

»So langsam glaube ich, diese Déjà-vus sind keine Fehler in der Matrix«, sage ich. »Sie sind die Matrix.«

Wir gehen in eines der großen Restaurants und setzen uns an einen freien Tisch. Irgendwann kommt der Kellner.

»Ich hätte gerne den XXXL-Eisbecher für Zwei«, sage ich. »Aber nur ein Besteck. Und dazu bitte noch den New-York-cheese-cake mit frittiertem Schokoriegel.«

Der Kellner will gehen.

»Und ein Glas Wasser bitte«, krächzt das Känguru.

»Was?«, fragt der Kellner.

»Wasser! Wasser!«, krächzt das Känguru. »Water! Agua! Eau!«

»Mit oder ohne?«, fragt der Kellner.

»Hä?«

»Kohlensäure.«

»Egal.«

»Egal gibt's nicht«, sagt der Kellner. »Mit oder ohne?«

»Mit«, stöhnt das Känguru.

»Wir haben nur ohne.«

»Dann halt ohne.«

»Groß oder klein?«

»Egal ...«

»Egal gibt's ni...«

»Groß!«

»Groß ist eine ganze Flasche«, sagt der Kellner. »Wollen Sie wirklich eine ganze Flasche?«

»Egal ...«, murmelt das Känguru schwach.

»Ja, wie nu? Ja oder nein?«

»Ich kotz dir gleich auf die Füße!«, sagt das Känguru, woraufhin der Kellner beschließt, dass es wohl doch egal sei.

»Immer wenn ich seekrank bin«, sagt das Känguru, »denke ich mit Respekt daran, wie Fidel und seine achtzig Männer es bei hohem Seegang auf diesem viel zu kleinen Kahn ausgehalten haben, als sie von Mexiko nach Kuba fuhren. Sieben Tage lang. Das Schiff hatte viel zu viel Gewicht, lag zu tief im Meer. Wasser drang durch undichte Planken. Zu essen gab's nichts außer verfaulte Orangen ...«

»Du weißt ja Bescheid«, sage ich. »Allerdings hatte Fidel einundachtzig Männer dabei und nicht achtzig.«

»Fidel hatte achtzig Männer dabei. Achtzig Männer und ein Känguru.«

»Was?«, frage ich erstaunt.

»Ein Onkel von mir. Der hatte mich auch gewarnt. Was immer du mit deinem Leben anfängst, hat er gesagt, äh ... ich hab's vergessen.«

»Geh niemals auf ein Schiff?«

»Ja! Geh niemals auf ein Schiff!«

Nach einer Weile kommt der Kellner mit meinen Süßspeisen, aber ohne das Wasser. Das Känguru legt seinen Kopf auf den Tisch.

»Ich sterbe jetzt«, sagt es.

»Willst du ein Stück von dem frittierten Schokoriegel?«, frage ich.

»Ich box dich gleich in den Bauch.«

»Dieser Double-Cheese-Chili-Burger mit Bacon, Spiegelei und extra Zwiebeln, den du vor der Abfahrt gegessen hast ...«, sage ich. »Ich glaube, auf den hättest du verzichten sollen.«

Das Känguru boxt mich in den Bauch. In dem Moment hebt eine große Welle das Schiff an. Mein Magen besucht mein Zwerchfell, und ich blicke mich panisch nach einer Kotztüte oder etwas Ähnlichem um. Ich finde etwas Ähnliches. Fassungslos starrt mich das Känguru an.

»Untersteh dich!«, ruft es.

# DIE KÄNGURU-OFFENBARUNG

»*Die Welt ohne Eigenschaften war eigentlich eher Eigenschaften ohne Welt.*«

**Aus *Die Welt ohne Eigenschaften*
von Max Mustermann**

Als wir das Schiff verlassen, legt sich das Känguru auf den Boden und weint hemmungslos vor Glück.

»Ich habe so Hunger!«, stöhnt es nach einer Weile. »Ich habe seit fünf Wochen, vier Tagen, dreiundzwanzig Stunden und neunundfünfzig Minuten gefastet.«

»Ja, ja«, sage ich.

»Wo sind wir?«

»Auf einer Insel.«

»Was für eine Insel?«

»Patmos.«

»Wo ist das?«

»Ägäis.«

»Aha.«

Wir gehen ein Stück die Hafenstraße hinunter.

»Ich habe solchen Hunger!«, sagt das Känguru wieder.

»Wenn wir da vorne um die Ecke biegen, kommt ein Fast-Food-Laden«, sage ich.

»Woher weißt du das?«

»Da ist immer ein Fast-Food-Laden«, sage ich.

»Wie?«

»Da ist der Starbucks«, sage ich, »da der Strauss Innovation, da der geschlossene Schlecker, dann ist garantiert da um die Ecke ein Fast-Food-Laden.«

»Ach du meine Güte!«, ruft das Känguru plötzlich.

Es packt mich am Kragen und zieht mich zu sich heran.

»Ich hatte gerade eine Offenbarung!«

»Deine Offenbarung ist sicher nicht die erste, die durch Fasten und Hungerwahn ausgelöst worden ist«, sage ich, »aber sie ist bestimmt die erste, die mit den Worten ›Ach du meine Güte‹ aufgenommen wurde.«

»Schweig still, Knappe«, sagt das Känguru. »Schreib mit!«

Ich hole einen Stift und mein Notizbuch aus meinem Gepäck.

»Dies ist die Offenbarung des Kängurus«, spricht das Känguru, in undefinierte Ferne starrend, »dem Asozialen Netzwerk zu zeigen, was in der Kürze geschehen soll; und es hat sie diktiert seinem Knecht Marc-Uwe, der bezeugt hat das Wort des Kängurus. Selig ist, der da liest und die da hören die Worte der Weissagung und behalten, was darin geschrieben ist; denn die Zeit ist nahe.«

»Halleluja«, sage ich.

»Unterbrich mich nicht in meinen Sendschreiben!«

»Verzeihung, Eure Heiligkeit.«

»Also sprach das Känguru: ›Dem Netzwerk der Asozialen schreibe: Mitgenossinnen und Mitgenossen an der Trübsal! Ich, das Känguru, war auf der Insel, die da heißt Pathos...‹«

»Patmos«, sage ich.

»›... die da heißt Patmos, und ich trat an den Sand des Meers und sah ein Tier aus dem Meer steigen, das kam zu unterwerfen die Welt, und es war vorne schwarz und hinten weiß und hatte einen spitzen Schnabel und Schwimmflossen. Auch hatte das Tier Flügel, konnte aber nicht fliegen.‹«

»Der Pinguin!«, rufe ich.

»Ich sagte, du sollst mich nicht unterbrechen!«

»Verzeihung.«

Das Känguru zieht eine Posaune aus seinem Beutel, stößt hinein und sagt: »Und ich hörte eine große Posaune, und als ich aufsah, waren da sieben Lautsprecher ...«

»Na klar. Drei oder sieben.«

»Und der erste Lautsprecher verkündete: ›Im Interesse Ihrer eigenen Sicherheit bitten wir Sie, die vorgesehenen und gekennzeichneten Bereiche nicht zu verlassen.‹ Und es ward ausgesperrt die Sonne und der Mond und die Sterne. Und es wurde Neonlicht. Und es wird strahlen von Ewigkeit zu Ewigkeit.«

»Amen«, sage ich.

»Und der zweite Lautsprecher verkündete: ›Den Anweisungen des Sicherheitspersonals ist Folge zu leisten.‹ Denn ihm ist Ehre und Gewalt, so dass niemand einreisen oder ausreisen kann, er habe denn das Malzeichen, nämlich den Pass seines Namens sowie die Zahl seiner Buchung. Und es kamen Heuschrecken auf die Erde ...«

»Ich hab schon drauf gewartet.«

»... und ihnen ward Macht gegeben, und sie kauften, zerschlugen und verkauften wieder und taten nicht Buße für ihre Betrügerei und Dieberei. Und der dritte Lautsprecher verkündete: ›Wir entschuldigen uns für entstandene Unannehmlichkeiten.‹ Aber ihre Entschuldigungen waren so wohlfeil wie folgenlos. Wer Ohren hat, der höre. Wer Augen hat, der lese ...«

»Wer Finger hat, der ziehe sie sich aus dem Po«, sage ich.

»Ein völlig unqualifizierter Kommentar.«

»Verzeihung.«

»Und über die Welt kamen die letzten sieben Plagen, und sie hießen: Flexibilität, Belastbarkeit, Innovativität, Kreativität, Teamfähigkeit, Begeisterungsfähigkeit und äh ...«

»... Kreativität«, sage ich.

»Ja. Und der vierte Lautsprecher verkündete ... äh ...«

»Lassen Sie Ihre Siebensachen nicht unbeaufsichtigt!«, sage ich.

»Das ist gut«, sagt das Känguru. »Das nehme ich. Und es soll hinfort keine Zeit mehr sein, denn jeder Tag wird sein wie der andere. Und der fünfte Lautsprecher verkündete: ›Gehen Sie weiter, hier gibt es nichts zu sehen.‹ Und die Menschen haben ihr Leben nicht geliebt bis an den Tod.«

»Bam!«, sage ich. »Hammersatz.«

»Ruhe«, ruft das Känguru. »Und die Bäume und alles grüne Gras wurden übergossen mit Beton und Asphalt und wurden zu Terminals, Start- und Landebahnen. Und der sechste Lautsprecher verkündete: ›Ich bin das A und das O, der Anfang und das Ende, der da startet und der da landet, der startet und landet in mir, dem Allumfassenden.‹ Und der siebente Lautsprecher verkündete ... äh ... keine Ahnung ... Sagen wir, es waren nur sechs Lautsprecher.«

»Okay.«

»Nun nimm das Büchlein und verschling es!«, ruft das Känguru, wieder vom Geist ergriffen. »Und es wird dich im Bauch grimmen; aber in deinem Munde wird's süß sein wie Schnapspralinen.«

»Ich werde nicht mein Notizbuch aufessen.«

»Das war auch nur metaphorisch gemeint«, sagt das Känguru. »Hast du alles aufgeschrieben?«

»Nein«, sage ich. »Verzeihung. Sag's noch mal.«

»Wo hast du aufgehört zu schreiben?«

»Äh ... lass mich kucken ... ›und es hat sie diktiert seinem Knecht Marc-Uwe ...‹«

Das Känguru packt mich am Kragen.

»Aber hast du wenigstens verstanden?!?«

»Nun ja«, sage ich. »Nicht zu hundert Prozent.«

»Was hast du verstanden?«

»Es ging irgendwie um den Pinguin«, sage ich.

»Ich sprach von der Tilgung des Individuellen! Von der Kolonisation der Lebenswelt durch Systemimperative! Vom Triumph der repressiven Egalität!«

»'tschuldigung, immer noch unklar«, sage ich. »Was hat der Pinguin vor?«

»Der Pinguin ...«, sagt das Känguru und starrt mich wie wahnsinnig an. »Er will die ganze verdammte Welt in einen einzigen, riesigen Flughafen verwandeln!«

Durch übermenschliche Anstrengung unterdrücke ich einen irren Drang. Das Känguru blickt mich verwundert an.

»Was ist?«, fragt es.

»Ich ... Ich muss es tun«, sage ich. »Sonst werde ich es mein Leben lang bereuen.«

»Was musst du tun?«

»Kannst du bitte den Satz mit dem Flughafen noch mal sagen?«, frage ich.

»Der Pinguin«, sagt das Känguru, »will die ganze verdammte Welt in einen einzigen, riesigen Flughafen verwandeln!«

**TAMM TAMM TAAAAHHM!**

KOMISCHE LEUTE

Wir sitzen in dem Fast-Food-Laden um die Ecke und essen lauwarm gemachte Tiefkühlkost. Auf dem Deckel meiner Plastikschüssel steht, dass das Gericht zu meiner eigenen Sicherheit nur lauwarm sei. Das tröstet nicht. Das Känguru isst Spaghetti mit Fleischbällchen, ich esse Spaghetti ohne Fleischbällchen.

»Wenn erst die ganze Welt ein Flughafen ist«, sagt das Känguru, »wird Start und Ziel jeder Reise nur noch durch den leicht unterschiedlichen Akzent des englischsprechenden Bodenpersonals zu unterscheiden sein.«

Es schlürft ein paar Spaghetti in sich hinein.

»Hast du etwas über diese Insel hier herausfinden können?«, fragt es.

»Ja«, sage ich. »In einem Interview der Bildzeitung hat Jörn Dwigs vor einiger Zeit gefordert, die griechische Regierung solle Inseln verkaufen, um ihre Schulden bei der Deutschen Bank bedienen zu können. Und du weißt ja, je bescheuerter der Vorschlag, desto schneller wird er umgesetzt. Diese Insel hier ist die erste, die verkauft worden ist. Sie wurde aus dem griechischen Staatsgebiet herausgetrennt und befindet sich nun im Besitz eines internationalen Konzerns, welcher als Erstes neue Steuergesetze erlassen hat, nämlich keine.«

»Woher weißt du das alles?«

»Wikipedia.«

»Dreh dich sofort um und kuck blöd!«, flüstert das Känguru plötzlich und verschwindet unterm Tisch.

Ich drehe mich wie in Zeitlupe um. Ach, verdammt.

»AAAAAAAAAAAAAAAAAAAAMMMMMMMMMMMMAAAAAAAAAAAAAAAAAAAAAAAAZZZZZZZZZZZZZZZZIIIIIIIIIIIIIIIIIINNNNNNNNNNNNNGGGGGGGGGG!«, ruft Sarah und setzt sich zu uns an den Tisch.

Das Känguru taucht kopfschüttelnd wieder von unter dem Tisch auf.

»Isn't this place totally ...«, beginnt Sarah.

Das Känguru steckt sich in jedes Ohr ein Fleischbällchen.

»... awesome. You know that John guy? He kind of had his revelation here or something. It's kind of like, you know ...«

»Yeah«, sage ich.

»So what's up?«, fragt Sarah. »Still looking for that penguin of yours? Because I have just like – you know – seen a penguin ...«

Das Känguru hält sich die Nase zu, schnaubt, und die Fleischbällchen fliegen aus seinen Ohren.

»Where?«, fragt es wild.

»It was like, kind of like, I don't know, well, kind of like, wherever, you know?«

»Arrrrg!«, ruft das Känguru.

»Well, you know, sometimes you walk and then you kind of turn like this way ...«

»Right!«, sagt das Känguru.

»Yeah! But sometimes you turn like that way ...«

»Left!«, sage ich.

»Yeah! I was kind of, well like, in the middle of the island – it's so awesome! – and there where those streets and stuff and buildings and such and this huge, well, tower ...«

»When did you see him?«, brüllt das Känguru.

»Oh! It was like, I don't know, like, you know, sometimes something happens before something else, kind of like ...«

Aber das Känguru ist schon aufgesprungen. Sarah ruft ihm hinterher: »See you later, alligator!«

»It's a kangaroo«, sage ich.

Neben uns sitzt eine amerikanische Touristin mit einem Fleischbällchen in der Dauerwelle.

»Komische Leute«, murmle ich.

»Sprichst du zufälligerweise Deutsch?«, fragt Sarah. »Ach was! Kommst du etwa auch aus Deutschland? Äh ... Hallo?!? Das ist ja irgendwie echt total großartig! Wo genau, also, du weißt schon, wohnst du denn?«

»Berlin«, entfährt es mir, bevor ich nachdenken konnte.

»Krass! Echt jetzt? Irre! Ich wohne auch in Berlin!«, ruft sie. »Das ist ja supergeil! Dann können wir uns ja immer, du weißt schon, irgendwie treffen, wenn wir dann wieder zu Hause sind!«

Ich nehme das Messer vom Tisch und ramme es mir ins Herz.

Leider ist es zu meiner eigenen Sicherheit nur aus Plastik.

# DER TOWER

Wir sind irgendwie, nun, in der Mitte der Insel halt – es ist so supergeil! –, und es gibt da diese Straßen und Zeug und Gebäude und so und diesen riesigen, nun ja, Turm.

»Natürlich«, sagt das Känguru. »Der Turm zu Babel, die zwei Türme Orthanc und Barad-dur, der dunkle Turm, der Elfenbeinturm, der Glockenturm im Spielfilm *Zurück in die Zukunft*. Im Herzen der Geschichte steht immer ein Turm.«

»Auch bei Rapunzel«, sage ich.

»Halt die Klappe.«

»Hör mal«, sage ich. »Ich finde deine Metapher mit dem Flughafen gar nicht so schlecht, was ich aber...«

»Das sollte keine Metapher sein«, sagt das Känguru. »Ich glaube wirklich, dass der Pinguin die ganze Welt in einen riesigen Flughafen...«

Es hält inne.

»Was ist?«, frage ich.

Das Känguru deutet die Straße hinauf.

Da watschelt der Pinguin. Er biegt um eine Ecke und ist verschwunden. Wir rennen die Straße hinauf, vorbei an H&M und C&A, dm und Nanu-Nana, Mr. Clou, Ditsch, CinemaxX, O2, Plus, e-plus, Starbucks, Rossmann, Ihr Platz und Aldi, Dunkin' Donuts und Esprit, Sparkasse, Lidl, Deutsche Bank und daneben ein letzter Punk, Le Crobag,

Wiener Feinbäcker, McDonald's, Tchibo, ein geschlossener Schlecker ...[14]

»Wo ist er hin?«, fragt das Känguru außer Atem. Wir bleiben stehen.

»Keine Ahnung«, sage ich keuchend.

»Da! Der Pinguin!«, rufen das Känguru und ich gleichzeitig.

Das Merkwürdige aber ist, dass das Känguru nach rechts deutet und ich nach links. Das Känguru dreht sich nach links, ich drehe mich nach rechts.

»Ach, du heilige Scheiße!«, sage ich.

»Zwei Pinguine?!?«, ruft das Känguru.

»Zwei Pinguine«, sage ich fassungslos.

Da drängt sich ein dritter Pinguin zwischen uns hindurch und überquert die Straße.

»Irre ...«, sagt das Känguru.

»Das erklärt einiges«, sage ich.

Ein vierter Pinguin fährt in einer Limousine vorbei.

»Verflucht noch mal«, sagt das Känguru kopfschüttelnd. »Wo kommen denn auf einmal die ganzen verdammten Pinguine her?«

Mein Mund steht offen. Ich klappe ihn wieder zu.

»Vielleicht«, sage ich, »vielleicht hat jemand die Kühlschranktür offen gelassen ...«

Ich sehe einen fünften Pinguin, einen sechsten, einen siebten. Pinguine in allen Größen und Mustern. Da sind viele Kaiserpinguine, die alle irgendwie aussehen wie unser Nachbar,

---

14 Thomas Morus beschrieb Utopia übrigens als eine Insel mit vierundfünfzig Städten, die alle nicht nur in Sprache, Sitten, Einrichtungen und Gesetzen übereinstimmen, nein, sie sind auch noch alle genau gleich aufgebaut. Was daran 1516 so wünschenswert schien, ist aus heutiger Sicht kaum noch nachvollziehbar. (Anm. des Chronisten)[14.1]

14.1 Klugscheißer. (Anm. des Kängurus)

aber auch Königspinguine, Dickschnabelpinguine, Gelbaugenpinguine, Goldschopfpinguine, Brillenpinguine, Haubenpinguine... Bald sind es mehr Pinguine, als ich zählen kann. Alle watscheln sie auf den Eingang des riesigen Turmes zu. Unsere Blicke gleiten an dessen verspiegelter Glasfassade entlang nach oben. Da prangt ein Logo und ein Slogan: »*Déjà-vu-Corporation – We make everything kind of like everything else.*«

Als wir versuchen, den Turm zu betreten, lacht der dicke uniformierte Königspinguin am Eingang nur und deutet auf ein Schild. Da steht: »Penguins only.«

Wir verschwinden aus seiner Sichtweite. Das Känguru zieht zwei Nonnengewänder aus seinem Beutel.

»Hast du die im Kloster geklaut?«, frage ich.

»Geborgt«, sagt das Känguru. »Irgendwie hatte ich das Gefühl, dass die noch nützlich werden könnten.«

In die Gewänder gehüllt, mischen wir uns unter eine Gruppe Pinguine, die gerade vor dem Eingang des Turmes aus einem Tiefkühltransporter purzeln, und können ungehindert passieren. Wir folgen der Gruppe in ein riesiges Großraumbüro. Dort stehen unzählige Pinguine dicht aneinandergedrängt und starren stumm auf eine Videoleinwand, auf der Werbespots für Déjà-vu-Produkte laufen. Alle kommen mir irgendwie bekannt vor.

Ein paar Rotschnabelpinguine laufen mit Tabletts voll Teewurstschnittchen durch die Menge. Alle Pinguine um uns herum greifen gierig zu. Um nicht aufzufallen, nehmen wir auch welche. Ich rieche nur daran und muss fast brechen. Als ich mich unbeobachtet fühle, werfe ich das Schnittchen schnell über meine Schulter.

Es ertönt eine Fanfare. Auf der Videoleinwand sieht man nun die Rückenlehne eines Drehsessels. Der Sessel schwingt herum. Darin sitzt ein Kaiserpinguin. Zufälligerweise spricht er deutsch.

»Guten Abend, Konzernangehörige! Naknak.«

Eine schwarze Perserkatze springt auf seinen Schoß. Er streicht mit seiner linken Flosse über ihren Rücken.

»Wir grüßen Sie, Controller der Controller«, antwortet ihm die Menge.

»Wie Sie ja alle wissen, naknak, ist es unser bösartig-neoliberaler Weltverwertungsplan, die ganze Welt in einen riesigen Flughafen zu verwandeln«, sagt der Kaiserpinguin. »Das soll keine Metapher sein!«

**TAMM TAMM TAAAAHHM!**

»'tschuldigung, 'tschuldigung«, flüstere ich aufgeregt. »Das war aus Versehen. Die Bildschirmsperre war nicht drin.«

Das Känguru legt den Zeigefinger auf seine Lippen. Ich schweige. Im Großraumbüro ist es totenstill. Unzählige Pinguine haben sich zu uns umgewandt und funkeln uns mit ihren schwarzen Augen böse an.

### ZEHN MINUTEN SPÄTER

»Krass, dass du uns da unbeschadet rausgekriegt hast«, sage ich, als wir wieder auf der Straße stehen.

»Ja«, sagt das Känguru.

»Wer nicht dabei gewesen ist, wird es nicht glauben.«

»Nee.«

»Man könnte es erzählen, und niemand würde es glauben.«

»Nee.«

»Da es eh keiner glauben würde, braucht man es eigentlich gar nicht zu erzählen.«

»Nee, braucht man nicht.«

Das Känguru zieht einen Flachmann aus seinem Beutel und nimmt einen großen Schluck.

»Wir waren wirklich von Pinguinen umzingelt«, sage ich.

»Ja. Es sah schlecht aus.«

»Ich meine, als du gerufen hast: ›Und jetzt zum Showteil!‹, da habe sogar ich nicht geglaubt, dass das funktioniert.«

»Na ja«, sagt das Känguru. »*I will follow him* in der Sister-Act-Version... Dem kann man sich einfach schwer entziehen.«

»Aber dass die Pinguine dann alle mitgetanzt und mitgesungen haben...«, sage ich.

»Das hat auch mich überrascht.«

»Nur der Chefpinguin war echt außer sich vor Wut.«

»Haste den einen Pinguin gesehen?«, fragt das Känguru. »Mit dem Teewurstschnittchen auf dem Kopf?«

»Komische Leute.«

»Der ist echt abgegangen wie John Travolta.«

»Die sind wahrscheinlich einfach so«, sage ich. »Tief in ihrem Herzen wollen die nicht Böses tun, sondern immer tanzen. Haste diesen einen Film nicht gesehen?«

»Den mit den tanzenden Pinguinen?«

»Ja.«

»Nee.«

»Ich kann immer noch nicht fassen, dass du recht hattest«, sage ich kopfschüttelnd. »Warum ein Flughafen? Was soll das?«

»Überleg doch!«, sagt das Känguru. »Wir haben hier einen Haufen Vögel, die nicht fliegen können, und sie bauen sich einen Flughafen.«

Ich schlage mir gegen die Stirn.

»Das Ganze ist ein monumentaler Minderwertigkeitskomplex!«

LiTTLE BOXES

> »Dieses Kribbeln im Bauch, das man nie mehr vergisst,
> als ob da im Magen der Teufel los ist.«
> **Lieutenant Ellen Ripley**

»Achtung!«, ruft das Känguru. »Uniformierte Pinguine auf sechs Uhr!«

Tatsächlich. Aus dem Tower stürzen ein Dutzend Königspinguine in Uniform.

Wir rennen los, biegen links ab, in eine Straße, die aber leider, man hätte es ahnen können, nicht weitergeht. Am Ende der Sackgasse ist ein grauer, geschätzt vierunddreißigstöckiger Klotz. Über dem Hauptportal prangt die Aufschrift *DÉJÀ-VU-CORPORATION BUSINESS SCHOOL,* und auf einem Wappen sehe ich den Wahlspruch des Konzernstaats: WACHSTUM, WACHSTUM, WACHSTUM.

Wir treten in die Business-School ein, weil uns nichts Besseres einfällt. Übrigens ein häufiges Phänomen. Das Schulfoyer ist leer. Wahrscheinlich ist gerade Unterrichtszeit. Unzählige brummende Klimaanlagen haben die Halle so weit heruntergekühlt, dass sich auf dem Boden eine Eisschicht gebildet hat. Jeder unserer Schritte ist unsicher. Die Pinguine, die uns verfolgen, lassen sich auf ihre Bäuche fallen und schlittern, mit ihren kleinen Beinchen strampelnd, hinter uns her. So auf dem Bauch sehen sie aus wie Sitzsäcke mit Flossen. Bösartige

Sitzsäcke mit Flossen. Erstaunlich schnelle bösartige Sitzsäcke mit Flossen. Ich höre, wie scharfe Schnäbel nach meiner Achillessehne schnappen. Ungefähr ab der Mitte der Halle sind in Schlangenlinien Absperrgurte aufgestellt. Ein Pinguinleitsystem, das den Zugang zu den Rolltreppen regelt. Wir schlüpfen unter den Bändern durch, die Pinguine stehen auf und watscheln brav an den Bändern entlang. Das verschafft uns wieder einigen Vorsprung. Ich will die Rolltreppe betreten. Das Känguru hält mich zurück.

»Wie du vielleicht schon festgestellt hast, läuft hier ein Horrorfilm«, sagt es. »Und was ist das Dümmste, was eine Person in einem Horrorfilm machen kann?«

»Die Treppe hochrennen?«, frage ich.

Das Känguru nickt. Es deutet auf eine unscheinbare Tür in unserer Nähe mit der Aufschrift: »Zutritt verboten.« Unter dem Türschlitz quillt warmer Dampf hervor. Das Känguru kramt in seinem Beutel nach einem Dietrich. Ich drehe am Knauf. Die Tür öffnet sich.

»Ich habe mich schon immer gefragt, ob diese ›Zutritt verboten‹-Türen vielleicht nur durch das Schild verschlossen sind.«

Wir treten ein. Drinnen ist es wohlig warm. Eine lange Treppe führt nach unten. Das Känguru hüpft los.

»Ich weiß nicht, ob die Treppe in den Keller runterrennen wirklich so viel schlauer ist«, sage ich, folge ihm aber. Als wir unten ankommen, stehen wir vor einer ganzen Reihe der merkwürdigen Klimaanlagen, denen wir hierher gefolgt sind. Ich gehe näher ran. Da ist eine Plexiglasscheibe, gleich denen, in die ich Löcher gestanzt habe, und dahinter liegt etwas großes Weißes.

»Das sind gar keine Klimaanlagen«, sage ich entsetzt. »Das sind ...«

»... Brutkästen«, sagt das Känguru.

»In einem Film wäre das voll die dramatische Stelle«, sage ich. »Da würde jetzt die Kamera nach oben fahren, und man würde sehen, dass wir nicht in einem kleinen Raum stehen, sondern in einer Art Hangar, und dass es nicht nur ein paar Brutkästen gibt, sondern Tausende.«

Ich mache einen Schritt zur Seite und betrete den Gang. Wir stehen in einer Art Hangar. In unzähligen Reihen stehen die Brutkästen nebeneinander.

»Das müssen Tausende sein«, murmelt das Känguru.

Ich blicke mich um. In wirklich jedem Kasten liegt ein Pinguinei.

»And they come in little boxes and they all look just the same«, singe ich.

»Was wir hier bräuchten, ist Sigourney Weaver mit einem Flammenwerfer«, sagt das Känguru.[15]

Ich trete zu einem der Kästen und starre auf das darin liegende Ei. Plötzlich bewegt es sich. Ein Ruck, ein Riss, und gleich darauf sehe ich einen kleinen Schnabel.

Der Brutkasten macht BING, und mühsam befreit sich ein Pinguinküken aus den Eierschalen. Es starrt mich an.

»Ach, du Scheiße!«, rufe ich. »Es ist unfassbar... niedlich!«

Der Deckel des Kastens öffnet sich mit einem hydraulischen Zischen.

---

15 Um noch mal aus der Beschreibung Utopias zu zitieren: »Hühner ziehen sie in großer Menge auf, und zwar auf sehr sinnreiche Weise. Denn die Hennen brüten ihre Eier nicht selbst aus, sondern man bringt diese dadurch zum Leben, dass eine große Menge derselben einer gewissen gleichmäßigen Wärme ausgesetzt wird.« So ist das in Utopia. Merkwürdig, nicht? (Anm. des Chronisten) [15.1]

   15.1 Hör auf damit. (Anm. des Kängurus)

»Kuck doch mal!«, rufe ich dem Känguru zu. »Es ist so niedlich!«

Über uns höre ich ein fieses Geräusch. Eine Eisenkralle senkt sich von der Decke, schnappt das flauschige Küken an den Füßen und zieht es nach oben.

»Die Kralle!«, schreie ich.

Das Küken quietscht panisch.

»Die Kralle ist unser Meister«, murmelt das Känguru. »Die Kralle bestimmt, wer geht und wer bleibt.«

»Die Kralle! Sie bewegt sich!«, rufe ich entsetzt.

»Meinst du, irgendwo über uns steht ein bösartiger kleiner Junge in einem Totenkopf-T-Shirt, einen Joystick in der Hand, und versucht, sich ein Kuscheltier zum Quälen zu angeln?«, fragt das Känguru.

Die Eisenkralle mit dem Küken zieht langsam davon und bewegt sich auf die Mitte des Hangars zu. Wir rennen hinterher. Das Küken quietscht und zappelt wie verrückt, entwindet sich tatsächlich dem festen Griff und fällt auf den Boden. Es zittert und wimmert.

»Wir müssen es retten!«, rufe ich.

Kurzerhand nimmt das Känguru das Küken und steckt es in seinen Beutel.

»Wir müssen es retten«, äfft es mich nach. »Junge, reiß dich zusammen.«

»Auf diesen Ort müsste man mal die Animal Liberation Front aufmerksam machen«, sage ich und mache einige Fotos mit meinem Handy. Hinter uns höre ich scharfe Kommandorufe. Unsere Verfolger haben den Hangar erreicht.

Das Känguru nimmt Anlauf, und mit einem gewagten Sprung erwischt es die Kralle. Ich renne hinterher, springe und halte mich an seinen Beinen fest. Die Kralle zieht uns weiter in die Mitte des Hangars und dann nach oben. Ich lasse mit einer Hand los und ziehe mein Handy aus meiner Hosentasche.

»Was machst du denn da?«, ruft das Känguru aufgebracht.

»Ich habe 'ne neue App runtergeladen, die spielt das Indiana-Jones-Thema ab, wenn ich mein Handy wie eine Peitsche schwinge! Und eine bessere Gelegenheit wird sich mir nicht mehr bieten.«

**DEEH DE DE DEEEEH! DEEH DE DEEEEH!**

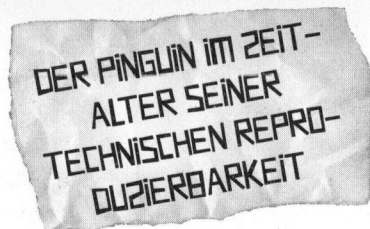

## DER PINGUIN IM ZEITALTER SEINER TECHNISCHEN REPRODUZIERBARKEIT

Die Kralle zieht uns durch ein Loch in der Decke, und wir landen auf einem Förderband, welches uns und das im Beutel piepsende Küken bis in eine Halle transportiert, deren Boden nicht zu sehen ist, so viele piepsende Pinguinküken drängen sich darauf. An der Wand hängen große Bildschirme, auf denen Chinesisch-Lern-Videos laufen. Vorsichtig waten wir durch die Küken. Am Ende der Halle ist ein Gatter und dahinter eine Rolltreppe. Wir springen auf.

»Ruhe, Ruhe«, wispert ein Lautsprecher, als wir im nächsten Stock ankommen. Das Känguru öffnet eine Tür mit der Aufschrift *HYPNOPÄDIESTATION,* und wir treten ins Zwielicht eines lamellenverdunkelten Schlafsaals. Gitterbetten stehen in Reih und Glied an der Wand. In jedem liegt ein kleiner Pinguin und macht Mittagsschlaf.

»Unfassbar«, flüstere ich. »So sind sie noch niedlicher!«

Ich höre leises, gleichmäßiges Atmen und ein anhaltendes Murmeln – wie sehr fernes Getuschel. Ich nähere mich einem der Betten. Unter dem Kopfkissen singt ein Lautsprecher leise: »*Wer will fleißige Handwerker seh'n, der muss zu uns Kindern geh'n. Stein auf Stein, Stein auf Stein, der Flugplatz wird bald fertig sein. Wer will fleißige …*«

Ich gehe ein paar Betten weiter und lausche wieder. Da singt die Stimme unter dem Kissen leise: »*Danke für meine Arbeitsstelle, danke für jedes kleine Glück. Danke …*«

Ich lausche am nächsten Bett.

»*Tatsächlich fördert er in der Regel nicht bewusst das Allgemeinwohl*«, sagt die Stimme, »*noch weiß er, wie hoch der eigene Beitrag ist. Er wird in diesem wie auch in vielen anderen Fällen von einer unsichtbaren Hand geleitet, um einen Zweck zu fördern, der keineswegs in seiner Absicht lag. Indem er seine eigenen Interessen verfolgt, fördert er oft diejenigen der Gesellschaft auf wirksamere Weise, als wenn er tatsächlich beabsichtigt, sie zu fördern. Geiz ist geil*...«

Unsere Verfolger betreten leise watschelnd den Schlafsaal. Hastig verlassen wir den Raum durch die Tür am anderen Ende.

Vor uns ist wieder eine Rolltreppe. Wir fahren nach oben und gelangen in einen langen Flur. Alle zehn Meter eine Tür. In den Türen Bullaugen. Ich bleibe stehen und starre durch eines hindurch, über dem *Alpha-Plus-Controller* steht.

Ein Königspinguin doziert vor einer Klasse flauschiger, grauer Minikaiserpinguine, die alle aussehen wie umgestülpte Daunenkissen und in kleinen, weißen Eierschalensesseln sitzen.

Ein einsamer Schüler in der letzten Reihe meldet sich.

»Wie ich sehe, hat jemand eine Frage«, sagt der Lehrer.

»Ähm ja«, sagt der kleine Pinguin. »Entschuldigung. Vielleicht haben Sie's ja schon beantwortet, aber warum genau sind wir eigentlich hier?«

Ein anderer Minipinguin meldet sich.

»Ja?«, sagt der Lehrer.

»Wir sind hier, weil wir die Besten der Besten der Besten sind, Sir!«, piept er.

Der Lehrer nickt.

»Fahren wir im Unterricht fort«, sagt der Lehrer. »Was ist eine Million plus eine Million?«

Ein Schüler meldet sich.

»Ja?«, fragt der Lehrer.

»Nicht genug«, piept der Minipinguin.

»Korrekt!«, sagt der Lehrer.

Der einsame Pinguin in der letzten Reihe wendet sich gelangweilt zur Tür und starrt mich traurig an. Das Känguru kommt zurückgehüpft und reißt mich mit sich.

»Los jetzt!«

Ich renne dem Känguru hinterher, bis es vor einer Seitentür mit der Aufschrift »Zutritt verboten« stehen bleibt. Es kramt in seinem Beutel nach einem Dietrich. Ich drehe am Knauf. Die Tür ist offen. Wir schlüpfen hinein und schließen die Tür. Ich höre unsere Verfolger heranschlittern.[16]

---

16 Um die fast unerträgliche Spannung aus diesem Cliffhanger zu nehmen, sei an dieser Stelle schon verraten, dass unsere Verfolger an uns vorbeischlittern werden. (Anm. des Chronisten)

»Warum bist du hier, Fremder?«, fragte das namenlose Schattengewächs.
»Ich bin auf der Suche nach dem Medaillon des Greifenkönigs MacGuffin. Die uralte Trullala schickte mich zum nördlichen Tabernakel-Orakel, welches mir befahl, Huschnipotz, den hübschen Troll, aufzusuchen. Der sandte mich zu Doreen Mifasolati, der Tochter des Schwagers des Königs des Waldes der fiesen Feen, die mich ausschickte ...«
»Ja, ja. Ist ja gut«, sagte das namenlose Schattengewächs.
»Du musst noch weiter! Finde das Bürgerbüro, Raum A38.«

Aus Die unendliche Schnitzeljagd<br>von Michael Ohnende

Leider haben wir uns ausgerechnet in die Überwachungszentrale geflüchtet. An der Wand vor uns hängen zwei Dutzend Monitore. Darauf können wir alle Räume der Schule sehen. Überall streifen uniformierte Pinguine umher, auf der Suche nach uns. Zu unserem Glück sind die beiden Plätze vor den Monitoren gerade nicht besetzt.

»Was tun wir denn jetzt?«, frage ich. »Wer auch immer hier arbeitet, kommt bestimmt bald zurück!«

»Ich weiß nicht weiter«, sagt das Känguru.

»Was?«, frage ich ungläubig.

»Ich weiß nicht weiter.«

»Aber, aber ... Ausgerechnet jetzt?«

»Zum Glück habe ich das hier«, sagt das Känguru und zieht etwas aus seinem Beutel. »Als ich noch viel kleiner war, hat mir meine Mutti dieses Buch mit sieben Riegeln gegeben.«

»Du meinst mit sieben Siegeln.«

»Nein. Riegel. Sieben Schokoriegel. Einer mit Karamell, einer mit Erdnüssen, einer mit Keks, einer mit Kokos, einer mit Milchcreme, einer mit Müsli und ... weiß ich nicht mehr ... ist auch egal ... die Riegel tun auch gar nichts zur Sache, die durfte ich sofort essen, aber zu dem Buch hat mir meine Mutti gesagt: ›Wenn du jemals nicht weiterweißt, öffne dieses Buch hier.‹«

»Und du hast da noch nie reingekuckt?«

»Wieso sollte ich?«, fragt das Känguru. »Bisher habe ich immer weitergewusst.«

»Ich hätte das Buch wahrscheinlich noch am selben Tag geöffnet«, sage ich und nehme dem Känguru den Wälzer mit der ledernen Buchschließe aus den Pfoten.

»Es ist ein Ratgeber?«, frage ich ungläubig.

Das Werk heißt: *Was tun, wenn man nicht mehr weiterweiß.*

»Gib her«, sagt das Känguru und öffnet die Schließe. Der Ratgeber ist innen hohl. Übrigens auch ein häufiges Phänomen. Im Hohlraum liegt eine verzierte Schachtel. In der Schachtel ruht ein altes Medaillon. Das Känguru klappt das Medaillon auf. Darin liegt eine winzige Matrjoschka.

»Deine Mama hatte Sinn für Humor, was?«

Das Känguru öffnet die Matrjoschka. Darin liegt ein winzig kleiner versiegelter Brief. Das Känguru erbricht das Siegel.

»Eine Schatzkarte?«, frage ich.

»So was Ähnliches«, sagt das Känguru und zeigt mir den kleinen Zettel. »Koordinaten.«

»Und wohin schicken uns diese Koordinaten?«

Das Känguru zieht einen Globus aus seinem Beutel, dreht ihn ein bisschen und zeigt mit seiner Pfote auf eine große Landmasse im Meer.

»Australien«, sagt es.

»Na klar.«

»Meine Vergangenheit holt mich ein.«

»Was?«, frage ich. »Inwiefern?«

»Keine Ahnung. Ich wollte das nur schon immer mal sagen, und eine bessere Gelegenheit wird sich mir nicht mehr bieten.«

»Aber wie sollen wir nach Australien kommen?«, frage ich. »Wie können wir von dieser Insel entfliehen? Wir sind von Feinden umzingelt! Wir stecken in einer aussichtslosen Klemme!«

Plötzlich klopft es an der Tür.

Klopf, klopf, klopf.

»Das ist das Zeichen!«, ruft das Känguru, springt auf und will die Tür öffnen.

»Moment!«, sage ich. »Ich bin da. Du bist da. Alle beide sind wir da.«

Das Känguru macht große Augen.

»Pst!«, flüstert es. Dann reißt es die Tür auf. Davor steht ein uniformierter Pinguin. Blitzschnell zieht ihn das Känguru zu uns herein, und ich schließe die Tür wieder.

»Woher kennst du das Zeichen?«, schreit das Känguru und nimmt den Pinguin in den Schwitzkasten.

»☺︎〰︎☹︎〰︎ ✆︎〰︎☒︎☞︎♚«, röchelt der Pinguin.

»Er lügt!«, schreit das Känguru. »Du lügst!«

»♠︎♓︎〰︎☺︎ ✆︎●︎〰︎♦︎✳︎☹︎.«

Das Känguru hält dem Pinguin das Passfoto des Pinguins unter den Schnabel.

»KENNST DU DIESEN PINGUIN!«, brüllt es.

»Was soll das denn bringen?«, frage ich.

»Ich weiß nicht, ich bin aufgeregt!«, sagt das Känguru.

»■◆●☘☹ ☘◩↘︎🂠🂠«, sagt der Pinguin.

»Hör auf zu lügen!«, schreit das Känguru.

»Was hat er denn gesagt?«, frage ich.

»Keine Ahnung«, sagt das Känguru. »Sprech ich Pinguinsprache?«

»☘🂠☘🂠🂠☘☘☘...«

»Lass ihn doch mal los. Er bekommt ja gar keine Luft mehr.«

Das Känguru lässt den Pinguin los. Der schnappt erleichtert nach Luft.

»Vielen Dank!«, sagt der Pinguin zu mir. »Vielen Dank. Ihr kennt mich noch nicht, aber ich bin der Schneekönig des Asozialen Netzwerkes, Sektion Antarktis. Ich wollte euch meine Hilfe anbieten, falls ihr gerade in einer aussichtslosen Klemme stecken solltet und von diesem Eiland wieder verschwinden wollt.«

»Wie praktisch«, sage ich.

»Sektion Antarktis?«, fragt das Känguru.

»Wir sind eine kleine, aber stetig wachsende Gruppe von Pinguinen, die aus der Kralle gefallen sind.«

»Aber woher weißt du vom Asozialen Netzwerk?«, frage ich.

»Ich habe die Bücher gelesen«, sagt der Schneekönig. »Wobei ich sagen muss, dass mir das Ende vom zweiten Band gar nicht gefallen hat. Ein furchtbarer Cliffhanger.«

»Ja, ja«, sage ich. »Aber ich gebe zu bedenken...«

»Könntet ihr diese Diskussion vielleicht später führen?«, fragt das Känguru. »Es können doch jederzeit die beiden Sicherheitsleute an ihre Überwachungsmonitore zurückkehren.«

»Oh. Die kommen nicht zurück«, sagt der Schneekönig. »Die Wachhabenden wurden vor einiger Zeit wegrationalisiert. Es reicht ja, wenn die Überwachten glauben, dass sie überwacht werden.«

»Wie genau sollen wir eigentlich entkommen?«, fragt das Känguru.

»Ich muss hierbleiben«, sagt der Pinguin. »Aber ihr nehmt einfach die Riesenadler.«

»Wie bitte?«, frage ich.

»Hier«, sagt der Pinguin und wischt mit seiner Flosse auf einem der Touchscreens herum. Eine Überwachungskamera im Hafen zeigt uns ein Schiff. Ganz klein kann man den Namen lesen: *Riesenadler*.

»Ein Schiff?«, fragt das Känguru entsetzt.

»Ich weiß nicht, wo ihr hinmüsst«, sagt der Pinguin. »Die Riesenadler fährt nach Australien.«

»Passt schon«, sage ich.

»Dauert halt eine Weile. Ich hoffe, ihr werdet nicht seekrank«, sagt der Pinguin scherzend.

Eine einsame Träne der Verzweiflung kullert aus dem linken Auge des Kängurus.

# HANDLUNGSLOCH

# FEHLEINSCHÄTZUNG

»Meine alte hatte zehn Megapixel. Die hier hat zwölf«, sagt Rudolf zu mir. »Aber jetzt gibt es schon eine mit vierzehn.«

»Aha«, sage ich. Wir fahren mit einer Rentnerreisegruppe durch Australien.

»270 Euro habe ich für meine bezahlt, jetzt kriegt man sie schon für 180.«

»Ja«, sage ich. »Schlimm.«

Tagelang fahren wir durch Australien. Die Klimaanlage funktioniert nicht. Ich habe sie mir angesehen. Sie hat in einem Plastikteil zwei Löcher, wo, glaube ich, nur eines sein dürfte.

»Meine Spiegelreflex hat damals achthundert gekostet. Mark waren das«, sagt Rudolf.

»Reichsmark?«, frage ich.

»Nein. D-Mark. D-Mark.«

Eigentlich fahren wir kaum mit dem Bus. Meistens sitzen wir im Bus und warten auf die Mitglieder unserer Rentnerreisegruppe, die die Zeit vergessen haben, die sich verlaufen haben oder die nach einem medizinischen Notfall wieder reanimiert werden mussten.

»Aber sie macht tolle Fotos«, sagt Rudolf. »Kucken Sie hier. Der Ayers Rock.«

»Ja«, sage ich. »Nur sagt man jetzt Uluru.«

»Und hier auch: der Ayers Rock.«

»Ja.«

»Hier auch.«

»Ja. Sieht fast genauso aus wie vor zehn Minuten, als wir noch davorstanden.«

»Und hier.«

»Ja.«

»Hier noch mal.«

»Sehr schön.«

»Hier der geschlossene Schlecker in Sydney.«

Ich lehne mich zum Känguru.

»Weißt du noch, als ich gesagt habe, lass uns ein Auto mieten, und du vorgeschlagen hast, dass wir, da unsere Finanzen ruiniert sind und der Verlag nichts mehr bezahlen will, einfach die supergünstigen Last-Minute-Plätze in der Rentnerreisegruppe durch Australien buchen sollen, und ich gesagt habe, das klingt wie ein Alptraum, und du gesagt hast, wieso, supergünstig und so schlimm wird's schon nicht sein...«

»Ja, das war eine Fehleinschätzung«, sagt das Känguru. »Hör auf, darauf rumzureiten.«

Aber die Rentner sind nicht das Schlimmste. Das Schlimmste ist...

»Juti! Kommense rinn, könnse rauskieken. Alle wieder da. Weiter jeht's! Weeßte? Kennste? Folgendit.«

... der berlinernde Reiseführer.

»Der Australier nennt diesen Felsbrocken ja Eiers Rock, weil er findet, dit sieht aus wie ein rießiget rotet Ei. Weeßte, kennste? Da möchte ick wirklich nich der Henne zu dem Ei bejegnen. Die jackert nämlich bestimmt noch lauter als meene Freundin.«

Alle Rentner lachen wohlwollend.

»Ich hasse Comedians«, sage ich.

»Meene Freundin übrijens, die hat ja letztens die Fernbedienung mit ins Schuhjeschäft jenommen...«

Als wir gegen Abend für eine der vielen halbstündigen Pinkelpausen halten, sagt das Känguru: »Bitte! Lass uns mal kurz verschwinden. Ich muss was rauchen, sonst halte ich das hier nicht aus.«

Wir schleichen uns heimlich davon. Hinter einem Busch vergleichen wir die Zahlen auf der Schatzkarte mit den Zahlen auf meinem Handy.

»Wir sind fast da ...«, murmelt das Känguru. Es zieht das Pinguinküken aus seinem Beutel, gibt ihm aus seinem Flachmann einen Schluck Malzkakao und steckt es wieder zurück.

Dann dreht es sich mehr schlecht als recht eine Tüte und zündet sie an. Es atmet tief ein und seufzend aus.

Hinter mir raschelt es.

»Lasst ihr mich auch mal ziehen, Freunde?«, höre ich eine Stimme fragen.

»Sag mir, dass das nicht Rudolf ist«, sage ich.

Das Känguru schüttelt den Kopf. Es sieht irgendwie verstört aus.

»Ich setz mich mal dazu«, sagt die Stimme. »Ist okay, oder?«

Ich drehe mich um. Da steht ein Känguru. Zufälligerweise spricht es deutsch.

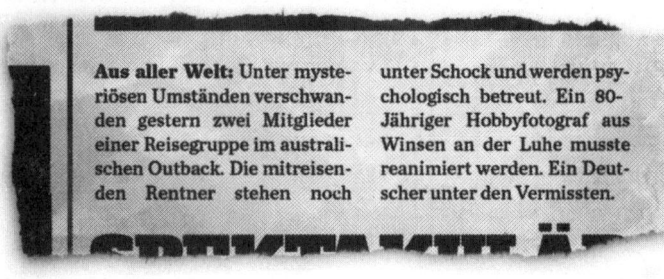

**Aus aller Welt:** Unter mysteriösen Umständen verschwanden gestern zwei Mitglieder einer Reisegruppe im australischen Outback. Die mitreisenden Rentner stehen noch unter Schock und werden psychologisch betreut. Ein 80-Jähriger Hobbyfotograf aus Winsen an der Luhe musste reanimiert werden. Ein Deutscher unter den Vermissten.

DIE TAGE DER KOMMUNE

»Ich bin Kevin«, sagt das sprechende Känguru, nachdem es die Tüte aufgeraucht hat.

»Tag, Kevin«, sage ich.

Das Känguru sagt nichts.[17]

»Ich freue mich, dass ihr endlich eingetroffen seid!«, sagt Kevin.

»Was soll das heißen?«, frage ich. »Wurden wir erwartet?«

»Natürlich. Lange, lange habe ich auf eure Ankunft gewartet«, sagt Kevin. »Eine uralte Prophezeiung hatte mir euer Kommen vorhergesagt.«

»Echt?«, frage ich. »Krass.«

»Nein, nein«, sagt Kevin. »Nur Quatsch. Ich habe keine Ahnung, wer ihr seid. Ich weiß ja nicht mal genau, wer ich bin.«

»Und was schätzt du, wer du bist?«, frage ich.

»Ich bin Teil der WG in der WG«, sagt Kevin. »Ihr versteht.«

»Nein«, sage ich.

»Egal«, sagt Kevin. »Habt ihr noch mehr zum Rauchen?«

Das Känguru nickt.

»Hm, ihr scheint okay zu sein«, sagt Kevin. »Wenn ihr wollt, bringe ich euch zur Kommune der WG in der WG.«

»Äh ... okay«, sage ich.

---

17 Und mit »das« Känguru meine ich *das* Känguru!
   (Anm. des Chronisten)

»Come with me«, sagt Kevin.

»Aha. Yeah!«, sage ich, und wir folgen ihm mit etwas Abstand.

»Das ist total irre«, flüstert das Känguru mir zu. »Das Känguru da – es kann sprechen.«

Ich nicke.

»Aber es spricht nur Unsinn«, sagt das Känguru.

»Jetzt weißt du mal, wie es mir seit Jahren geht«, sage ich.

Verstört und ungewohnt schweigsam trottet das Känguru den ganzen Weg neben mir her. Nach einiger Zeit höre ich aus einem Ghettoblaster *Nirvana* dröhnen. Kevin führt uns auf ein kleines Zeltlager zu. Da liegen vier weitere Kängurus faul in ihren Hängematten. Sofort spüre ich die ersten Anzeichen einer Migräne.

»Das ist mir zu viel«, sage ich. »So viele Kängurus verkrafte ich einfach nicht.«

Bald kann ich die Stimmen der Kängurus im Lager unterscheiden.

Eines sagt: »Habt ihr euch eigentlich schon *Iron Man 3* gezogen? Fandet ihr nicht auch, dass das mit den vielen Iron Mans voll die Dritter-Teil-Idee war?«

»Auf jeden«, sagt ein anderes der vielen Kängurus. »Es ist auch bezeichnend dafür, wie sehr das Wirtschaftssystem die Denkstrukturen selbst der Kulturschaffenden durchdrungen hat. Das Einzige, was ihnen noch einfällt ist: Mehr, mehr, mehr!«

Als wir ankommen, macht Kevin die Musik aus.

»Bist du bescheuert, Nick?«, schnauzt er einen seiner Artgenossen an. »Wollt ihr unbedingt, dass Ken uns findet?«

»Ey, sorry, Alter«, antwortet das als Nick angesprochene Beuteltier. »Aber wer schleppt hier einfach irgendwelche unbekannten Dudes in unser Pfadfinderlager?«

»Die beiden sind in Ordnung«, sagt Kevin. »Außerdem haben sie was zu rauchen dabei.«

»Ah so«, sagt Nick plötzlich freundlich. »Herzlich willkommen!«

Kevin wendet sich zu uns. »Das sind Howie, A.J., Nick und Brian. Lasst euch von denen nicht stören. Setzt euch einfach.«

»Kevin, Howie, A.J., Nick und Brian?«, frage ich.

»Decknamen«, sagt Kevin.

»Verstehe«, sage ich. »Ich bin Terence. Und das ist Bud.«

Wir machen es uns so gut es eben geht bequem.

»Tut mir leid, dass wir kein Feuer machen können«, sagt Kevin. »Aber wir müssen aufpassen, dass uns die anderen nicht finden.«

»Welche anderen?«, frage ich leicht entsetzt. »Gibt es noch mehr sprechende Kängurus?«

»Ja, nicht weit von hier«, sagt Kevin. »Da ist das große Känguru-Trainingscamp.«

»Für was trainieren die denn?«, frage ich.

»Für den Widerstand«, sagt Kevin.

»Gegen was?«

»Gegen Staat, Kapital und das schlechte Wetter«, sagt Kevin. »Widerstand halt.«

»Und wer seid ihr?«, frage ich.

»Wir sind die WG in der WG!«, sagt Kevin.

Bei der Erwähnung des Namens grinsen die fünf Kängurus, sagen »Yeah!« und klatschen ab.

»Was?«, frage ich.

»Seit genau 73 Stunden sind wir die WG in der WG«, sagt Kevin. »Die Widerstandsgruppe in der Widerstandsgruppe!«

»Wir hatten keinen Bock mehr auf die Disziplin und den Drill«, sagt eines der anderen Kängurus. Ich glaube, Nick.

»Da hätten wir auch gleich zur Polizei oder zum Militär gehen können«, sagt Brian. Oder Howie. Ich hatte immer schon Schwierigkeiten, die Mitglieder von Boygroups auseinanderzuhalten.

»Brian, kannst du mir vielleicht ...« Ich unterbreche mich. »Du bist doch Brian, richtig?«

»Nein«, sagt das angesprochene Känguru. »Ich bin nicht Brian. Ich bin A.J.« Es zeigt auf ein anderes Känguru. »Er ist Brian.«

»Ich bin nicht Brian«, beschwert sich dieses Känguru. »Ich bin Howie.«

»Wer ist denn dann Brian?«, fragt A.J.

»Ich glaube, ich bin Brian«, sagt Kevin.

»Was?«, fragt Howie. »Aber wer ist dann Kevin?«

»Ich nenne euch einfach erst mal alle Kevin, okay?« Ich massiere meine schmerzenden Schläfen. »Womit habe ich das verdient?«, murmle ich. »Ganz viele sprechende Kängurus ...«

Ich schließe meine Augen.

»Kevin«, sage ich. »Könnte ich vielleicht einen Schluck Wasser bekommen? Ich muss schnell eine Migränetablette ...«

Kevin verschwindet in ein Küchenzelt und kommt mit einem Tablett zurück, auf dem zwei Gläser mit Wasser stehen. Ich möchte zugreifen.

»Aber Vorsicht«, sagt er. »In einem der beiden Gläser sind bewusstseinserweiternde Substanzen.«

Ich ziehe meine Hand zurück.

»Nur Quatsch!«, ruft Kevin. »Ein Scherz!«

Ich nehme ein Glas und spüle die Tablette hinunter.

»Natürlich sind in beiden Gläsern bewusstseinserweiternde Substanzen!«, ruft Kevin. »Hahahaahooho o o h a a a a a a h o o o o o o o o o o o o o o   h a a a a a a a a a a a.«

# ERINNERUNGSLÜCKE

Ich erwache mitten in der Nacht. Das Känguru steht schlecht gelaunt an meiner Seite. Es hat seine roten Boxhandschuhe übergezogen und schlägt auf alle ein, die es wagen, sich uns zu nähern.

»Ganz ruhig«, sagt Kevin. »Ich glaube, ich weiß, wie du dich fühlst. Du hast eine schwere Identitätskrise.«

Er geht auf das Känguru zu. Das Känguru holt aus, um Kevin einfach von oben mit der Faust auf den Kopf zu schlagen. Der sogenannte Spencer'sche Hau-den-Lukas. Mit einer mühelosen tänzelnden Bewegung weicht Kevin dem Schlag aus.

»Ich spüre große Furcht in dir«, sagt er.

Das Känguru stellt sich auf seinen Schwanz und tritt mit beiden Füßen nach Kevin. Der aber bringt sich durch eine formvollendete Drehung in Sicherheit.

»Du dachtest, du bist total einzigartig«, sagt er. »Du dachtest, du bist auserwählt. Und nun bist du enttäuscht. Du glaubst, dass du nur eines von vielen bist.«

Das Känguru seufzt und lässt die Schultern hängen.

»Aber das stimmt nicht«, sagt Kevin und legt ihm die Pfote auf die Schulter. »Lass dir sagen: Es gibt Milliarden Sterne, aber jeder einzelne ist einzigartig. DU bist einzigartig! Wir können nicht alle auserwählt sein, aber wir sind alle einzigartig!«

Das Känguru kuckt zu Boden.

»Ich, ich brauche jetzt ein bisschen Zeit für mich alleine«, sagt es.

»Das verstehen wir«, sagt Kevin. Er gibt den anderen Kängurus einen Wink, und sie ziehen sich zurück.

Als alle weg sind, sagt das Känguru: »Scheißhippies.«

»Tss«, sage ich. »Milliarden Sterne. Wie unendlich abgeschmackt.«

»Ja«, sagt das Känguru. »Thanks for nothing. Fuck you, too.«

»So ein Schwätzer ...«

»Ich nicht auserwählt«, sagt das Känguru. »Pah!«

»Geradezu lächerlich.«

»Ich habe mich selbst auserwählt!«

## DER GURU

»Tweet. Tweet.«

Ein Pinguinküken watschelt aufgeregt im australischen Outback herum. Ich renne ihm hinterher. Der Himmel leuchtet im intensivsten Blau, die Erde schimmert exotisch rot. Der Horizont scheint endlos. Die wirklich phantastische Landschaft lenkt ausgezeichnet davon ab, dass auf der Handlungsebene im Prinzip nur stumpf Fangen gespielt wird. Kevin, Howie, A.J., Nick und Brian liefern sich in einiger Entfernung ein Wüstenrennen auf Segway Personal Transportern.

»Du kannst doch Papa nicht einfach so weglaufen«, sage ich, als ich das quietschende Küken endlich eingefangen habe.

»Was hast du da gerade gesagt?«, fragt das Känguru.

»Äh ... nichts ...«, sage ich.

»Tweet! Tweet!«, macht das Küken.

»Warum schreit Sabine denn so?«, frage ich.

»Sabine?«, fragt das Känguru entrüstet.

»Ich dachte, es hätte vielleicht gerne einen Namen.«

»Wer hat dir das Recht gegeben, das Küken zu taufen? Du hättest mich zumindest vorher fragen müssen!«

»Gefällt dir ›Sabine‹ nicht?«, frage ich.

»Nein!«, sagt das Känguru. »Wie soll es denn mit so einem Namen jemals ernst genommen werden.«

»Wie willst du es denn nennen?«

»Der Shredder!«, sagt das Känguru. »Ist doch klar.«

Ich kucke das Küken mitleidig an.

»Mit solch einem Namen wirst du es sehr schwer haben auf dem Schulhof.«

»Quatsch!«, sagt das Känguru. »Der Schulhof wird es höchstens schwer haben mit dem Shredder!«

Es nimmt mir das quengelnde Küken aus den Händen und sagt: »Gib her. Der Shredder ist müde.«

Das Känguru wiegt das Küken hin und her und beginnt zu singen:

> »Weißt du, wie viel Profile stehen
> auf Facebook von A bis Z?
> Weißt du, wie viel E-Mails gehen
> weithin durch das Internet?
> Die NSA hat sie gezählet,
> dass ihr auch nicht ein Mensch fehlet,
> an der ganzen großen Zahl,
> an der ganzen großen Zahl.«

Der Shredder ist eingeschlafen.

Kevin und die anderen kommen auf ihren Personal Transportern herangesaust und steigen ab.

»Wo habt ihr die Dinger denn her?«, frage ich.

»Geborgt«, sagt Kevin.

Nick deutet auf das Küken.

»Superniedlich, das kleine Vieh«, sagt er. »Aber seid froh, dass ihr bei uns gelandet seid und nicht bei Ken, sonst...«

Nick fährt sich mit der Pfote den Hals entlang. Erschrocken steckt das Känguru das Küken in seinen Beutel.

»Seit seiner Zeit in Vietnam hasst Ken Pinguine«, sagt Nick.

»Wer ist denn dieser Ken überhaupt?«, frage ich.

»Ken ist der Guru«, sagt Kevin. »Der Chef vom Laden.«

»Ken, der Guru?«, frage ich. »Ernsthaft? Ken Guru?«

»Ein Deckname«, sagt Kevin.

»Wie wird man eigentlich Guru?«, fragt das Känguru.

»Natürlich, indem man den alten Guru zum Duell fordert und besiegt«, sagt Howie oder Brian.

»Warum fordert ihr dann nicht einfach Ken zum Duell, wenn euch seine Methoden nicht passen?«, fragt das Känguru.

»Nun, weil Ken nicht umsonst der unangefochtene Meister ist«, sagt Kevin.

»Der Herausforderer darf zwar zwischen den verfügbaren Waffen wählen, aber Ken ist mit jeder Waffe nahezu unbesiegbar«, sagt Nick.

»Und er springt mit seinen Herausforderern nicht gerade glimpflich um«, sagt A.J.

»Denkt nur daran, wie er Victoria, Melanie, Emma, Melanie und die arme Geri zugerichtet hat ...«, beginnt Kevin.

»Autsch ...«, sagt Nick, und alle fünf verziehen entsetzt ihr Gesicht.

»Und wo genau ist dieser Ken zu finden?«, fragt das Känguru.

Da tritt ein altes graues Beuteltier in die Mitte unseres Kreises und brummt: »Hier!«

Blitzschnell haben sich die Mitglieder der WG in der WG ihre glitzernden Boxhandschuhe übergestülpt, und mit perfekt choreographierten tänzelnden Bewegungen setzen sie dem alten Känguru zu. Es ist ein ungleicher Kampf. Ihre Schläge streifen den Guru nicht einmal. Bei jedem rechten Haken des Meisters hingegen geht einer aus der Boygroup zu Boden. Das ganze Spektakel dauert kaum drei Minuten.

Ohne mich im Geringsten zu beachten, wendet sich der Guru dem Känguru zu.

»Wer ich bin du weißt?«, fragt er.

»Du bist vermutlich Ken«, sagt das Känguru. »Ken, der Guru. Ken Guru.«

»Ja. Aber wer ich bin du weißt?«, fragt Ken mit Nachdruck.

»Jackie Chans Großonkel?«

»Nein!«, ruft Ken. »Dein Vater ich bin!«

»O bitte!«, rufe ich. »Das ist doch jetzt echt nicht dein Ernst, Alter!«

# DIE EPISCHE SCHLACHT

Kevin, Howie, A. J., Nick und Brian hängen an Pflöcke gebunden in der Sonne und blasen Trübsal.

»Nicht, dass ich in meiner Jugend den Mitgliedern von Boygroups ein langes Leben und einen schmerzfreien Tod gewünscht hätte«, flüstere ich, »aber das scheint mir doch ein wenig harsch.«

Das Känguru blickt schnell über seine Schulter.

»Was ist?«, frage ich.

»Neuerdings bin ich immer, wenn ich mich sehr unbehaglich fühle, plötzlich davon überzeugt, mein Vater schleiche sich von hinten an mich ran«, sagt das Känguru.

Ken aber steht ganz woanders. Fünf weitere Kängurus sind als seine Verstärkung angerückt. Sie haben einen Boxsack und einen Punchingball mitgebracht. Zwei der Kängurus prügeln wie verrückt darauf ein, das dritte stemmt Gewichte, das vierte ist am Seilspringen und das fünfte macht Liegestütze. Alle werden sie überwacht von Ken, der brüllt: »Speed! Speed!«.

Ich boxe mein Handy, und eine lustige App spielt deswegen das Rocky-Thema ab.

**DÖ-DÖ-DÖÖÖÖÖH! DÖ-DÖ-DÖÖÖÖÖH! DÖ-DÖ-DÖÖÖÖÖH! DÖ-DÖ-DÖÖÖÖÖH! DÖDÖDÖH DÖH DÖDÖH! DÖDÖDÖDÖDÖDÖDÖDÖDÖÖÖÖÖÖÖÖ ÖÖÖÖH!**

Seufzend betrachte ich mein Handy. Ich habe einen Sprung ins Display geboxt.

»Das war sehr dumm«, sage ich.

»Das stimmt«, sagt das Känguru.

Irgendwann beendet Ken das Training, und er und die fünf Neuankömmlinge setzen sich zu uns ans Feuer. Das Känguru zögert lange, bevor es das Wort ergreift.

»Vati«, sagt es schließlich. »Irgendwie bin ich froh, dich gefunden zu haben, obwohl ich zugeben muss, dass es mich andererseits auch zutiefst verstört. Mutti hatte nach der Trennung nicht die beste Meinung von dir, und jetzt, wo ich dich kennengelernt habe, verstehe ich sie gut, aber dennoch freue ich mich und ...«

»Was dich hat zu mir geführt?«, fragt Ken.

»Was soll das eigentlich mit der Satzstellung?«, frage ich. »Ist das so 'ne Yoda-Masche?«

»Deutsch ist nicht des Gurus Muttersprache«, sagt ein neben mir sitzendes Känguru mit einem zugeschwollenen blauen Auge.

»Ja, sei lieber froh, dass er zufälligerweise überhaupt Deutsch kann!«, sagt ein anderes mit einer eingegipsten Pfote.

»Victoria, Geri. Gut sein es lasst«, sagt Ken. Er wendet sich wieder an das Känguru. »Was dich hat zu mir geführt?«

»Äh ... also ... die Pinguine ...«, sagt das Känguru.

»Ah! Schon seit Anbeginn der Welt, dieser Kampf wird geführt«, sagt Ken. »Der Kampf zwischen den mit dem Strom schwimmenden Soldaten der Sklaverei, der Bevormundung, der Unterdrückung und den sprunghaften Kräften der Aufmüpfigkeit. Die epische Schlacht zwischen Kängurus und Pinguinen das ist.«

»Und was ist mit den Menschen?«, frage ich.

»Ach, die Menschen«, sagt Ken verächtlich. »Gegen sie, mit ihnen, um sie wir haben gekämpft. Wenn entrechtet sie sind aus ihrer Mutter geschlüpft, sie mit uns gehüpft, aber kaum zur Macht sie sind gekommen, sie mit den Pinguinen geschwommen.«

»Und nun reimt es sich auch noch, oder wie?«, frage ich. »Was soll das jetzt sein? Pumuckl?«

»Sich entscheiden jeder einzelne Mensch wird müssen!«, sagt Ken. »Entweder für uns man ist oder gegen uns man ist!«

»Oder man steht in der Mitte«, sage ich.

»Ja ... natürlich«, sagt Ken. »Auch das geht.«

»Es gibt bestimmt auch Leute, die sind eher aufmüpfig, aber auch ein bisschen angepasst«, sage ich.

»Ja«, sagt Ken, »wenn nachdenke genauer ich darüber.«

»Aber auch total angepasste, die ab und zu ein bisschen aufmüpfig sind«, sage ich.

»Klar«, sagt Ken.

»Und es gibt auch angepasste Kängurus und aufmüpfige Pinguine.«

»Möglich«, sagt Ken.

»Es gibt auch Leute«, sage ich, »die sind in manchen Bereichen, zum Beispiel im Beruf, total angepasst, aber dafür in anderen Bereichen, zum Beispiel in ihrer Freizeit, krass aufmüpfig.«

»Schweige jetzt!«, befiehlt Ken.

»Die Pinguine«, sagt das Känguru. »Sie wollen die ganze Welt in einen Flughafen verwandeln.«

Ken nickt bedächtig.

»Und wieder die epische Schlacht beginnt«, sagt er. »Ihnen uns entgegenstellen wir werden.«

»Wie viele seid ihr eigentlich?«, frage ich. »Es gibt Tausende von Pinguinen. Ich hoffe, ihr seid nicht nur zu elft.«

»Natürlich nicht«, sagt Ken.

»Was werden wir gegen den totalen Flughafen unternehmen?«, fragt das Känguru.

»Der Schlüssel der Staat ist«, sagt Ken. »Das wichtigste Instrument der kapitalistischen Klasse er ist. Diese Kängurus hier ich dizipliniere und trainiere. Revolutionäre Kader sie werden sollen. Den Staat den Kapitalisten zu entreißen wir versuchen. Und eine Diktatur der Kängurus wir werden errichten.«

Ich halte es nicht mehr aus.

»Wir werden eine Diktatur der Kängurus errichten!«, korrigiere ich.

»Wir errichten werden eine Diktatur der Kängurus«, sagt Ken.

Ich schüttle den Kopf. »Das finite Hilfsverb immer an die zweite Stelle, infinite Verbformen immer ans Satzende«, sage ich. »Es ist nicht so schwer.«

»Wir eine Diktatur der Kängurus werden errichten«, sagt Ken.

Ich verdrehe die Augen.

»Tweet. Tweet.«

Ken blickt sich um.

»Ich habe ein Geräusch gehört!«, ruft er.

»Na also! Geht doch!«, sage ich. »Da war das finite Hilfsverb an der zweiten Stelle, da war ...«

»Psst!«, macht das Känguru in seinen Beutel hinein.

»Tweet. Tweet!«

»Das klingt wie ...«

»Tweet!«

Ken starrt das Känguru an.

»EIN PINGUIN!«, ruft er.

Das Känguru seufzt und zieht das Küken aus seinem Beutel. Als der Shredder das Känguru sieht, hört er auf zu schreien und lächelt. So gut ein Pinguin, oder auch ein Shredder, eben lächeln kann.

Ein Raunen geht durch die versammelten Kängurus. Ich höre ein paar heimliche »Ui! Wie niedlich!«-Ausrufe.

»Das Böse dieses Küken ist!«, ruft Ken und steht auf. »Es töten wir müssen!«

»Was?«, fragt das Känguru ungläubig und steckt den Shredder schnell wieder in seinen Beutel.

»Es vernichte!«, ruft Ken.

»Nein«, ruft das Känguru. »Mein Schatz!«

»Mach schon! Los doch!«, ruft Ken. »Ins Feuer es wirf!«

»Das Küken gehört mir!«, ruft das Känguru.

Ken steht auf. »Worauf denn du noch wartest!«

Seine Gestalt ragt bedrohlich über dem Känguru auf.

Das Känguru seufzt. Dann greift es langsam in seinen Beutel.

Ken setzt sich wieder.

Das Känguru zieht einen Boxhandschuh aus seinem Beutel und schleudert ihn dem Guru ins Gesicht.

»Ich fordere dich zum Duell!«, ruft es.

Wieder geht ein Raunen durch die Anwesenden.

»Mich du herausfordern willst?«, fragt Ken. »Verrückt du bist?«

»Ja«, sagt das Känguru. »Aber das hat nichts damit zu tun.«

Mühsam unterdrückte Wut spiegelt sich in Kens Gesicht.

»Die Herausforderung ich annehme«, sagt er.[18]

»Nein, nein«, sage ich. »Ich nehme die Herausforderung an.«

»Dich niemand hat herausgefordert«, sagt Ken.

»Niemand hat mich herausgefordert«, sage ich.

---

18 Hier wäre die richtige Stelle für einen Cliffhanger. (Anm. des Lektors)

»Genau!«, sagt Ken. »Mich das Känguru hat herausgefordert.«

»Nein!«, sage ich. »Das Känguru *hat mich* herausgefordert.«

»Hab ich gar nicht«, sagt das Känguru.[19]

---

19 Alles überflüssig. Bitte streichen. (Anm. des Lektors)

## DAS DUELL

> »Wer sich seiner Vergangenheit nicht erinnert,
> ist verurteilt, sie zu wiederholen.«
> **Rocky Balboa**

Vor dem Känguru wird ausgebreitet: Boxhandschuhe, Katana-Schwerter, ein Bō, zwei Sai, Nunchakus, eine Bazooka, eine Kettensäge, Paintballpistolen, American-Gladiator-Pads ...

Alle Anwesenden starren gespannt auf die Duellanten. Das Känguru hat mich zu seinem Adjutanten ernannt. Kens Adjutantin ist Victoria.

»Der Herausforderer darf die Waffen wählen«, sagt sie.

Ich nehme eine Streitaxt hoch und biete sie dem Känguru an.

»Ich bin doch kein Zwerg«, sagt es.

»Deine Waffe wähle«, sagt Ken arrogant. »Zögere nicht. Meine Zeit klein ist.«

»Unter allem, was mir im Augenblick hier zur Verfügung steht, darf ich wählen?«, fragt das Känguru.

Ken nickt.

»Dann fordere ich dich zum Duell in einem herrschaftsfreien Diskurs nach den von Habermas aufgestellten Regeln: Wahrheit, Richtigkeit, Wahrhaftigkeit und Verständlichkeit und bitte darum, keine Witze über die Kombination Habermas und Verständlichkeit zu machen.«

»Wie bitte?«, fragt Ken. »Was für ein Duell?«

Das Känguru beginnt: »Du sagst, der Staat sei ein Werkzeug, das man den Kapitalisten entreißen könne, aber wenn du, nur mal angenommen, Kleinkünstler sein möchtest, was bringt es dir dann, dem Schmied den Amboss zu entreißen? Mit Ambossen kann man nicht jonglieren. Das Einzige, was man mit einem Amboss anfangen kann, ist: Schmied sein. Bedenke: Nicht nur der Arbeiter schleift das Werkzeug, auch das Werkzeug schleift den Arbeiter. Der Staat mag ein Werkzeug sein, aber er ist kein Schweizer Taschenmesser, kein Leatherman, kein Universalwerkzeug. Und wer die Geschichten, ich benutze hier bewusst den Plural, kennt, wird sich, ob der Probleme der revolutionären Staaten mit dem Staat, des Verdachtes nicht erwehren können, dass man sich schon mit dem Versuch, die Herrschaft zu übernehmen, so weit auf die Logik der Herrschaft eingelassen hat, dass man sie im Erfolgsfall fast zwangsläufig imitiert statt dekonstruiert.«

Ein »Huh ...« geht durch die Anwesenden.

»Ich nicht verstehe«, sagt Ken irritiert.

»Wer gegen den Triumph der repressiven Egalität in Reih und Glied demonstriert, hat ganz offensichtlich etwas sehr Wichtiges nicht verstanden«, sagt das Känguru.

»Was hier vorgeht?«, fragt Ken verunsichert.

»Wenn unser Ziel eine witzigere Welt ist, muss auch unser Widerstand schon witzig sein!«, ruft das Känguru.

»Von so einem Duell noch nie ich gehört habe«, sagt Ken.

»Wir können auch einfach Schnick, Schnack, Schnuck spielen«, sagt das Känguru.

Ken macht große Augen.

»Schnick, Schnack, Schnuck!«, ruft das Känguru.

Ken hat einen Stein und das Känguru ...

»Ohne Brunnen!«, ruft Ken.

»Das hättest du vorher sagen müssen«, sagt das Känguru.

Ich nicke. Auch Kens Adjutantin nickt. »Das hätten Sie vorher sagen müssen«, sagt sie.

»Der Guru ist besiegt!«, rufen die Kängurus. »Es lebe der neue Guru!«

Das Känguru nimmt die Axt vom Waffentisch und durchtrennt die Fesseln von Kevin und seiner Crew.

»Ein Widerstand gegen Hierarchien sollte nicht hierarchisch strukturiert sein!«, ruft es. »Darum ist es meine erste Amtshandlung als Guru, das Amt des Gurus abzuschaffen! Ich werde ...«

»Kurze Zwischenfrage«, sagt Ken. »Das heißt, ich dich jetzt nicht zurückherausfordern kann, um zu werden wieder Guru?«

»Richtig erkannt«, sagt das Känguru. »Schlaumeier.«

»Nicht fair das ist!«, schimpft Ken. »Zwei aus drei wir machen! Eins zu null du führst!«

Das Känguru schnaubt verächtlich.

»Schnick, Schnack, Schnuck«, ruft es.

Ken hat einen Brunnen und das Känguru Papier.

»Das ist kein Glücksspiel ...«, sagt das Känguru kopfschüttelnd.

DIE WAFFEL

»Was sollen wir jetzt tun, o Guru?«, fragt Victoria.

»Es gibt keinen Guru mehr«, sagt das Känguru.

»Was sollen wir jetzt tun, o Exguru?«, fragt Kevin.

»Keine Ahnung«, sagt das Känguru. »Jeder muss sich selbst was ausdenken!«

Der Shredder sitzt auf meinem Schoß und ist schon sichtlich davon genervt, dass die ganze Zeit Kängurus ankommen, ihn freundlich in die Backe kneifen und »Dutzi Dutzi!« sagen.

Nur Ken sitzt völlig geknickt etwas abseits und spielt Schnick, Schnack, Schnuck gegen sich selbst.

»Lasst uns zur Hauptstreitmacht der Kängurus gehen und die frohe Botschaft von der Abschaffung des Gurus verkünden«, schlage ich vor.

»Welche Hauptstreitmacht?«, fragt Kevin.

»Ken hatte doch gesagt, eure Gruppe bestünde aus mehr als euch elf ...«, sage ich.

»Wir sind ja auch mehr«, sagt Geri.

»Wie viele seid ihr denn?«, fragt das Känguru.

»Wir sind zwölf«, sagt Kevin.

»Zwölf?«, frage ich.

»Zwölf«, sagt Kevin.

»Aber das heißt ja, wir sind hoffnungslos in der Unterzahl«, sage ich.

»Natürlich«, murmelt das Känguru und schlägt sich mit

der Pfote gegen die Stirn. »Die Helden müssen in der Unterzahl sein! Oder hast du schon jemals eine Legende gehört, die vom heroischen Sieg der Leute berichtete, die in gigantischer Überzahl waren?«

»Aber, aber Ken hatte doch gesagt, eure Gruppe bestünde aus mehr als euch elf...«, sage ich wieder.

»Ja. Barbie ist ja auch nicht da«, sagt Nick.

»Barbie?«, frage ich.

»Barbie ist in der Stadt und macht Besorgungen«, sagt Melanie.

»Barbie ist shoppen?«, fragt das Känguru.

»Zwölf?«, frage ich.

»Natürlich!«, sagt das Känguru. »Drei, sieben oder zwölf.«

»Zwölf?«, frage ich. »Noch nie hat jemand mit nur zwölf Anhängern die Welt verändert! Was machen wir denn mit nur zwölf Kaspern... Es ist hoffnungslos! Es ist...«

Das Känguru wendet sich an die versammelten Kängurus.

»Hört nicht auf ihn! Dass es keinen Guru mehr gibt und dass ihr leider nur zu zwölft seid, heißt natürlich nicht, dass wir die epische, die ethische Schlacht zwischen Gut und Böse aufgeben!«, sagt es. »Im Gegenteil! Ich möchte euch vom Asozialen Netzwerk erzählen und von einer Waffel, einer Waffel, stärker als...«

»Wassen für 'ne Waffel?«, frage ich.

»Habe ich Waffel gesagt?«, fragt das Känguru. »Ich meinte Waffe.«

»Ach so.«

»Eine Waffel...«, beginnt es wieder.

»Waffe«, sage ich.

»Ja! Waffe!«, sagt es. »Eine Waffe, stärker als alles, was wir bisher eingesetzt haben.«

»Bist du auch schon gespannt?«, frage ich das Pinguinküken.

Der Shredder sagt nichts.

»Wir treten den Herrschern und Unterdrückern, ihren Systemen und ihren Theorien, ihren Handlangern und Mitläufern entgegen«, sagt das Känguru, »und wir lachen sie einfach aus!«

»Ich kann mir nicht helfen«, sage ich, »aber irgendwie hatte ich mehr erhofft.«

Auch die anderen Kängurus scheinen etwas enttäuscht.

»Ich merke, ihr versteht die volle Tragweite dieser Waffel noch nicht!«, sagt das Känguru.

»Waffe«, sagt Kevin.

»Ja. Waffe«, sagt das Känguru. »Warum wird uns pausenlos von Terror, Krisen, Katastrophen, ja von der Apokalypse und den daraus resultierenden Sachzwängen und Alternativlosigkeiten erzählt? Ich sage euch, warum: Furcht gebiert Gehorsam! Wir werden beherrscht durch unsere Ängste. Das Verlachen aber zerbricht die Angst! Es befreit. Es ist eine Selbstermächtigung! Und das wird nur der Anfang sein.«

»Ah so«, sage ich.

»Später wird uns bestimmt noch mehr einfallen«, sagt das Känguru.

»Bestimmt«, sage ich.

»Noch Krasseres«, sagt das Känguru.

»Ohne Zweifel«, sage ich.

»Wir werden die Welt mit einer nie dagewesenen Welle von Anti-Terror-Anschlägen überziehen!«, ruft das Känguru. »Darum geht zu allen Völkern und bringt alle Menschen zum Lachen! Lehrt sie, nichts zu befolgen, was sie sich nicht selbst geboten haben. Seid gewiss: Ich bin nicht bei euch alle Tage bis zum Ende der Welt, also macht euch eure eigenen Gedanken!«

»Ja!«, rufen die anderen Kängurus. »Wir werden alles tun, wie du es sagst!«

»Ich auch«, ruft Brian.

Das Känguru schlägt sich mit der flachen Pfote gegen die Stirn und seufzt.

»Ich muss gestehen«, sage ich, »jetzt nach deiner Rede, da verspüre ich ein unbeherrschbares Verlangen nach Waffeln.«

Ich blicke mich in der Runde um.

»Hat sonst noch jemand Lust auf Waffeln bekommen?«

Alle melden sich. Kevin zieht ein Waffeleisen aus seinem Beutel. Dann fragt er: »Hat jemand Eier, Milch und Mehl?«

# Anhang

# ANTi-TERROR-ANSCHLAG 50

Liebes Tagebuch,
heute ist mir etwas Merkwürdiges passiert.
Ich hatte die Buchhandlung etwas früher geschlossen und saß in der U-Bahn, in Gedanken an meinem SF-Roman arbeitend, als plötzlich eine Frau mit lauter Stimme sagte: "Guten Abend. Wenn ich mal kurz um ihre Aufmerksamkeit bitten dürfte. Mein Name tut nichts zur Sache. Ich bin alleinerziehende Mutter, seit Jahren habe ich Probleme mit Pastydragen, auch meine Endometriose plagt mich furchtbar und nun möchte ich bitte ihre Fahrscheine sehen."
Erst in diesem Moment fiel mir auf, dass ich vergessen hatte, einen Fahrschein zu lösen. Die Frau kam zu mir, ihr Kollege war am anderen Ende des Waggons. Ich stammelte nur "Entschuldigung", da beugte sich die Kontrolleurin zu mir herunter und flüsterte: "Wissen Sie was? Ich habe heute meinen freundlichen Tag. Wir tun einfach so, als wären wir uns nie begegnet."
Ich konnte es kaum glauben und wollte mich bedanken, aber die

Kontrolleurin unterbrach mich.
"Ich tue das ja nicht nur für Sie",
hat sie gesagt. "Ich tue das auch
für mich. Wenn ich Dienst nach
Vorschrift machen würde, wäre ich
ja nur eine Maschine. Erst in der
Auflehnung gegen die Regeln er-
lebe ich so etwas wie Freiheit."
Und dann – jetzt wird es schon fast
unglaubwürdig – gab sie mir heimlich ein Kärtchen mit einer Web-
adresse und flüsterte: "Kucken Sie
mal. Hier veröffentliche ich jeden
Tag den Dienstplan der Kollegen."
Ich war total baff und habe sie
gefragt, ob sie nicht Angst habe,
gekündigt zu werden, aber sie
hat nur gelacht und gesagt:
"Ich verrate Ihnen mal was. Das
ist nicht mein Traumberuf. Wenn
ich gekündigt werde, suche ich
mir eben einen anderen Scheißjob.
Verteile ich eben wieder Werbezettel. Halte ich wieder Schilder
hoch. Ich sammle nämlich Scheißjobs, wie andere Überraschungseifiguren."

# ANTi-TERROR-ANSCHLAG 3772[20]

---

20 Anti-Terror-Anschläge werden natürlich nicht durchnummeriert. Vielmehr darf jedes Mitglied des Asozialen Netzwerkes seinem Anti-Terroranschlag eine beliebige Zahl geben. (Anm. des Kängurus)

| | | |
|---|---|---|
| #16:31:10 | EL > Z | „Einsatzleiter an Zentrale. Bruno an Bernd. Bruno an Bernd. Biste da? — Over." |
| #16:31:21 | Z > EL | „Bernd an Bruno. Ha ja. Bin doa. Roger." |
| #16:31:27 | EL > Z | „Watten fürn Roger? Roger Cicero? — Over." |
| #16:31:34 | Z > EL | „Jedes mal machsch derselbe Witz, Kerle. Außerdem nennt der sich net Roger, sondern Roscheh. — Over." |
| #16:31:46 | EL > Z | „Wie die Praline, oder wat? — Over." |
| #16:31:52 | Z > EL | „Jetztetle sagsch erschtmal, um was es geht. — Over." |
| #16:31:58 | EL > Z | „Ick bin hier im Reichstagsjebäude und wir ham hier nen Code Dennis. — Over." |
| #16:32:06 | Z > EL | „Was heißt des? — Over." |
| #16:32:10 | EL > Z | „Hier is eene Gruppe Erchwachsene eingedrungen und die, ick weeß nich, wie ick's sagen soll ... Aba die ham sich aufn Boden jeschmissen und strampeln mit Händen und Füßen wie een Zweijähriger mit nem Trotzanfall. Und schreien tun se och noch. — Over." |
| #16:32:33 | Z > EL | „Was schreietse denn? — Over." |
| #16:32:39 | EL > Z | „Die schreien alle: ‚Ick will aba en bedingungsloses Grundeinkommen. Ick will. Ick will. Ick will.' — Over." |
| #16:32:51 | Z > EL | „Ond was machsch jetzet? — Over?" |
| #16:32:56 | EL > Z | „Na, ick dachte, ick mach vielleicht, wat ick bei meenen Kindern och immer jemacht habe, wenn se so nen Trotzanfall jehabt haben. — Over." |
| #16:33:07 | Z > EL | „So? Wasele? — Over." |
| #16:33:11 | EL > Z | „Ick leg mich dazu und schrei mit. — Over und out." |

# ANTI-TERROR-ANSCHLAG UFT[21]

---

21 Natürlich muss es auch nicht unbedingt eine Zahl sein.
 (Anm. des Kängurus)

# Überraschung im Schlafanzug

Als »Anti-Terror-Anschlag« bezeichnete der »Oberbefehlshaber« einer Gruppe namens »Das Asoziale Netzwerk Sektion Vietnam« eine Aktion, die wohl einige Kunden der Modekette Déjà-vu-Clothes zum Grübeln brachte. In ihren neugekauften Pyjamas fanden diese statt den üblichen Waschhinweisen und Angaben wie »90% Baumwolle, 10% Polyester« folgendes eingenäht:

# ANTi-TERROR-ÄNDERUNG[22]

---

[22] Man muss nicht mal den Begriff Anti-Terror-Anschlag benutzen. (Anm. des Kängurus)

••○○ CO2.DE 📶     11:11     100% 🔋

Nachrichten   **Schneider**   Bearbeiten

> Und Schneider? Wie geht's den Kindern?

> Besser. Übrigens danke noch mal fürs Einspringen gestern beim Kartenabreißen.

> Kein Ding. Da fällt mir ein, ich muss gleich, wenn ich in der Online-Abteilung bin, was Wichtiges ändern.

> Gestern hat sich nämlich jemand bei mir beschwert. Haben Sie gewusst, dass man für jedes Online-Ticket eine ganze Seite Werbung ausdrucken muss?

**Antworten**

•••○○ CO2.DE 🔌  11:15  99% 🔋

Nachrichten **Schneider** Bearbeiten

Nein! Das ist ja total irre!

Und wenn man vier Tickets braucht, muss man sogar vier Mal dieselbe Werbung ausdrucken.

Das macht ja den Wahnsinn perfekt! Das sollte dringend geändert werden.

Ich änder das. Gleich jetzt.

Gut, dass sich jemand beschwert hat. Das habe ich von meinen Kindern gelernt. Wer sich nicht beschwert, kriegt nichts.

**Antworten**

# EKKES ANTi-TERROR-ANSCHLAG[23]

---

23 Dies ist die vorletzte Fußnote in diesem Buch
   (Anm. des Chronisten)

# ANTI-TERROR-ANSCHREIBEN 84

Hi,

wir bei Google haben erkannt, welche Gefahr im unkontrollierten Sammeln von Daten liegt. Darum haben wir die Google-Initiative gegen das Sammeln von Daten ins Leben gerufen. Bitte hilf uns. Unterzeichne unseren Appell gegen das Sammeln von Daten. Klick einfach auf den Link, füll die markierten Felder aus und sende den Appell an uns zurück.

www.google-initiative.com

Dein Google Team

# ANTI-TERROR-ANSTALT DES ÖFFENTLICHEN RECHTS

**JULIA MÜLLER:** „MANCH EINER WAR EBEN NOCH UMWELTMINISTER UND BAUT HEUTE SCHON MIT SIEMENS ATOMKRAFTWERKE. EIN ANDERER WAR EBEN NOCH BEI GOLDMAN-SACHS UND IST HEUTE CHEF DER EUROPÄISCHEN ZENTRALBANK. WAS KOMMT ALS NÄCHSTES? HEUTE NOCH ENTWICKLUNGSMINISTER, MORGEN SCHON BEI HECKLER & KOCH? WIE PROBLEMATISCH FINDEN SIE ALS EXPERTE DIE DREHTÜR-METHODE?"

**EXPERTE:** „ICH ALS EXPERTE DENKE, WIR MÜSSEN DIE VERHÄLTNISSE ENGER SCHNALLEN. WIR LEBEN ÜBER UNSERE SACHZWÄNGE. DER GÜRTEL IST ALTERNATIVLOS. IM ÜBRIGEN BIN ICH FÜR STEUERSENKUNGEN …"

**JULIA MÜLLER (BRÜLLT):** „ICH KANN ES EINFACH NICHT MEHR ERTRAGEN! EGAL WELCHE FRAGE ICH STELLE, ALS ANTWORT BEKOMME ICH IMMER DIESELBE SCHEISSE ZU HÖREN! HÖREN SIE SCHLECHT ODER SIND SIE BESCHEUERT?"

**EXPERTE:** „GUT, DASS SIE MICH DAS FRAGEN, ABER LASSEN MICH ERST KURZ NOCH ETWAS ÜBER DIE NOTWENDIGKEIT VON STEUERSENKUNGEN …"

**JULIA MÜLLER:** „NEIN! ICH LASSE SIE NICHT. WISSEN SIE WAS? ICH INTERVIEWE MICH EINFACH SELBST. DAS WIRD EIN VIEL INTERESSANTERES GESPRÄCH. ICH BRAUCHE SIE GAR NICHT. SIE SIND GEFEUERT."

**EXPERTE:** „SICHERLICH, DIE RATIONALISIERUNGSMASSNAHMEN WERDEN DEN EIN ODER ANDEREN ARBEITSPLATZ KOSTEN, ABER DENNOCH …"

**JULIA MÜLLER:** „FRAU MÜLLER, DIE MEDIEN WERDEN ALS VIERTE GEWALT BEZEICHNET, ALS UNENTBEHRLICH FÜR DIE DEMOKRATIE. ABER HABEN DIE MEDIEN NICHT SELBST ERHEBLICHE DEMOKRATIEDEFIZITE?"

**JULIA MÜLLER:** „INTERESSANTE FRAGE, FRAU MÜLLER. SIE HABEN …"

**EXPERTE:** „WISSEN SIE, AMERIKANISCHE WISSENSCHAFTLER HABEN JA LETZTENS HERAUSGEFUNDEN, DASS DER FREIE MARKT …"

**JULIA MÜLLER:** „SCHNAUZE! FRAU MÜLLER, SIE HABEN SICHERLICH RECHT. ECHTE DEMOKRATIE IST OHNE EINEN MÖGLICHST OBJEKTIVEN, MÖGLICHST EINFACHEN ZUGANG ZU INFORMATIONEN UNDENKBAR. WER NICHT BESCHEID WEISS, DESSEN ENTSCHEIDUNGEN SIND KEINE FREIEN, DEMOKRATISCHEN, SONDERN GELENKTE. INSOFERN MÜSSTE ES EIGENTLICH JEDEM EINLEUCHTEN, DASS PRIVATBESITZ AN MASSENMEDIEN, DAS HEISST EINE KEINERLEI DEMOKRATISCHER KONTROLLE UNTERLIEGENDE MEINUNGSMACHT, MIT EINER FREIEN, DEMOKRATISCHEN GESELLSCHAFT GENAUSO UNVEREINBAR IST, WIE STAATLICHE ZENSUR. WENN EIN GROSSTEIL DER MEDIEN GLEICHGESCHALTET IST, SEI ES DURCH DEN STAAT ODER DURCH MEDIENMOGULE, IST DIE FUNKTIONSWEISE DER DEMOKRATIE ZUTIEFST GESTÖRT. UND WENN SIE DAS NICHT GLAUBEN, DANN FRAGEN SIE DOCH MAL EINEN BEKANNTEN AUS ITALIEN. ODER AUS THAILAND. ODER FRAGEN SIE ANGELA MERKEL, OB SIE ES PRAKTISCH FINDET MIT LIZ MOHN UND FRIEDE SPRINGER BEFREUNDET ZU SEIN."

**JULIA MÜLLER:** „AHAHAMUHMUHMUH."

**JULIA MÜLLER:** „ICH VERSTEHE GAR NICHT, WAS ES DA ZU LACHEN GIBT!"

# ANTI-TERROR-ANSCHLAG KRAPUTTKE

**Bundeswehr**

Berlin, den 8.5. 2013

Axel Krapotke
Zur Zeit wohnhaft bei seiner Mutter Peggy Krapotke
Mahrzahner Promenade 31 F, 12679 Berlin

## Entlassung unter Verlust aller Dienst- und Sachbezüge

Sehr geehrter Axel Krapotke,

hiermit werden Sie unter Verlust aller Dienst- und Sachbezüge aus der Bundeswehr entlassen, weil Sie mit ihrem Panzer in ein parkendes Tornado-Kampfflugzeug gerollt sind. Es ist absolut unglaubwürdig, dass dies, wie Sie behaupten, nur aus Versehen passiert sein soll.
In Anbetracht der Tatsache, dass Sie nun schon zum dritten Mal mit ihrem Panzer ein parkendes Kampfflugzeug gerammt haben, spielt das auch gar keine Rolle mehr, denn entweder sind Sie ein Saboteur oder ein Idiot. Ehrlich gesagt ist mir völlig schleierhaft, warum Ihr Vorgesetzter die Vorgänge nicht schon früher gemeldet hat. Wahrscheinlich ist er ebenfalls ein Idiot. Überhaupt kann ich mich manchmal des Eindruckes nicht erwehren, nur von Idioten untergeben zu sein.

Mit freundlichen Grüßen

General Anzeiger

# ANTi-TERROR-ANSCHLAG TiSK8H

»Kieke mal, ick sitze in meinem Wohnzimmersessel und bin zufrieden mit dem, wat ick habe und wat ick bin. Und im Prinzip ist det in dem verkorksten System hier och schon een Anti-Terror-Anschlag. Denn dat Lieblingswort vom Kapitalismus ist ja ›mehr‹. Und ick will und brauch nich mehr. Ick muss nich größer werden, ick muss nich expandieren. Als ick noch meene piefige Eckkneipe hatte, wollte ick keene Kette von piefigen Eckkneipen, und jetzt, wo ick 'ne florierende illegale Szenekneipe hab, will ick keene Kette von florierenden illegalen Szenekneipen. Ist ja im Übrigen gar keene Kneipe, det möchte ick hier nur mal kurz jesacht haben, falls eener von de Polente anwesend is. Det is eene kleine Privatparty mit Fremde, und verkooft wird hier och nüscht. Es jibt nur 'ne kleene Unkostenkasse des Vertrauens – hier isse übrigens, wirf doch mal wat rin. Und jetz nich geizig sein, weil geizig kann ich nich leiden. Wer wie viel Geld in meine Kasse jeworfen hat, da mach ick mal irgendwann 'ne Studie drüber, die wird die Welt der Soziologie aus ihren Angeln heben. *Phänomenologie des Geizes* werd ick det Werk nennen – aba ick schweife ab ... Wat? ... Nee, jetzt nix Cerveza! Ick erzähl dir hier doch wat! Und det is sogar noch kostenlos. Also machste jetzt mal schön den Flüsterfuchs. Verstehste? Öhrchen auf und Schnäbelchen zu. Du bist ja schlimmer als meen Kumpel Manne, det is och so een Typ, wenn der mal anfängt zu reden, hört der nich mehr uff. ... Wat? ... No mas? Nee, du Clown, no Maß, no Kölsch, no Pilsner, no Export, no Lager. Det versuch ick dir doch jerade zu verklickern. Apropos, ick hatte mal eenen Stammgast, der hat immer nur Export jetrunken, aba kastenweise, den hamwa immer den Exportweltmeister jenannt. Aber denn kam mal ein Schinese, der hat ihn untern Tisch jesoffen. Det hat der Michel nie verkraftet. Psychisch. Aba der hatte detselbe Problem wie du. Man darf halt nich immer sagen: Mehr, mehr, mehr. Man muss auch mal sagen: Jenuch! Den Rest können die anderen haben. Weil im Prinzip is det och schon wieda total kapitalistisch von dir, dass du immer mehr willst, dass du dein Hals nich voll jenuch kriegen kannst. Aba vielleicht haste eben schon jenuch jekricht. Musste dir doch mal fragen. Wenn de dir die Frage nich stellst, dann macht dich det in meenen Augen fast schon zum Klassenfeind, wenn ick noch in solche Kategorien denken würde. Und man hört ja imma wieda: Ein Prozent der Bevölkerung besitzt 66 Prozent des weltweiten Reichtums oder so – nagel mich nich auf die jenauen Prozente fest, aba jefühlt isses die Wahrheit. Verstehste dit? Jefühlte Wahrheit? Zum Beispiel mag det sein, dass der weeßicknichsagenwer Ackermann vor dem Jesetz wirklich unschuldig is, aba die jefühlte Wahrheit sieht anders aus. Und Jefühle sollte man nich unterschätzen. Anders jesacht, det Problem is nich, dass der Ackermann ein Verbrecher ist. Det Problem ist, dass er ebend kein Verbrecher ist. Also, ein Prozent besitzt 75 Prozent vom Reichtum. Und det is deprimierend. Klar. Aba man kann det doch och mal umdrehen. Verstehste? Man könnte auch sagen, 99 Prozent der Leute besitzen 25 Prozent des weltweiten Reichtums, und, nicht zu vergessen, weit über 99 Prozent der Arbeitskraft. Det musste dir mal klarmachen. Damit müsste sich doch schon einiges anstellen lassen. Muss man sich nur wat Schönet überlegen. Aber dazu musste halt och mal so wie icke jetzt einfach in deim Wohnzimmersessel sitzen und fünfe jerade sein lassen. Denn wer nie vernünftig nüscht macht, kann och über nüscht vernünftig nachdenken.«

# ANTi-TERROR-ANSCHLAG CSR

# KANZLEI GELD, MACHT & BEZIEHUNGEN

Pariser Platz 1
10117 Berlin
Telefon: 030/999 666
E-Mail: Gustav.Geld@gmb.de
Web: www.kanzlei-gmb.de

Berlin, den 24.12.2013

## UNTERLASSUNGSERKLÄRUNG

Hiermit verpflichtet sich

Herr Friedrich-Wilhelm Yılmaz
- Unterlassungsschuldner -

rechtsverbindlich, unter der auflösenden Bedingung einer allgemein verbindlichen, das heißt, auf Gesetz oder höchstrichterlichen Rechtsprechung beruhenden Klärung des zu unterlassenden Verhaltens, gegenüber der

Kanzlei Geld, Macht und Beziehungen
- Unterlassungsgläubigerin -

1. es ab sofort zu unterlassen, sich mit Stand und Klemmbrett vor eine der Filialen unseres Mandanten **McDonald's Corporation** zu stellen, um Geld zu sammeln für eine angeblich zu McDonalds gehörenden Wohltätigkeitsorganisation, welche sich um die Pflege "niedlicher, kleiner Kälbchen" kümmere, die durch die Schlachtung ihrer Eltern traumatisiert worden seien. Weiterhin wird es der Unterlassungsgläubiger in Zukunft unterlassen, den Begriff **Ronald McDonald SOS Rinderdorf** zu benutzen.

2. es ab sofort zu unterlassen, sich mit Stand und Klemmbrett vor eine der Filialen unseres Mandanten **KiK Textilien und Non-Food GmbH** zu stellen und zu behaupten, er sei von der **KiK Stiftung gegen Kinderarbeitslosigkeit in Bangladesch.** Auch wird er in Zukunft KiK-Kunden nicht mehr versichern, dass sie sich wegen der eingestürzten Fabrik keine Sorgen machen müssen, denn man hätte schon Ersatzarbeitskräfte gefunden.

3. für den Fall einer zukünftig eintretenden schuldhaften Verletzung des Unterlassungsversprechens zur Zahlung einer angemessenen Vertragsstrafe an den/ die Unterlassungsgläubiger/in, deren Höhe von der/den UnterlassungsgläubigerIn nach billigem Ermessen bestimmt wird und im Streitfall vom zuständigen Gericht überprüft werden kann.

Ort, Datum　　　　　　　　　　　　　　　　Unterschrift

# ANTI-TERROR-ANSCHLAG DES KOMMANDOS WILLIAM FRANCIS TANNER

**SARAH**
@AnimalLiberationFront

Tonight #ALF kind of liberated something like 1000s of, well, you know, little penguins out of a buisness school on Patmos. Null Problemo!

↩ Reply  🗑 Delete  ★ Favorite  ••• More

4:57 PM - 2 Jan 2014

# ANTi-TERROR-FORTSETZUNG

# Louie
## der lustige Leguan geht in die Schule

Ein Bilderbuch von den
Kindern der Kindertagesstätte
Sümpfe der Traurigkeit

ullstein

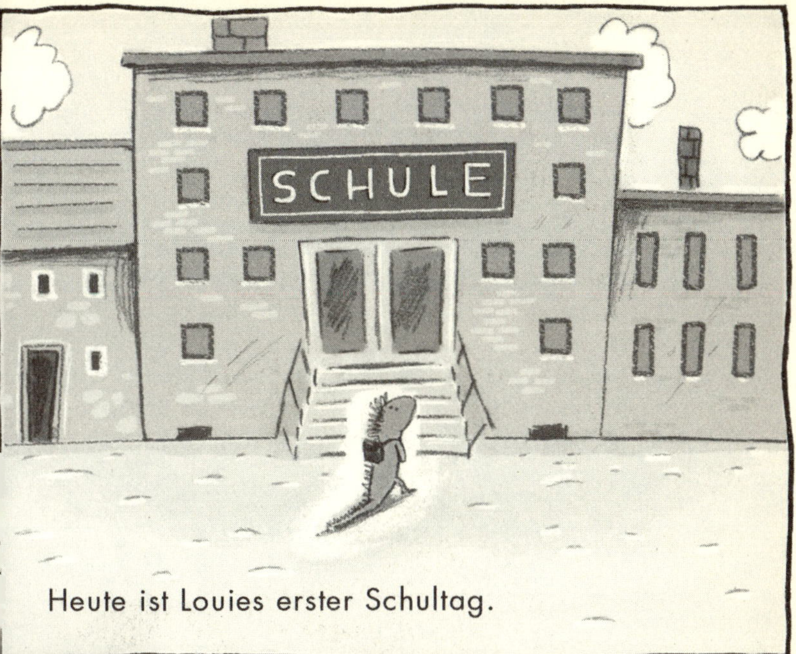

Heute ist Louies erster Schultag.

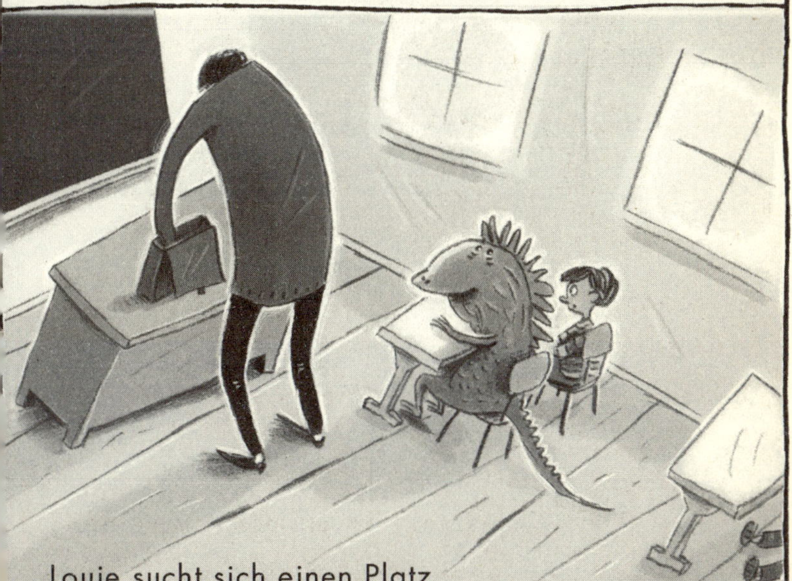

Louie sucht sich einen Platz.

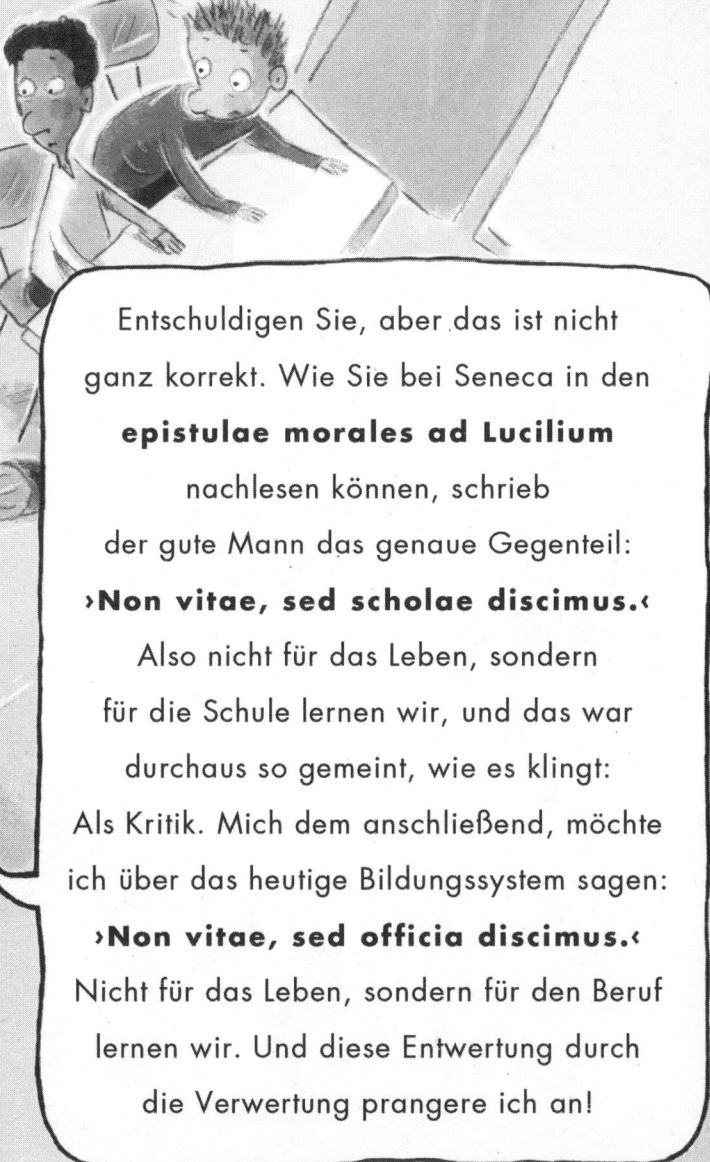

# Louie lacht lustig.

# ANTi-TERROR-ANSCHLAG 0900

»HERZLICH WILLKOMMEN BEI IHREM CHEAP-SECURITY-24.DE-TELEFON-SERVICE. ZUR STETIGEN VERBESSERUNG UNSERER SERVICEQUALITÄT WERDEN EINZELNE GESPRÄCHE MITGESCHNITTEN. TEILEN SIE UNSEREM KUNDENBETREUER BITTE MIT, FALLS SIE HIERMIT NICHT EINVERSTANDEN SIND.«

**\*KRK\***

*»Cheap-Security-24.de, Beschwerdestelle. Wie kann ich ihnen helfen?«*

»Dwigs hier. Hören Sie, Fräulein. Wie ich Ihrem Kollegen gerade erklärt habe, geht es um das Loch.«

*»Welches Loch?«*

»Bitte sagen Sie mir, dass ich jetzt nicht alles noch mal erzählen muss?«

*»Sie müssen das nicht, aber sonst kann ich Ihnen nicht helfen.«*

»Nun gut. Ihre Firma ist zuständig für die Sicherheit der Gated Community in der ich wohne. Das Nest.«

*»Wer sind sie noch mal?«*

»Jörg Dwigs. Der ehemalige Innensenator von Berlin.«

*»Ah. Der Herr Doktor! Hehe. Moment … Hier habe ich Sie. Für den Sicherheitsabgleich bräuchte ich dann bitte noch kurz Geburtsdatum, Adresse und Kosename der Frau.«*

»Wie bitte?«

*»Kleiner Scherz. Was kann ich für Sie tun?«*

»Das Loch!«

*»Kein sonderlich charmanter Kosename, wenn Sie mir die Bemerkung gestatten.«*

»Nein! Ich rede von dem Loch in der Mauer!«

*»Welche Mauer?«*

»Sie haben die Mauer um das Nest gebaut. Gestern ist ein Teil dieser Mauer einfach eingestürzt.«

*»Materialermüdung ist keine Seltenheit.«*

»Kommen Sie mir nicht mit Materialermüdung! Die Mauer stand noch keine vier Wochen.«

*»Und die soll einfach so eingestürzt sein?«*

»Nein. Mein Junge hat mit dem Fußball dagegen geschossen und dann …«

*»Von innen oder von außen?«*

»Wie bitte?«

*»Hat er von innen oder von außen gegen die Mauer geschossen?«*

»Von innen. Was spielt denn das für eine Rolle?«

*»Eine sehr große! Die Mauer ist nicht für Belastungen von der Innenseite ausgelegt. Das hätten Sie wissen müssen. Das steht in unseren AGB.«*

»Aber es geht hier nicht um Materialermüdung. Es geht um Terrorismus! Oder wollen Sie mir ernsthaft weismachen, es sei Zufall, dass diese Mauer ausgerechnet am 9.11. kaputt gegangen ist?«

*»9.11.? Sie haben al-Qaida im Verdacht?«*

»9.11., nicht 11.9. sie Idiotin!«

*»Kein Grund, ausfällig zu werden. Und ja, ich glaube, das war Zufall.«*

»Und das am selben Tag in den Grenzschutzanlagen um die spanischen Exklaven, in der Mauer zwischen Israel und dem Westjordanland, im Grenzzaun zwischen den USA und Mexiko auch Löcher auftauchten? Ist das auch Zufall?«

*»Ich bin mir sicher, auch bei diesen Anlagen wird es sich um Materialermüdung handeln.«*

»Soll ich es Ihnen aus der Zeitung vorlesen? Die Terroristen haben sogar Botschaften hinterlassen. Neben dem Loch im Grenzzaun steckte ein Schild und darauf stand: ›Witzigkeit kennt keine Grenzen! Viele Grüße von Kevin, Howie, A.J., Nick und Brian‹.«

*»Und bei Ihnen im Nest stand das auch?«*

»Nein! Da stand ›Life in plastic. It's fantastic.‹ Barbie und Ken.«

*»Witzig.«*

»Unerhört! Die Sachbeschädigung scheint nicht genug, man muss sich auch noch verspotten lassen.«

*»Aber sagen Sie mir, unsere Grenzen werden doch Tag und Nacht überwacht. Wie sollte man denn da ein Loch hinein …«*

»Die Angriffe kamen von Innen! Das ist, was ich versuche ihnen klarzumachen! Nicht von der überwachten Seite, sondern von der bewachten!«

*»Aha! Das ist doch, was ich versucht habe Ihnen klarzumachen. Diese Anlagen sind nicht für eine Belastung von innen ausgelegt.«*

»Unsinn! Ich vermute, die Betonmischung unserer Mauer war absichtlich fehlerhaft, so dass der Saboteur sie am gewünschten Tag nur noch mit einer Chemikalie oder was weiß ich besprühen musste, um die ganze Mauer porös zu machen. Ich behaupte: Irgendjemand in ihrer Firma hat beim Bau der Mauer einen Akt der Sabotage begangen!«

*»Das ist unmöglich.«*

»Wieso ist das unmöglich?«

*»Wir haben die Mauer nicht gebaut. Das haben wir outgesourced. Wenn Sie wollen, verbinde ich Sie aber gerne mal mit einem Mitarbeiter aus der Outsourcing-Abteilung. Vielleicht kann der Ihnen weiterhelfen.«*

»Nein, nein! Sie sind schon die Dritte, mit der ich spreche. Wenn Sie mich weiterleiten, sorge ich dafür, dass Sie entlassen werden. Das schwöre ich!«

*»Ich verrate Ihnen mal was. Das ist nicht mein Traumberuf. Wenn ich gekündigt werde, suche ich mir eben einen anderen Scheißjob.«*

**\*KLK\***

# ANTi-TERROR-ANSCHLAG
# 7.000.000.000+

# SPEKTAKULÄR! SPEKTAKULÄR!

★★★

# GROSSE TOMBOLA

★ ★ ★ ★ ★ ★ ★ ★ ★ ★ ★ ★ ★ ★ ★ ★ ★ ★

Sind Sie UNZUFRIEDEN mit ihrem Job, ihrem Leben, ihrer Welt?

Machen Sie mit bei der GROSSEN TOMBOLA und ziehen Sie ein

## ALTERNATIV-LOS

GEWINNEN Sie eine von mehr als sieben Milliarden KOSTENLOSEN Mitgliedschaften im Asozialen Netzwerk.

★★★

☞ ALTERNATIV-LOSE gibt es überall, wo man danach sucht.

# NACHSPIEL

Es ist früher Morgen. Auf einer gerade fertiggestellten Landebahn warten dicht gedrängt unzählige Pinguine. So dicht gedrängt stehen sie, man könnte meinen, sie wollten sich gegenseitig Wärme spenden. Stumm steht ein achtzehnköpfiger Pinguinchor auf der extra aufgebauten Bühne. Ein uniformierter Königspinguin watschelt ins Rampenlicht. Ihm folgt ein Kaiserpinguin, der sich gleich hinters Rednerpult stellt.

»Guten Abend, Konzernangehörige!«, ruft er. »Naknak. Ich begrüße Sie hier auf dem Flughafen der Déjà-vu-Insel mit einem frohgemuten ›Wachstum, Wachstum, Wachstum!‹«

»Wir grüßen Sie, Controller der Controller«, antwortet ihm die Menge gleichförmig. In der Mitte des Chores aber vollführen ein kleiner Dickschnabelpinguin und ein junger Brillenpinguin ein seltsames Ritual. Sie boxen ihre Flossen gegeneinander und schlagen sich dann mit der flachen Flosse gegen die Stirn.

»Ich bitte um andachtsvolle, naknak, Aufmerksamkeit für unsere Konzernhymne«, sagt der Kaiserpinguin.

Der Chor beginnt zu singen:

»Ich arbeite gern
für meinen Konzern!
Ich lauf bis in den Jemen
für mein Unternehmen.
Ich schwimm bis nach Birma
für meine Firma.
Ich bin so froh
im Großraumbüro.
Wir haben uns alle lieb
im Betrieb.«

»Wundervoll«, sagt der Kaiserpinguin und wendet sich dann wieder der Menge zu. »Heute feiern wir, dass wir diese ganze Insel, unser geliebtes Déjà-vu-Land, in einen einzigen, riesigen Flughafen verwandelt haben. Naknak.«

Das Publikum applaudiert brav.

»Der Flughafen ist notwendig«, ruft der Kaiserpinguin. »Seine Kontrollmechanismen schützen uns und unseren Wohlstand. Vor dem Terror, vor der Kriminalität und vor ... äh ... naknak ...«

Er blickt auf den Teleprompter.

»... dem Terror!«

Ein paar Chormitglieder kichern.

»Wer heute noch Economy reist, kann sich morgen schon in der Sky-Lounge wiederfinden«, ruft der Kaiserpinguin. »Der Flughafen bietet viele, naknak ... Aufstiegsmöglichkeiten!«

»Im wahrsten Sinne des Wortes«, sagt der Dickschnabelpinguin.

Der ganze Chor lacht.

»Der Flughafen, naknak ... Wer lacht denn hier?«, fragt der Kaiserpinguin irritiert. »Ich höre Leute lachen! Naknak! Was soll denn das?«

Nun beginnen auch ein paar Pinguine vor der Bühne zu kichern.

»Der Flughafen!«, ruft der Kaiserpinguin verunsichert. »So hören Sie mir doch zu! Der Flughafen sorgt für den Flughafen! Für Wachstum! Das Wachstum sorgt für das Wachs...! Naknak. Für den Flug... Starten Sie Ihren Flug – zehn Minuten – schauen Sie sich mal die großen Flughäfen an... Wer spielt denn hier am Teleprompter? Da stimmt doch was nicht! Wer...«

»Der Kaiserpinguin ist ja nackt!«, sagt der junge Brillenpinguin.

»Naknaknackt«, sagt der Dickschnabelpinguin.

Die Mitglieder des Chores liegen auf dem Boden, geschüttelt von unbeherrschbaren Lachanfällen.

»So haben die Leute bei meinen Auftritten noch nie gelacht«, flüstere ich in meinem Versteck.

»Ja«, sage ich. »So laut lachen höchstens die Leute in meinem Kopf.«

Das Publikum vor der Bühne ist gespalten, einige Pinguine blicken irritiert um sich, andere grinsen, ein paar gackern und feixen.

»Beherrscht euch! Naknak«, ruft der Kaiserpinguin.

»Warum?«, fragt der Chor.

»Fragt nicht!«, ruft der Kaiserpinguin.

»Wir fragen dich aber!«, ruft der Chor.

**TAMM TAMM TAAAAHHM!**

»Was war das?«, ruft der Controller der Controller.

Ich betätige einen Hebel. Die Bühnenmaschinerie setzt sich in Bewegung, und an einem Kran hängend schwebt das Känguru ins Rampenlicht. Der Chor jubelt und spendet Auftrittsapplaus. Die Pinguine vor der Bühne wirken stark verunsichert.

»Fürchtet euch nicht!«, ruft das Känguru.

Es springt auf die Bühne.

»Edward!«, herrscht der Kaiserpinguin seinen Bodyguard an. »Naknak! Beenden Sie diesen Aufruhr!«

»Ich möchte lieber nicht«, sagt der uniformierte Pinguin.

Das Känguru geht langsam auf das Rednerpult zu.

»Edward!«, ruft der Kaiserpinguin.

»Ich heiße nicht mehr Edward«, sagt der uniformierte Pinguin. »Meine Freunde nennen mich den Schneekönig des Asozialen Netzwerkes, Sektion Antarktis.«

Der Kaiserpinguin wendet sich zum Känguru.

»Sie haben Ihre Leute ja wirklich überall!«, sagt er fassungslos.

»Nein«, sagt das Känguru kopfschüttelnd. »Wir haben unsere Leute nicht überall. Wir sind die Leute! Wir sind überall!«

Es greift in seinen Beutel.

»Was haben Sie vor?«, fragt der Kaiserpinguin.

Das Känguru zieht eine Sahnetorte aus seinem Beutel. Der Chor der Pinguine jubelt frenetisch.

»Sie möchten mich lächerlich machen!«, ruft der Kaiserpinguin. »Naknak.«

»Nein, das machen Sie doch schon selbst hervorragend«, sagt das Känguru. »Naknak. Wir wollen Sie nur in Ihrer Lächerlichkeit bloßstellen.«

Das Känguru klatscht dem Kaiserpinguin die Sahnetorte ins Gesicht. Der Chor der Pinguine kreischt wie verhaltensgestörte Teenager. Im Publikum klopfen sich einige mit den Flossen auf die Schenkel.

In der Ferne vernehme ich ein Geräusch, welches schnell lauter wird. Ein Hubschrauber fliegt direkt auf die Bühne zu. Ein Netz wird herabgelassen.

»Das wird ein Nachspiel haben!«, brüllt der Kaiserpinguin,

tritt in das Netz und lässt sich nach oben ziehen. »Ich komme wieder. *Ich* werde *Sie* lächerlich machen. Naknak.«

»Das schadet nicht«, sagt das Känguru. »Ich bin mir meiner eigenen Lächerlichkeit bewusst.«

Es greift in seinen Beutel, holt noch eine Sahnetorte heraus und schlägt sie sich selbst in Gesicht. Ich verlasse mein Versteck im Backstagebereich und betrete die Bühne. Das Känguru knallt mir eine Sahnetorte ins Gesicht.

»Das war irgendwie unnötig«, sage ich und wische mir die Torte aus dem Gesicht in den Mund. Ein paar Pinguine haben das Buffet geplündert und bewerfen sich und alle anderen albern kichernd mit lauwarm gemachter Tiefkühlkost. Am Himmel entfernt sich lärmend der Helikopter.

Ein Pinguinküken streckt seinen Kopf aus dem Beutel des Kängurus heraus. Es blickt sich verschlafen um, sieht den Helikopter am Himmel und winkt ihm hinterher.

»Ui. Wie niedlich«, sage ich.

»Ich bin nicht niedlich!«, sagt der Shredder.[24]

---

24 Das wäre ein guter Schluss. (Anm. des Lektors)

Ich stupse dem Shredder leicht auf seinen Schnabel.

»Sag mal Papa!«, sage ich.

Der Shredder kuckt zu mir hoch und sagt: »Mark-Dietar!«

»Nein!«, rufe ich. »Böser Shredder!«

Das Känguru kichert.

»Gutes Kind!«, sagt es und steckt dem Shredder etwas in den Mund.

»Darüber haben wir uns doch schon unterhalten!«, sage ich. »Du sollst dem Küken keine Schnapspralinen geben.«

»Ach...«, sagt das Känguru. »Mir hat das auch nicht geschadet.«

Es zieht den Shredder aus seinem Beutel und stellt das Küken auf seine Schwimmflossen.

»Kuck mal!«, rufe ich erstaunt. »Der Shredder kann ja schon stehen!«

»Das ist noch gar nichts«, sagt das Känguru. »Wenn ich mit ihm fertig bin, kann der Shredder fliegen.«

# INHALT

*Vorrede* 8

**Das 1. Buch der Offenbarung**
And this house just ain't no home  13
Der Witz und seine Beziehung zum Unbewussten  19
Sei bereit  25
Eine Schachtel Schnapspralinen  31
Man liebt es, oder man hasst es  34
Jemand denkt an dich  39
Diesseits von Gut und Böse  45
Die Prophezeiungen  50
Alte Regeln  54
Aufklärung  58
FAQ  62
Zentralkomitee  65
9 1/2 Minuten  73
Endlos  77
Attraktive Touristen  82
The Mentalist  85
Die Beschwerde  92
Die Kryptik der reinen Vernunft  97
Die distributive Seite der Macht  102
Das duale System  108
Aha  114
Über Geben und Nehmen  117

O Gott, o Gott   120
Blutig   123
Louie   126
Angebot und Nachfrage   130
König in Preußen   134
Die neun Gebote   138
Der Unterschied   144
Das ganze Leben ist ein Quiz   148
Das Sein und das Nichts-Sein   152
Ein einfaches Blumenmädchen   158
Eine Koryphäe   162
Grandeur   166
Die materiell ansehnliche und sozial klägliche Hebung des Lebensstandards der Unteren   172
Kuriosität des Klimawandels   176

**Das 2. Buch der Offenbarung**
Come with me   185
The Suspicious Suitcases   188
Freiheit ist immer Freiheit der Anderelenkenden   191
Die fortschreitende Ökonomisierung der Gesellschaft nimmt erschreckende Ausmaße an   196
Whatever   202
Hollywood   207
Das zähe Verfließen der Zeit, genannt Leben   214
Im Weltinnenraum des Kapitals   218
Gemeinsame Interessen   224
Das ist die Meinung des Autors   227
Una pequeña historia de Simón Bolívar   230
Ich vermisse nichts   231
Die durch die Hölle gehen   235
Das Zeichen   239
Airport   243
Der Oberbefehlshaber   248
Zwei Horden Hooligans   255
Die Fabrik   260

Schiffbruch mit Känguru  264
Die Känguru-Offenbarung  268
Komische Leute  273
Der Tower  276
Little boxes  281
Der Pinguin im Zeitalter seiner technischen
Reproduzierbarkeit  287
Was nun?  290
Fehleinschätzung  296
Die Tage der Kommune  299
Der Guru  305
Die epische Schlacht  309
Das Duell  315
Die Waffel  318

**Anhang**
Anti-Terror-Anschlag 50  325
Anti-Terror-Anschlag 3712  329
Anti-Terror-Anschlag UFT  333
Anti-Terror-Änderung  337
EKKES Anti-Terror-Anschlag  341
Anti-Terror-Anschreiben 84  345
Anti-Terror-Anstalt des öffentlichen Rechts  349
Anti-Terror-Anschlag Kraputtke  353
Anti-Terror-Anschlag TISKBH  357
Anti-Terror-Anschlag CSR  361
Anti-Terror-Anschlag des Kommandos
William Francis Tanner  365
Anti-Terror-Fortsetzung  369
Anti-Terror-Anschlag 0900  379
Anti-Terror-Anschlag 7.000.000.000+  385

*Nachspiel*  389

# DANKSAGUNG

Vielen Dank an Astrid, Daniel, Julius, Leif, Maik, Maria, Niels, Roman, Sebastian, Sven und Tobias.

# EIN KÄNGURU GEHT UM IN EUROPA

Marc-Uwe Kling
DIE KÄNGURU-CHRONIKEN

Marc-Uwe Kling
DAS KÄNGURU-MANIFEST

Hörbücher live und ungekürzt auf 4 CDs

*Alle Titel sind auch als E-Book erhältlich.*

www.ullstein-buchverlage.de